MBA
MPA
MEM
MPAcc

8版

管理类、经济类联考

老吕写作

要点精编

主编◎吕建刚

编委：芦苇、江徕、花爷、宝文、张英俊

论证有效性分析篇

全新
改版升级

北京理工大学出版社
BEIJING INSTITUTE OF TECHNOLOGY PRESS

U0577723

图书在版编目（CIP）数据

管理类、经济类联考·老吕写作要点精编/吕建刚
主编．--8 版．--北京：北京理工大学出版社，
2021.10
　ISBN 978－7－5763－0605－7

　Ⅰ.①管…　Ⅱ.①吕…　Ⅲ.①汉语–写作–研究生–
入学考试–自学参考资料　Ⅳ.①H15

中国版本图书馆 CIP 数据核字（2021）第 215803 号

出版发行 / 北京理工大学出版社有限责任公司
社　　　址 / 北京市海淀区中关村南大街 5 号
邮　　　编 / 100081
电　　　话 / （010）68914775（总编室）
　　　　　　（010）82562903（教材售后服务热线）
　　　　　　（010）68944723（其他图书服务热线）
网　　　址 / http：//www.bitpress.com.cn
经　　　销 / 全国各地新华书店
印　　　刷 / 保定市中画美凯印刷有限公司
开　　　本 / 787 毫米×1092 毫米　1/16
印　　　张 / 15.5　　　　　　　　　　　　　　责任编辑 / 多海鹏
字　　　数 / 364 千字　　　　　　　　　　　　文案编辑 / 多海鹏
版　　　次 / 2021 年 10 月第 8 版　2021 年 10 月第 1 次印刷　　责任校对 / 周瑞红
定　　　价 / 49.80 元（全三册）　　　　　　　责任印制 / 李志强

写作高分的逻辑

❶ 联考的命题特点

想在考场上得高分，首先要了解考试。

首先，管理类联考、经济类联考综合的题量都很大。其中，管理类联考的试卷由 25 道数学题、30 道逻辑题、2 篇作文构成；经济类联考的试卷由 35 道数学题、20 道逻辑题、2 篇作文构成。其中，2 篇作文分别为论证有效性分析和论说文。

其次，管理类联考、经济类联考的考试时间很短。综合这一科的考试总时长仅有 180 分钟，要在这么短的时间内做完这么多的数学、逻辑题，然后再"创作"出 2 篇文章，难度可想而知。

那怎么办？

❷ 论证有效性分析如何得高分

2.1 论证有效性分析的评分标准

初学者可能没有听说过"论证有效性分析"这个文体。简单来说，论证有效性分析就是题干给你一篇文章，文章中有若逻辑谬误，要求考生找出来并加以分析。

论证有效性分析的评分标准复杂，详见本书论证有效分析篇第 6 章。现在，你只需要明白评分标准的核心：

论证有效性分析有参考答案。参考答案中会给出 6 个逻辑错误，阅卷人在阅卷时按照参考答案给分。如果你找的逻辑错误正确，并且分析得当，这一点就得分；如果找错了，就不得分。

现在，我就问你一句话，你想写的和参考答案一样还是不一样？如果给我参考答案，我愿意把参考答案抄一遍。

可见，论证有效性分析从本质上来说，不是一篇作文，而是一道逻辑错误（用术语来说叫"逻辑谬误"）分析题。

2.2 论证有效性分析的高分策略

真题中可能会考的逻辑谬误，有 6 大类 12 种逻辑谬误，我把它们称为论证有效性分析的"母题"。为什么叫母题呢？母题者，题妈妈也，一生二，二生四，以至无穷。这 12 种逻辑谬误，可见下图：

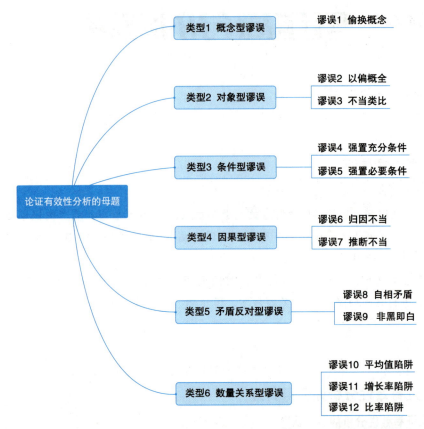

论证有效性分析题干中给出的材料，涉及社会、文化、管理、经济等各种方面，它可以是无穷多的。但是，无论材料是什么，参考答案里出现的逻辑谬误的类型是很少的，只有 6 大类 12 种。把这些谬误学会、练好，论证有效性分析得高分还难吗？

3 论说文如何得高分

3.1 论说文的评分标准

管理类联考的论说文总分为 35 分，评分标准如下：

一类卷（30～35 分）：立意深刻，中心突出，结构完整，行文流畅。

二类卷（24～29 分）：中心明确，结构较完整，层次较清楚，语句通顺。

三类卷（18～23 分）：中心基本明确，结构尚完整，语句较通顺，有少量语病。

四类卷（11～17 分）：中心不太明确，结构不够完整，语句不通顺，语病较多。

五类卷（0～10 分）：偏离题意，结构残缺，层次混乱，语句不通。

经济类联考的论说文总分为 20 分，参考评分标准如下：

一类卷（17～20 分）：立意深刻，中心突出，结构完整，行文流畅。

二类卷（13～16 分）：中心明确，结构较完整，层次较清楚，语句通顺。

三类卷（9～12 分）：中心基本明确，结构尚完整，语句较通顺，有少量语病。

四类卷（5～8 分）：中心不太明确，结构不够完整，语句不通顺，语病较多。

五类卷（0～4 分）：偏离题意，结构残缺，层次混乱，语句不通。

3.2 论说文的高分策略

我们以一类卷为标准,分析一下论说文如何得高分。

(1)立意深刻,中心突出

这是对审题立意的要求。

审题立意,是论说文的起点。 如果文章的立意偏题或跑题了,就可归入"中心不太明确"或者"偏离题意"的标准,评为四类卷或五类卷。 文章的内容再好也没有用,只能得个五类卷或四类卷了。 可见,审题立意非常重要。

对于审题立意,老吕重新总结出来了一套简洁有效的分析办法,叫"因果态"法。 详见本书论说文篇第2章第1节。

(2)结构完整

这是对文章结构的要求。

从1997年的MBA入学联考,发展到现在的管理类联考、经济类联考,在各类联考中,论说文已经考了二十多年,四十多道真题。 这些真题统统可以分为三大类题型,即:反面现象类、正面提倡类、AB二元类。 如下图所示:

这三大类题型,都有十分简单易用且能得高分的结构,如下图所示:

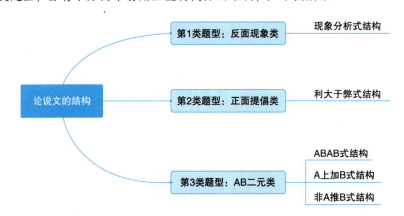

在文章不跑题的前提下,熟练运用以上结构,即使文采不好也能拿到二类卷。

(3)行文流畅

这是对文章内容的要求。

"行文流畅"表面上看起来是要求我们把文章写得有文采,其实不然。 因为论说文与其他文体的根本区别在于，它讲究文章的说服力。 而说服力主要体现在说理的逻辑性和说理的深度上。可见，说理是论说文行文的核心。

作为管理类、经济类联考的学生，我们要学会用管理学的视角、经济学的视角来看问题，因此，相关理论的学习和使用必不可少，这些理论能帮助我们弄清好处和必要、析原因、谈危害、提方案，从而增加我们文章的说理深度。 论说文的常用理论如下图：

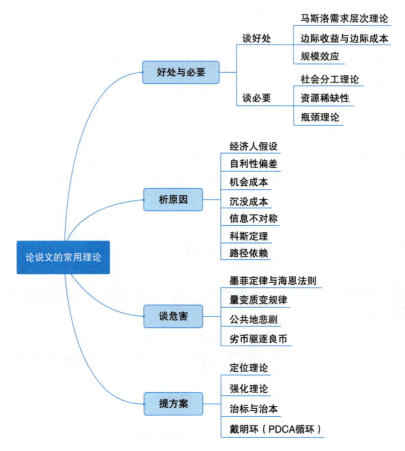

本书中，老吕不仅为你讲解这些理论，还会讲解这些理论如何用在作文中，并给出范文段落。

3.3 论说文的素材积累

经常有同学会问我："老吕，我需要积累和背诵素材吗？"当然需要。

于是，有同学买来了《高中生论点论据大全》，大段大段的例子背起来，这是错的。

于是，有同学打开《人民日报》《中国青年报》等报刊传媒的 App，各种评论性的文章看起来，这当然有助于你提高写作水准，但是，备考时间可能不够。

于是，有同学跟着各种老师、学长，积累大段的素材，但是，事倍功半。

我认为，积累素材很简单，掌握了本书中介绍的理论之后，你只需要一本《老吕综合真题超精解》了解一下真题，一本《老吕写作母题 33 篇》用来积累素材，足矣。 其中，"真题"一般在年初上市，"33 篇"一般在 10 月左右上市。

好了，现在审题立意搞定了，结构搞定了，说理搞定了，素材也搞定了，论说文得高分还难吗？

最后我想强调两点：

一、不要畏惧作文，老吕的作文方法足以让你得到高分。

二、一定要"写"作文，老吕的方法再好、老吕的文章再妙，你自己不动手"写"，还是掌握不了。不勤学苦"写"，高分只能是空谈。

❹ 交流方式

备考过程中有什么疑问，可以通过以下方式联系老吕。由于学员众多，老吕并不能保证100％回复。但老吕在力所能及的范围内，还是会做大量的回复的。

微博：@老吕考研吕建刚－MBAMPAcc

微信：miao-lvlv1　　miao-lvlv2

微信公众号：老吕考研（MPAcc、MAud、图书情报专用）

　　　　　　老吕教你考 MBA（MBA、MPA、MEM 专用）

　　　　　　396 经济类联考（经济类联考各专业通用）

199 管理类联考备考 QQ 群：798505287　173304937　799367655　747997204　797851440

396 经济类联考备考 QQ 群：660395901　854769093

加油吧，愿你能学会努力，愿你能一直努力，成功的路就在前方！

吕建刚亲笔于

2021 年 9 月 10 日教师节之际

图书配套服务使用说明

一、图书配套工具库：喵屋

扫码下载"乐学喵 App"
(安卓/iOS 系统均可扫描)

下载乐学喵App后，底部菜单栏找到"喵屋"，在你备考过程中碰到的所有问题在这里都能解决。可以找到答疑老师，可以找到最新备考计划，可以获得最新的考研资讯，可以获得最全的择校信息。

二、各专业配套官方公众号

可扫描下方二维码获得各专业最新资讯和备考指导。

老吕考研
(所有考生均可关注)

老吕教你考MBA
(MBA/MPA/MEM/MTA
专业考生可关注)

会计专硕考研喵
(会计专硕、审计
专硕考生可关注)

图书情报硕士考研喵
(图书情报硕士考生可关注)

物流与工业工程考研喵
(物流工程、工业工程
考生可关注)

396经济类联考
(金融、应用统计、税务、
国际商务、保险及资产评估
考生可关注)

三、视频课程

扫码观看
写作重点精讲课程

四、图书勘误

这里是勘误区，如需答疑，请在"喵屋"首页带话题#数学答疑#或#逻辑答疑#，会有助教老师帮您解答。

扫描获取图书勘误

目录

管理类、经济类联考综合能力写作考试大纲

论证有效性分析篇 /1

管理类、经济类联考综合能力写作考试大纲

1. 管理类联考写作大纲

综合能力考试中的写作部分主要考查考生的分析论证能力和文字表达能力，通过论证有效性分析和论说文两种形式来测试。

(1) 论证有效性分析

论证有效性分析试题的题干为一篇有缺陷的论证，要求考生分析其中存在的问题，选择若干要点，评论该论证的有效性。

本类试题的分析要点是：论证中的概念是否明确，判断是否准确，推理是否严密，论证是否充分等。

文章要求分析得当，理由充分，结构严谨，语言得体。

(2) 论说文

论说文的考试形式有两种：命题作文、基于文字材料的自由命题作文。每次考试为其中一种形式。要求考生在准确、全面地理解题意的基础上，对命题或材料所给观点进行分析，表明自己的观点并加以论证。

文章要求思想健康，观点明确，论据充足，论证严密，结构合理，语言流畅。

2. 经济类联考写作大纲

综合能力考试中的写作部分主要考查考生的分析论证能力和文字表达能力，通过论证有效性分析和论说文两种形式来测试。

(1) 论证有效性分析

论证有效性分析试题的题干为一篇有缺陷的论证，要求考生分析其中存在的缺陷与漏洞，选择若干要点，围绕论证中的缺陷或漏洞，分析和评述该论证的有效性。

论证有效性分析的一般要点是：概念特别是核心概念的界定和使用是否准确并前后一致，有无明显的逻辑错误，论证的论据是否支持结论，论据成立的条件是否充分等。

文章根据分析评论的内容、论证程度、文章结构及语言表达给分，要求内容合理、论证有力、结构严谨、条理清楚、语言流畅。

(2) 论说文

论说文的考试形式有两种：命题作文、基于文字材料的自由命题作文。每次考试为其中一种形式。要求考生在准确、全面地理解题意的基础上，对材料所给观点或命题进行分析，表明自己的态度、观点并加以论证。

文章要求思想健康、观点明确、材料充实、结构严谨完整、条理清楚、语言流畅。

3. 管理类联考与经济类联考写作大纲的异同

　　管理类联考和经济类联考的写作大纲虽然在个别词句上略有差别，但所表达的意思是完全一样的。从真题来看，命题方式也基本相同。故而，大家按同样的方式去备考即可。本书介绍的写作方法，对两类考生均适用。

论证有效性分析篇

本书知识架构

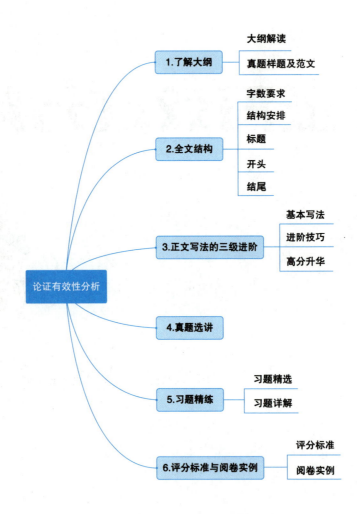

论证有效性分析

- 1.了解大纲
  - 大纲解读
  - 真题样题及范文
- 2.全文结构
  - 字数要求
  - 结构安排
  - 标题
  - 开头
  - 结尾
- 3.正文写法的三级进阶
  - 基本写法
  - 进阶技巧
  - 高分升华
- 4.真题选讲
- 5.习题精练
  - 习题精选
  - 习题详解
- 6.评分标准与阅卷实例
  - 评分标准
  - 阅卷实例

第1章 大纲解读与真题样题

听本章课程

第1节 大纲解读

1. 大纲原文

关于论证有效性分析，管理类联考大纲规定如下：

论证有效性分析试题的题干为一篇有缺陷的论证，要求考生分析其中存在的问题，选择若干要点，评论该论证的有效性。

本类试题的分析要点是：论证中的概念是否明确，判断是否准确，推理是否严密，论证是否充分等。

文章要求分析得当，理由充分，结构严谨，语言得体。

经济类联考大纲规定如下：

论证有效性分析试题的题干为一篇有缺陷的论证，要求考生分析其中存在的缺陷与漏洞，选择若干要点，围绕论证中的缺陷或漏洞，分析和评论该论证的有效性。

论效有效性分析的一般要点是：概念特别是核心概念的界定和使用是否准确并前后一致，有无各种明显的逻辑错误，论证的论据是否成立并支持结论，结论成立的条件是否充分等。

文章根据分析评论的内容、论证程度、文章结构及语言表达给分，要求内容合理、论证有力、结构严谨、条理清楚、语言流畅。

2. 大纲解读

(1)论证有效性分析的题干是一篇"论证"

论证是用一些证据来证明自己观点的过程。这些证据，被称为"论据"；这个观点，被称为"论点"；这一过程，被称为"论证过程"。

但要注意，一篇论证有效性分析的素材并不只有一个论证，而是有多个，而且素材中也不是所有内容都是论证。具体如何分辨，老吕会在第3章教给大家。

(2)材料中的论证是"有缺陷的"

论证有效性分析的材料是有缺陷的，这种缺陷指的是逻辑缺陷，不能是其他问题。根据命题人对此题型的提示，我们可以知道题干中的常见逻辑缺陷有：

概念特别是核心概念的界定和使用是否准确并前后一致，有无各种明显的逻辑错误，论证的论据是否成立并支持结论，结论成立的条件是否充分等。

(3)要求考生选择"若干"要点进行分析

真题的材料是一篇400~500字的文章，里面含有8个左右的逻辑缺陷。但是要注意：

第一，我们并不要求找出全部逻辑缺陷，只要写对4个即可(写对4个不代表只能写4个)。

第二，虽然多数年份的真题会有 8 个左右的逻辑缺陷，但是参考答案只给出 6 个逻辑陷阱。

第三，按照评分标准，考生找到的逻辑缺陷与答案给出的不同，只要言之成理，也应给分。但由于阅卷老师可能以阅卷答案为标准，因此，如果你写的逻辑缺陷不在参考答案范围以内，有可能造成误判，因此，如何踩中参考答案是一门"艺术"。本书后面也会教你怎样尽可能多地踩中答案。

(4)要求考生"分析和评论"材料中的论证缺陷

如果我不同意你的论点，我就列出大量的理由来反驳你的论点，并提出自己的论点，这叫驳论文。但论证有效性分析不是驳论文，它是分析评论性文章。也就是说，我们对材料的论点既不支持也不反对，而是站在客观中立的立场上，找到材料的逻辑漏洞并加以分析。

第 2 节 真题样题与范文

> 本节，我们将以 2015 年管理类联考真题为例，给大家展示一下范文。需要注意的是，在本节我们并不要求你看懂这个范文，也不要求你掌握文章的写法，只需简单了解真题的命题形式即可。

2015 年管理类联考论证有效性分析真题及范文

论证有效性分析：分析下述论证中存在的缺陷和漏洞，选择若干要点，写一篇 600 字左右的文章，对该论证的有效性进行分析和评论。（论证有效性分析的一般要点是：概念特别是核心概念的界定和使用是否准确并前后一致，有无各种明显的逻辑错误，论证的论据是否成立并支持结论，结论成立的条件是否充分，等等。）

有一段时期，我国部分行业出现了生产过剩现象。一些经济学家对此忧心忡忡，建议政府采取措施加以应对，以免造成资源浪费，影响国民经济正常运行。这种建议看似有理，其实未必正确。

首先，我国部分行业出现的生产过剩，并不是真正的生产过剩。道理很简单，在市场经济条件下，生产过剩实际上只是一种假象。只要生产企业开拓市场、刺激需求，就能扩大销售，生产过剩马上就可以化解。退一步说，即使出现了真正的生产过剩，市场本身也会进行自动调节。

其次，经济运行是一个动态变化的过程，产品的供求不可能达到绝对的平衡状态，因而生产过剩是市场经济的常见现象。既然如此，那么生产过剩也就是经济运行的客观规律。因此，如果让政府采取措施进行干预，那就违背了经济运行的客观规律。

再说，生产过剩总比生产不足好。如果政府的干预使生产过剩变成了生产不足，问题就会更大。因为生产过剩未必会造成浪费，反而可以因此增加物资储备以应对不时之需。如果生产不足，就势必造成供不应求的现象，让人们重新去过缺衣少食的日子，那就会影响社会的和谐与稳定。

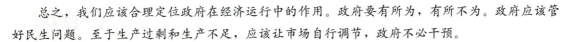

总之，我们应该合理定位政府在经济运行中的作用。政府要有所为，有所不为。政府应该管好民生问题。至于生产过剩和生产不足，应该让市场自行调节，政府不必干预。

【参考范文】

政府不必干预生产过剩吗?

吕建刚

上述材料通过对生产过剩和生产不足的一系列分析，得出"这些问题应该让市场自行调节，政府不必干预"的结论。然而，其论证过程中存在多处不当，分析如下:

首先，"只要生产企业开拓市场、刺激需求，就能扩大销售，生产过剩马上就可以化解"过于绝对。如果消费者对此产品没有需求，开拓市场的努力就无法扩大销售。就算这种努力扩大了销售，如果销售的扩大不足以解决供过于求的问题，那么还是无法化解生产过剩。

其次，产品的供求关系"不可能达到绝对的平衡"不代表会出现"生产过剩"。生产过剩只有在供过于求的现象非常严重的时候才会出现。另外，"生产过剩是市场经济的常见现象"与前文中"不是真正的生产过剩"自相矛盾。

再次，生产过剩是市场经济的"常见现象"，不代表生产过剩是经济运行的"客观规律"。前者是事物发展的外在表现，后者是事物发展的内在属性，二者是不同的概念。既然"常见现象"不等同于"客观规律"，当然就不能说政府对生产过剩的干预是违背客观规律的，也就无法说明政府不应干预生产过剩。

最后，"政府应该管好民生问题，不必干预生产过剩和生产不足"，暗含一个假设:生产过剩和生产不足不会影响民生，不会导致民生问题，这显然是不妥当的。况且，材料认为生产不足会导致"缺衣少食"，这不恰恰说明生产不足是民生问题吗?

综上所述，材料的论证存在多处逻辑漏洞，政府不必干预生产过剩的结论难以令人信服。

(全文共 586 字)

【说明】

有同学会有这样的疑问，本范文全文只有586字，是否不符合600字的字数要求? 其实这是符合考试要求的。第一，题干要求写一篇"600字左右"的文章，而不是要求写一篇"600字以上"的文章。第二，考试时，答题卡每行20格，在第30行下方会有一个"600字"的标注。阅卷时，只要你写到了第30行，阅卷人就会判断你达到了600字。由于空格和标点也是占空间的，因此，一篇实际字数在550字以上的文章，写到答题卡上已经可以占足30行，也就是说，字数就符合要求了。

同理，论说文的字数要求为"700字左右"，你实际写650字以上，就可以符合字数要求了。

第2章 全文结构

第①节 字数要求与结构安排

听本章课程

1. 字数要求

论证有效性分析要求写 600 字左右,但这个"600 字"并不是实际字数。具体计算方式如下:

答题卡上的写作部分给的是格子纸,每行是 20 格,在第 30 行的右下角会有一个 600 字的提示。也就是说,我们只要写到了第 30 行,即够字数。去掉空格和标点,你实际需要写的字数为 540~560 字。

假定我们正好写了 30 行,其中标题占 1 行,开头占 3 行,结尾占 2 行,正文还需要写 24 行。

根据阅卷标准,考生需要找到并分析 4 个逻辑错误,这样即可评为二类卷或一类卷。因此,正文部分至少要写 4 段。当然,在不确定自己写的 4 点都正确的情况下,写 5 段可以提高容错率。

2. 四段式结构

四段式结构中,正文每段只需要写 6 行,也就是 100~120 字即可。当然,实际行文中不一定每段如此平均,稍微短一些或长一些,写 5~7 行均可。

正文的段首使用表示顺序的词语,如首先、其次、再次、另外;第一、第二、第三、第四;首先、次之、再次之、最后,等等。

结构如下表所示:

标题(如:一篇似是而非的论证)			
段落	内容	行数	字数
开头	上述材料的论证存在多处不当,分析如下:	2~3 行	40~60 字
正文 1	首先,谬误 1 分析	6 行	约 110 字
正文 2	其次,谬误 2 分析	6 行	约 110 字
正文 3	再次,谬误 3 分析	6 行	约 110 字
正文 4	最后,谬误 4 分析	6 行	约 110 字
结尾	综上所述,材料的结论难以成立。	1~2 行	20~40 字

3. 五段式结构

五段式结构中,正文每段只需要写 5 行,也就是 80~100 字即可。当然,实际行文中也可适当增减。

结构如下表所示:

标题（如：一篇似是而非的论证）			
段落	内容	行数	字数
开头	上述材料的论证存在多处不当，分析如下：	2~3行	40~60字
正文1	首先，谬误1分析	5行	约90字
正文2	其次，谬误2分析	5行	约90字
正文3	再次，谬误3分析	5行	约90字
正文4	而且，谬误4分析	5行	约90字
正文5	最后，谬误5分析	5行	约90字
结尾	综上所述，材料的结论难以成立。	1~2行	20~40字

4. 双方辩论式结构

如果出现双方辩论式材料，建议使用以下结构。题目可参考本书第五章第一节中习题1、2。

标题（如：岂能如此辩论）			
段落	内容	行数	字数
开头	上述材料中，甲、乙双方就……这一问题展开了针锋相对的辩论，然而，双方的辩论都存在一些逻辑漏洞。	2~3行	40~60字
正文1	从甲方来看，主要逻辑问题有： 先将正方的逻辑漏洞分析如下：	1行	20字以内
正文2	首先，甲方认为……，存在不当，因为……	5行	约90字
正文3	其次，甲方由……推出……，难以成立，因为……	5行	约90字
正文4	从乙方来看，主要逻辑问题有： 再看一下反方的逻辑漏洞：	1行	20字以内
正文5	第一，乙方存在不当类比，……	5行	约90字
正文6	第二，乙方在概念的使用上也有混淆，……	5行	约90字
结尾	综上所述，甲、乙双方的论证都存在谬误，其争论的有效性值得怀疑。	2行	20~40字

第 2 节 标题、开头与结尾的写法

本节讲授标题、开头和结尾的写作技巧。正文部分由于最为重要，本书将其独立成章，放在第3章中进行讲授。

1. 标题的写作技巧

1.1 疑问式标题

疑问式标题即找到全文的核心论点，直接对论点发出质疑。

标题公式为：

$$\boxed{\text{材料的论点}+\text{吗}}$$

例如：

《眼见未必为实吗》（2021年管理类联考真题）

《冰雪运动中心一定赚钱吗》（2020年管理类联考真题）

《金融业产生革命性变化了吗》（2020年经济类联考真题）

《政府不必干预生产过剩吗》（2015年管理类联考真题）

《治堵必须要迁都吗?》（2011年经济类联考真题）

1.2 未必式标题

未必式标题即找到全文的核心论点，中间用"未必"二字质疑即可。

例如：

《冰雪运动中心未必能赚钱》（2020年管理类联考真题）

《治堵未必要迁都》（2011年经济类联考真题）

1.3 万能式标题

万能式标题的优点是稳妥；缺点是太普通，难以在标题上"挣分"。要注意"万能"也是相对的，需要根据题目选择合适的标题。

例如：

《一份缺乏说服力的论证（计划/报告）》

《一个不严密的论证（计划/报告）》

《一份有待商榷的论证（计划/报告）》

《一份不严谨的论证（计划/报告）》

《经不起推敲的论证（计划/报告）》

《似是而非的论证（计划/报告）》

《如此建议未必可行》

1.4 拟题的常见问题

(1)标题过长

很多同学拟的标题超过了14个字，这显然太长了。建议标题尽量不要超过12个字。

例如：

《政府真的不应该干预生产过剩和生产不足问题吗》（21字）

《洋快餐一定会成为中国饮食行业的霸主吗》（18字）

其实，只要你平时练习写作时，坚持使用每行20个字的标准作文纸，就可以避免此问题，毕竟如果一个标题有十七八个字，一行都快放不下了，不是吗？

(2)提出观点

论证有效性分析不是驳论文或论说文，只要求质疑材料，不允许提出自己的观点。

例如：

《政府应该干预生产过剩问题》（提出了观点）

2. 首段的写作技巧

阅卷人在阅卷时，主要看你正文的四五个逻辑谬误的分析是否正确，首段阅卷人最多一扫而过，因此，首段写得简洁明了即可。

首段的写作公式如下：

①概括材料	②表达质疑
上述材料认为……	然而其论证犯了多处逻辑错误，分析如下：

首段的拓展公式如下：

$$
上述材料\begin{cases}的作者认为……\\旨在说明……\\试图论证……\end{cases}，然而\begin{cases}论证过程存在多处不当\\其论据有若干不妥之处\\其论证存在多处逻辑漏洞\\其论证出现多种逻辑谬误\end{cases}，
$$

分析如下：
以致影响了其说服力。
所以，其结论让人难以信服。
因此，其结论值得商榷。
故其观点难以成立。

根据上述公式，你可以排列组合出属于自己的首段。

例如：

上述材料的作者认为……，然而其论证过程中存在多处不当，故其观点难以成立。

上述材料旨在说明……，然而其论证存在多种谬误和漏洞，以致影响了其说服力。

上述材料试图论证……，然而其论据有若干不妥之处，因此，其结论值得商榷。

3. 结尾的写作技巧

论证有效性分析的结尾相当简单，只需要再次表明题干的论证缺乏有效性、题干的论点难以成立即可。建议将结尾控制在 40 个字以内。

结尾的写作公式如下：

总之，材料存在多处逻辑漏洞，……结论难以成立。

综上所述，由于材料的论证存在多处不当，……这一结论难以让人信服。

总之，材料犯了一系列逻辑错误，难以推出……这一结论。

总之，由于材料存在多处逻辑谬误，……的建议未必可行。

第3章 正文写法的三级进阶

听本章课程

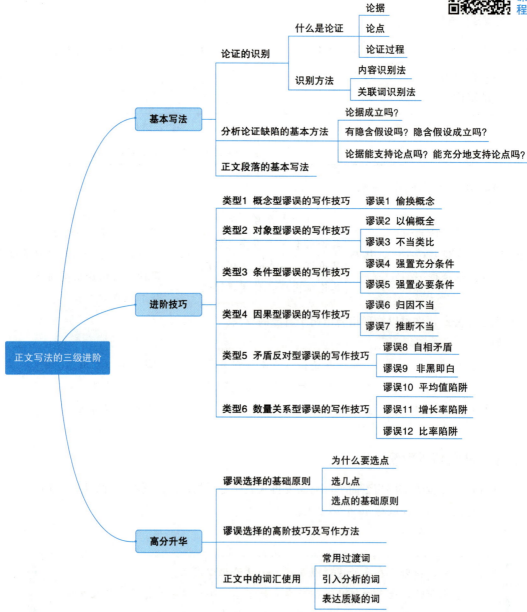

正文写法的三级进阶

- 基本写法
  - 论证的识别
    - 什么是论证
      - 论据
      - 论点
      - 论证过程
    - 识别方法
      - 内容识别法
      - 关联词识别法
  - 分析论证缺陷的基本方法
    - 论据成立吗？
    - 有隐含假设吗？隐含假设成立吗？
    - 论据能支持论点吗？能充分地支持论点吗？
  - 正文段落的基本写法
- 进阶技巧
  - 类型1 概念型谬误的写作技巧
    - 谬误1 偷换概念
  - 类型2 对象型谬误的写作技巧
    - 谬误2 以偏概全
    - 谬误3 不当类比
  - 类型3 条件型谬误的写作技巧
    - 谬误4 强置充分条件
    - 谬误5 强置必要条件
  - 类型4 因果型谬误的写作技巧
    - 谬误6 归因不当
    - 谬误7 推断不当
  - 类型5 矛盾反对型谬误的写作技巧
    - 谬误8 自相矛盾
    - 谬误9 非黑即白
  - 类型6 数量关系型谬误的写作技巧
    - 谬误10 平均值陷阱
    - 谬误11 增长率陷阱
    - 谬误12 比率陷阱
- 高分升华
  - 谬误选择的基础原则
    - 为什么要选点
    - 选几点
    - 选点的基础原则
  - 谬误选择的高阶技巧及写作方法
  - 正文中的词汇使用
    - 常用过渡词
    - 引入分析的词
    - 表达质疑的词

第 1 节 正文的基本写法

1. 论证的识别

1.1 什么是论证

论证有效性分析的题干是一篇有缺陷的论证。论证就是用一些理由（论据）来证明自己的观点（论点）的过程。一个论证包括三个要素：论据、论点和论证过程，即：

例1.

石头哥哥给多位前女友都赠送了心形石头（论据），因此，石头哥哥不靠谱（论点）。

1.2 识别方法

1.2.1 内容识别法

(1)论据与论点

论据是用来证明论点的理由和证据。它一般包括两大类：一是事实论据，二是理论论据。

事实论据是对客观事物的真实的描述和概括，包括具体事例、概括事实、统计数字、亲身经历，等等。

理论论据是指那些来源于实践，并且已被长期实践证明和检验过，断定为正确的观点。它包括经典性的著作和权威性的言论，以及自然科学的原理、定律、公式等。

真题中出现的论据多数为事实论据。

论点就是论证者所持的观点，它代表了论证者对某一问题的看法、见解、主张、态度。论点表现为"有所断定"。

例2.

针对某种溃疡最常用的一种疗法可在 6 个月内将 44％的患者的溃疡完全治愈。针对这种溃疡的一种新疗法在 6 个月的试验中使治疗的 80％的患者的溃疡取得了明显改善，61％的患者的溃疡得到了痊愈（论据：表示为一段事实描述）。因此，这种新疗法显然在疗效方面比最常用的疗法更显著（论点：表现为有所断定）。

(2)背景描述

论据表现为事实描述，但仅描述一段事实，并未从这段事实中推论出一个断定，那么这段事实就不是论据，而是一段背景描述。

论证有效性分析的第一段通常会先进行背景描述。

例 3.（2012 年经济类联考真题）

从今年开始，教育部、国家语委将在某些城市试点推出一项针对国人的汉语水平考试——"汉语能力测试（HNC）"。该测试主要考以汉语为母语的人的听、说、读、写四方面的综合能力，并将按照难度分为各个等级，其中最低等级相当于小学四年级水平（扫盲水平），最高等级相当于大学中文专业毕业水平。考生不设职业、学历、年龄限制，可直接报考。

【分析】

本段不是一个论证，它仅仅描述了汉语能力测试的基本情况，并未对此发表观点。

1.2.2 关联词识别法

论证中经常会有一些明显的标志词，用来提示语句间的关系、帮助读者理解语义及论证关系。

例 4.

据统计，2008 年民用航空飞机每飞行 100 万次发生恶性事故的次数为 0.2 次，而 1989 年为 1.4 次。由此看出，乘飞机出行越来越安全。

【分析】

此段是一个简单的论证。其中"据统计"是论据提示词，提示读者我的论点是有数据支持的；"由此看出"是论点提示词，后面跟的就是作者所主张的论点。

> 🔍 常见的论点标志词有：
>
> 因此……，所以……，可见……，这表明……，实验表明……，据此推断……，由此认为……，我认为……，这样说来……，简而言之……，显然……，等等。
>
> 常见的论据标志词有：
>
> 论据在标志词后：例如……，因为……，由于……，依据……，据统计……，等等。
>
> 论据在标志词前：……据此推断，……研究人员据此认为，……因此，等等。

2. 分析论证缺陷的基本方法

分析一个论证的缺陷，基本思路就是论据成立吗？论据能支持论点吗？论据能充分地支持论点吗？有不当假设吗？

2.1 论据成立吗？

论据是论证的依据，如果论据本身不成立（**虚假论据**），一个论证当然是站不住脚的。

例 5.（2005 年 MBA 联考真题）

我反对 MBA 教育的一个理由是：MBA 教育试图把管理传授给某个毫无实际经验的人不仅仅是浪费时间，更糟糕的是，它是对管理的一种贬低。

【分析】

此例中的论据"MBA教育试图把管理传授给某个毫无实际经验的人"是虚假论据，因为MBA招生要求中明确规定考生需要具备几年的工作经验。

2.2 有隐含假设吗？ 隐含假设成立吗？

所谓隐含假设就是虽未言明，但是其论证要想成立所必须具备的前提。如果这一隐含假设不成立，则该论证就不可能成立。

例6.

曹操文治武功卓越（论据），因此，他是一代明君（论点）。

【分析】

此例中，该论证要想成立必须得有一个前提：曹操是君主。但是在历史上，曹操并没有做过君主，因此，这一论证是不成立的。

2.3 论据能支持论点吗？ 能充分地支持论点吗？

题干的论证中，论据能支持论点吗？如果论据能支持论点的话，是否可以充分地支持论点，使论点成立？

例7.

康哥的眼睛很大（论据），因此，他是一个帅哥（论点）。

【分析】

"眼睛很大"确实可以算是帅哥的标准之一，但是，眼睛仅仅是一个人外表的组成部分，仅由"眼睛很大"并不能充分地说明康哥是个帅哥(PS. 毕竟康哥没头发)。

综上所述，论证缺陷的基本分析方法如下图：

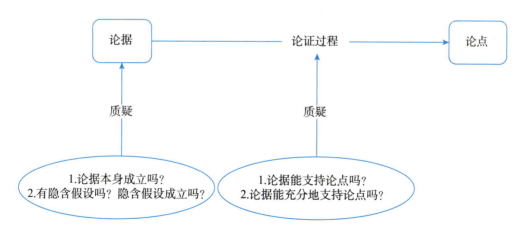

3. 正文段落的基本写法

论证有效性分析的正文，就是要对材料中的论证缺陷进行分析，其基本的写法为：

🔍 引+疑+析+结

"引"即引用材料，告诉阅卷人你在质疑什么。

"疑"即表达质疑，指出材料存在逻辑谬误。

"析"是段落的核心，是对材料中的逻辑谬误的具体分析说明。

"结"是对该段的总结，但多数时候"结"可以不写。

注意："引""疑"要简短，"析"要详细。

真题精讲

真题 1.（2015 年管理类联考真题）

生产过剩总比生产不足好。如果政府的干预使生产过剩变成了生产不足，问题就会更大。因为生产过剩未必会造成浪费，反而可以因此增加物资储备以应对不时之需。

【谬误分析】

锁定"因为"二字，可知"因为"后面的话是论据，前面的话是论点。但这一论证中的论据是不成立的，因此犯了"虚假论据"的逻辑谬误。

【参考范文】

材料认为"生产过剩可以增加物资储备以应对不时之需"，所以"生产过剩总比生产不足好"（引用），难以成立（质疑）。因为，第一，生产过剩是指产品的总供给大于总需求，物资储备的需求也是总需求之一；第二，物资储备是有计划、有选择的，有些物资并不适合长期储备，如牛奶，如果这样的物资剩下了，就会造成浪费（分析）。

真题 2.（2008 年在职 MBA 联考真题）

俗话说："人无完人。"如果在选拔官员中拘泥于小节而不注意大局（将"孝"作为选拔官员的标准），就会把许多胸怀鸿鹄之志的精英拒之门外，而让那些守望燕雀小巢的庸才占据领导岗位。

【谬误分析】

上述论证隐含一个假设，即"精英"往往不孝，而"庸才"才有孝心。但这一假设不成立，该论证存在"不当假设"。

【参考范文】

材料认为，将"孝"作为选拔官员的标准，就会把精英拒之门外，让庸才占据领导岗位（引用），难以成立（质疑）。因为，这一论证隐含一个假设，即"精英"往往不孝，而"庸才"才有孝心、尽孝道。这一隐含假设显然是不成立的（分析）。

真题 3.（2006 年在职 MBA 联考真题改编）

A 国是世界上经济最发达的国家，曝光的企业丑闻数量却比发展中国家多得多，这充分说明 A 国企业的道德水平不如发展中国家。

【谬误分析】

"企业丑闻"是不是道德的影响因素？当然是的，但是仅凭这个并不能充分地说明"A 国企业的道德水平不如发展中国家"。因此，这一论证的"论据不充分"。

【参考范文】

材料认为"A 国比发展中国家曝光的企业丑闻数量多",就说明其企业的道德水平不如发展中国家(引用),这一论据并不充分(质疑)。A 国曝光的企业丑闻数量多,有可能是因为其道德水平低下,但也有可能是 A 国企业的基数更大造成的(分析)。

习题精练

习题 1.（2008 年 MBA 联考真题）

中医在中国有几千年的历史,治好了很多人,怎么能说它是伪科学呢?人们为什么崇尚科学,是因为科学对人类有用。既然中医对人类有用,凭什么说它不是科学?

习题 2.

人类学家发现早在旧石器时代,人类就有了死后复生的信念。在发掘出的那个时代的古墓中,死者的身边有衣服、饰物和武器等陪葬物,这是最早的关于人类具有死后复生信念的证据。

【习题参考范文】

习题 1 参考范文

材料认为"中医对人类有用",那么"中医就是科学"(引用),未必成立(质疑)。因为,这一主张依赖于一个假设,即"对人类有用的都是科学",这一假设并不成立,比如文学、艺术对人类有用,你能说文学和艺术是科学吗(分析)?所以,仅仅依据中医对人类有用,并不能证明中医是科学(总结)。

（需要说明的是,现实生活中,中医当然是一门科学,老吕本人就经常看中医。但是,"中医是科学"这一事实无法从材料的论据中得到充分的证明,那就说明材料的论证是有缺陷的。可见,论证有效性分析仅仅是对一个论证是否符合逻辑进行分析,我们对材料的观点并不持支持或反对态度。）

习题 2 参考范文

材料认为古墓中有"衣服、饰物和武器等陪葬物",就证明古人有"死后复生的信念"(引用),难以成立(质疑)。因为,陪葬物可能仅仅是死者生前的遗物,也可能是后人为了缅怀死者而将物品放入墓穴中的,还有可能是古人认为死后可以进入"阴间"继续使用这些物品,等等(分析)。因此,陪葬物不能证明古人相信死后可以复生(总结)。

第 2 节　正文的进阶技巧

论证有效性分析想要得高分,关键在于把正文写好。要想把正文写好,就要学会各种逻辑谬误的写作技巧。本节中,老吕将为你讲解各类逻辑谬误的分析技巧,这也是论证有效性分析的核心。

类型 1　概念型谬误的写作技巧

谬误 1　偷换概念

1.1　偷换概念的识别

偷换概念是指在论证过程中将一些似乎一样的概念进行偷换，实际上改变了概念的修饰语、适用范围、所指对象等具体内涵。

偷换概念在真题中表现为三种类型：

(1) AB 型

题干中出现两个概念 A 和 B，这两个概念从字面上来看就不一样（当然意思更不一样），但题干将其进行了等同，认为 A 等同于 B。

即，题干的论证会出现：

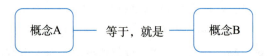

例 1.

有的写作教材上讲，写作中应当讲究语言的形式美，我的看法不同。我认为语言就应该朴实，不应该追求那些形式主义的东西。

【分析】

此例中，语言的"形式美"与"形式主义"显然不是相同的概念。

(2) adj 型

有一些概念上加上形容词（adj）会改变这个概念的原意，就可能会犯偷换概念的逻辑错误。

即，题干的论证会出现：

例 2.

近年来，一些影星的艺德问题引发了种种讨论，对社会造成了不良影响。因此，对著名影星进行艺德教育很有必要。

【分析】

此例中，"影星"与"著名影星"不是相同的概念。

(3) AA′型

有时候，两个在字面上看起来相同的词汇，但表达的含义却是不一样的，那么也犯了偷换概念的逻辑错误。

此类偷换概念，老吕称为"AA′型"偷换概念，即"A"和"A′"看起来一样，实际上表达的含义却不一样。图示如下：

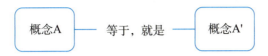

例 3.

象是动物，因此，小象是小动物。

【分析】

上述论证中，小象中的"小"和小动物中的"小"，字面虽然一样，但含义却不一样，前者指的是"年龄小"，后者指的是"体型小"。因此，此例犯了偷换概念的逻辑错误。

1.2 偷换概念的写作技巧

(1)偷换概念的写作思路

既然偷换概念是把两个不同的概念当成了相同的概念，那么我们的分析思路就是要说明这两个概念是不一样的。所以，偷换概念的写作思路是：分别解释一下被偷换的两个概念，从而说明两个概念的区别。

(2)偷换概念的写作公式

> 🔍 上述材料中＿＿A＿＿与＿＿B＿＿是两个不同的概念，前者的意思是＿＿＿＿＿＿，而后者的意思是＿＿＿＿＿＿。所以，材料的论述有偷换概念之嫌。

真题精讲

真题 1.（2014 年管理类联考真题）

从本质上来说，权力平衡就是权力平等，因此这一制度本身蕴含着平等的观念。平等观念一旦成为企业的管理理念，必将促成企业内部的和谐与稳定。

【谬误识别】

上述题干中，强行把"权力平衡"等同于"权力平等"，但实际上这两个概念并不相同，这就犯了偷换概念（AB 型）的逻辑错误。

【参考范文】

材料认为"权力平衡就是权力平等"，但二者并不是相同的概念。"权力平衡"是指权力的动态制约关系达到均衡，而"权力平等"则是指权力的平均分配。不能因为权力平衡这一制度中蕴含着平等的观念，就认为二者是等同的。

真题 2.（2021 年管理类联考真题）

我国古代哲学家老子早就看到了这一点。他说过，人们只看到了房子的"有"（有形的结构），但人们没看到"无"（房子中无形的空间）才有实际效用。这也说明眼所见者未必实，未见者为实。

【谬误识别】

实际效用中的"实"与眼见为实的"实"含义不同（AA'型偷换概念）。

【参考范文】

材料认为房子中有形的结构没有实际效用，而无形的空间才有实际效用，因此，"眼所见者未必实，未见者为实"，存在不妥。此处"实际效用"不等同于"眼见为实"中的"实"。房子的空间有实际作用，并不能说明人们看见的房子是假的，不是事实。

习题精练

习题 1.（2015 年管理类联考真题）

经济运行是一个动态变化的过程，产品的供求不可能达到绝对的平衡状态，因而生产过剩是市场经济的常见现象。既然如此，那么生产过剩也就是经济运行的客观规律。因此，如果让政府采取措施进行干预，那就违背了经济运行的客观规律。

习题 2.（2009 年管理类联考真题）

硕士、博士这些知识头衔的实际价值一再受到有识之士的质疑，道理就在这里。"知识就是力量"这一曾经激励了几代人的口号，正在成为空洞的历史回声，这其实是时代的进步。

习题 3.（2011 年管理类联考真题）

如果你要从股市中赚钱，就必须低价买进股票，高价卖出股票，这是人人都明白的基本道理，但是，问题的关键在于如何判断股价的高低。只有正确地判断股价的高低，上述的基本道理才有意义，否则，就毫无实用价值。

由此可见，要从股市获取利益，第一是要掌握股价涨跌的概率，第二还是要掌握股价涨跌的概率，第三也还是要掌握股价涨跌的概率。掌握了股价涨跌的概率，你就能赚钱；否则，你就会赔钱。

【习题参考范文】

习题 1 参考范文

材料认为，生产过剩是市场经济的"常见现象"，说明它是经济运行的"客观规律"。实际上二者并不等同。"现象"是事物的外在表现，而"规律"是指现象背后的内在原因或联系。因此，不能由此认为政府干预生产过剩"违背了经济运行的客观规律"。

习题 2 参考范文

材料中，"知识头衔"与"知识"是两个不同的概念。一个人拥有某种"知识头衔"并不代表他拥有该头衔所对应的"知识"。所以，不能因为硕士、博士等"知识头衔"受到质疑，就认为"知识"无用了。

习题 3 参考范文

材料中，"股价的高低"和"股价的涨跌"并不是相同的概念。股价的高和低是对股票价格的静态判断，而股价的涨跌则是股价的动态变化。因此，材料的论证有偷换概念之嫌。

类型 2　对象型谬误的写作技巧

谬误 2　以偏概全

2.1　以偏概全的识别（对象 aA 型）

以偏概全又称为不当归纳，就是通过样本（调查、例证、个人见闻等）来总结出针对某个群体的结论。

此类谬误的典型特征是，论据中的论证对象的范围要小（对象 a），而论点中的论证对象的范围要大（对象 A），前者一般是后者的子集。如下图所示：

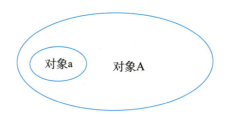

可见，我们可以形象地理解为"a"的范围这么小，怎么能概括"A"这么大范围的特征呢？

例 4.

《花与美》杂志受 A 市花鸟协会委托，就 A 市评选市花一事对该市的杂志读者群进行了民意调查，结果 60％以上的读者将荷花选为市花，于是编辑部宣布，A 市大部分市民赞成将荷花定为市花。

【分析】

上述题干的论据是"<u>60％以上的读者将荷花选为市花</u>"，论点是"<u>A 市大部分市民赞成将荷花定为市花</u>"。可见，论据的论证对象仅仅是论点的论据对象的子集。即：

那么这些读者的意见能代表 A 市大部分市民的意见吗？如果这些读者的<u>数量太少</u>（例如就调查了十几个读者）、<u>广度不够</u>（例如被调查者全是女性市民）或者<u>不是随机选取</u>（例如特意选择喜欢荷花者进行调查）的，就说明他们没有代表性，不能代表 A 市大部分市民。

2.2　以偏概全的写作技巧

（1）以偏概全的写作思路

以偏概全就是用一个小样本的情况，来概括一个更大的集体的情况。那我们的写作思路就是要指出为什么这个小样本无法覆盖或代表这个大集体。常从三个方面来分析：样本的数量不足、样本的广度不够、样本不是随机选取的。

（2）以偏概全的写作公式

> 🔍 材料通过对_____调查，认为_____，有以偏概全之嫌。因为，这些调查对象 __数量不足、广度不够或不是随机选取__ ，所以他们不一定能代表所有人的情况。

真题精讲

真题 1.（2005 年在职 MBA 联考真题）

该公司去年在 100 家洋快餐店内进行的大量问卷调查结果显示，超过 90％的中国消费者认为食用洋快餐对于个人的营养均衡有所帮助。

【谬误识别】

论据中的调查对象是"洋快餐店内的消费者"，而结论中的论证对象是"中国消费者"，显然前者仅是后者的一部分（以偏概全），即：

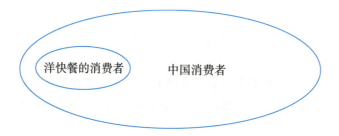

洋快餐的消费者 　　中国消费者

【参考范文】

材料通过对"洋快餐店内的消费者"的调查，得出关于"中国消费者"的结论，有以偏概全之嫌。因为，在洋快餐店内的消费者一般来说是认同洋快餐的，故这些调查对象广度不够，所以他们不一定能代表所有人的情况。

真题 2.（2016 年管理类联考真题）

据报道，近年长三角等地区频频出现"用工荒"现象，2015 年第二季度我国岗位空缺与求职人数的比例均为 1.06，表明劳动力市场需求大于供给。因此，我国的大学生其实是供不应求的。

【谬误识别】

论据中的对象是"长三角等地区"，而结论中的论证对象是"我国"，显然前者仅是后者的一部分（以偏概全），即：

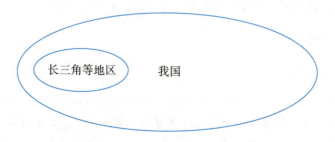

长三角等地区 　　我国

【参考范文】

材料通过对"长三角等地区"的调查，得出关于"我国劳动力市场"的结论，有以偏概全之嫌。因为，长三角等地区仅仅是我国的一部分区域，可能在劳动力需求上有其特殊性，故这些调查对象广度不够，所以他们不一定能代表所有人的情况。另外，"2015年第二季度"的情况也未必能代表现在的情况。

习题精练

习题 1.（2008 年在职 MBA 联考真题）

自古道"忠孝难以两全"。岳飞抗击金兵，常年征战沙场，未能在母亲膝下尽孝，却成了千古传颂的英雄。反观《二十四孝》里的那些孝子，有哪个成就了名垂青史的功业？孔繁森撇下老母，远离家乡，公而忘私，殉职边疆，显然未尽孝道，但你能指责他是个不合格的官员吗？

习题 2.（2018 年管理类联考真题）

最近一项对某高校大学生的抽样调查表明，有 69％的人认为物质生活丰富可以丰富人的精神生活，有 22％的人认为物质生活和精神生活没有什么关系，只有 9％的人认为物质生活丰富反而会降低人的精神追求。可见，多数人认为物质生活丰富不会造成人的精神生活空虚。

【习题参考范文】

习题 1　参考范文

材料用岳飞、孔繁森等例子，来证明"忠孝难以两全"，有以偏概全之嫌。因为，这几个人的情况可能是特例，样本的数量不足，未必有普遍的代表性。而且，《二十四孝》是专门记录孝行的书籍，而不是记录功业的书籍，无法由此断定孝子们没有成就名垂青史的功业。

习题 2　参考范文

材料通过对"某高校大学生"的调查，得出关于"所有人"的结论，有以偏概全之嫌。因为，这些调查对象广度不够，并且其抽样范围、抽样方式、样本数量等关键信息不明确，所以他们不一定能代表所有人的情况。

谬误3　不当类比

3.1 不当类比的识别（对象 AB 型）

类比是根据两个或两类相关对象具有某些相似或相同的属性，从而推断它们在另外的属性上也相同或者相似。如果类比对象之间有差异，使得类比难以成立，说明犯了不当类比的逻辑错误。

此类谬误的典型特征是，论据中的论证对象是 A，而论点中的论证对象是 B，那么这种从 A 到 B 的推论正确吗？这就值得怀疑。如下图所示：

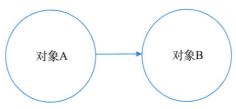

例 5.

实验发现，口服少量某种类型的安定药物，可使人们在测谎器的测验中撒谎而不被发现。测谎器对人们所产生的心理压力能够被这类安定药物有效地抑制。因此，日常生活中的心理压力也可以被这类安定药物有效地抑制。

【分析】

上述题干的论据是"测谎器对人们所产生的心理压力能够被这类安定药物有效地抑制"，论点是"日常生活中的心理压力也可以被这类安定药物有效地抑制"。可见，这一论证的论证对象出现了从 A 到 B 的变化，是一个类比论证，即：

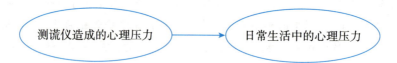

如果这两类心理压力存在本质差异（如生理机制不同、药理机制不同等），就会影响以上类比的成立性。

3.2 不当类比的写作技巧

(1)不当类比的写作思路

总结历年真题，可以发现不当类比常见以下几种类型：

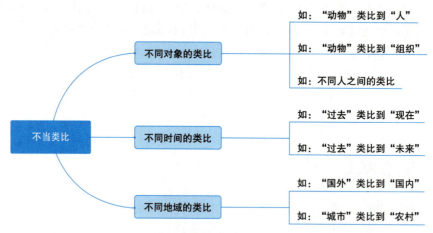

不同对象的类比的写作思路：对象 A 和 B 之间存在差异，影响了类比的成立性。

不同时间的类比的写作思路：随着时间的变化，情况出现了差异，影响了类比的成立性。

不同地域的类比的写作思路：因为两个地域之间存在差异，影响了类比的成立性。

总之，不当类比的写作思路就抓住三个字——找差异。

(2)不当类比的写作公式

> 🔍 材料论述由＿＿A＿＿推出＿＿B＿＿，难以成立。因为二者＿＿＿＿＿不同，＿＿＿＿＿不同，所以，由＿＿A＿＿的情况难以推论出＿＿B＿＿的情况，这一论证存在不当类比。

真题精讲

真题 1.（2010 年在职 MBA 联考真题）

猴群中存在着权威，而权威对于新鲜事物的态度直接影响群体接受新鲜事物的进程。市场营销也是如此，如果希望推动人们接受某种新商品，应当首先影响引领时尚的文体明星。如果位于时尚高端的消费者对于某种新商品不接受，该商品一定会遭遇失败。

【谬误识别】

材料中论据的论证对象是"猴群"，论点的论证对象是"人们"，存在不当类比，即：

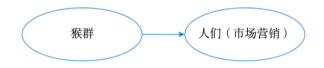

【参考范文】

材料从猴群实验类比到市场营销，难以成立。首先，猴王对猴子的影响模式与文体明星对普通消费者的影响模式并不相同；其次，猴群的需求和消费者的需求也不相同；再者，猴群与人类社会的复杂程度也不相同。因此材料存在不当类比。

真题 2.（2005 年在职 MBA 联考真题）

过去 5 年中，洋快餐在大城市中的网点数每年以 40％的惊人速度增长，而在中国广大的中小城市和乡镇还有广阔的市场成长空间；照此速度发展下去，估计未来 10 年，洋快餐在中国饮食行业的市场占有率将超过 20％，成为中国百姓饮食的重要选择。

【谬误识别】

材料中有两处不当类比：

1. 由"大城市"类比到"中小城市和乡镇"，即：

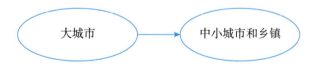

2. 由"过去 5 年"类比到"未来 10 年"，即：

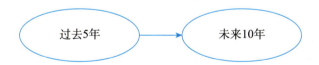

【参考范文】

材料中由洋快餐在"大城市"发展迅速推断洋快餐在"中小城市和乡镇"的发展情况，存在不当类比。因为，中小城市和乡镇的消费者的消费理念、消费能力、饮食习惯等与大城市不同，在大城市快速发展的洋快餐可能在中小城市和乡镇"水土不服"。另外，由于市场环境的变化，"过去 5年"的快速发展状况也未必能在"未来 10 年"得以保持。

习题精练

习题 1.（2007 年 MBA 联考真题）

经济学和物理学、数学一样，所讨论的都是非常专业化的问题。只有远离现实的诱惑，潜心于书斋，认真钻研学问，才可能成为真正意义上的经济学家。

习题 2.（2007 年在职 MBA 联考真题）

为了解决"期界问题"，日本和德国的企业对那些专业技能要求很高的岗位上的员工，一般都实行终身雇佣制；而终身雇佣制也为日本和德国企业建立与保持国际竞争力提供了保障。这证明了"终身制"和"铁饭碗"不见得不好，也说明，中国企业的劳动关系应该向着建立长期雇佣关系的方向发展。

习题 3.（2010 年管理类联考真题）

由于世界是平的，穷国可以和富国一样在同一平台上接收同样的最新信息，这样就大大促进了各国的经济发展，从而改善了它们的国际地位。

【习题参考范文】

习题 1　参考范文

材料将经济学和物理学、数学进行类比，存在不当。因为，物理学、数学是自然科学，以理论研究为基础；但是经济学是社会科学，它研究的是社会经验的运行规律，因此，不能由物理学、数学的情况来推断经济学的情况。

习题 2　参考范文

材料认为日本和德国的"终身雇佣制"取得了成功，在我国也应该建立长期雇佣关系，存在不当类比。因为，我国的劳动者的就业观、价值观和社会文化与日本和德国都有差异，因此，日本和德国适用的方法，拿到中国并不一定适用。

习题 3　参考范文

材料由"穷国可以和富国一样在同一平台上接收同样的最新信息"，推断出这会"促进各国的经济发展，改善它们的国际地位"，并不妥当。即使在同一平台上接收同样的信息，由于穷国和富国处理、运用信息的能力不同，信息对经济的影响就存在不同，穷国未必能因此得以发展。

类型 3　条件型谬误的写作技巧

谬误 4　强置充分条件

4.1 强置充分条件的识别（A→B 型）

充分条件：有了 A 一定有 B，即 A→B，可以理解为"有它就行"。

充分条件的识别：题干中会出现"如果……那么……""只要……就……""一……就……""……一定……"等关联词。

强置充分条件：误把不充分的条件当作充分条件，即误认为有了 A 一定有 B，实际上并非如此。

例 6.

只要你成绩好，就一定能获得奖学金。

【分析】

除了成绩以外，能否获得奖学金可能还受到学生的综合素质、道德品质、社会实践等多方面因素的影响，"成绩好"只是获得奖学金条件之一，而不是充分条件。可见，题目误认为有了 A（成绩好），就一定有 B（获得奖学金），犯了强置充分条件的逻辑错误。

4.2 强置充分条件的写作技巧

(1)强置充分条件的写作思路

强置充分条件有两种分析思路：

思路 1：还需其他条件

材料认为只要有 A 就一定有 B，但实际上仅靠 A 并不充分，还需要 C、D、E 等其他条件。

思路 2：A ∧ ¬ B

根据形式逻辑的知识 A→B 与 A ∧ ¬ B 矛盾，所以，我们只要说明在某些情况下，A 出现了，但是 B 没出现，就可以质疑题干。

(2)强置充分条件的写作公式

思路 1 的写作公式：

> 🔍 材料认为 __A__ 是 __B__ 的充分条件，存在不妥。因为 __B__ 的成立还取决于 __C__ 、 __D__ 、 __E__ 等多方面因素， __A__ 只是 __B__ 的条件之一。

思路 2 的写作公式：

> 🔍 材料认为有了 __A__ 一定有 __B__ ，过于绝对了。因为，在 __C__ 的情况下，有了 __A__ ，也不会出现 __B__ 。所以， __A__ 并非 __B__ 的充分条件。

真题精讲

真题 1.（2013 年管理类联考真题）

由此可见，只要创作更多的具有本国文化特色的文艺作品，那么文化影响力的扩大就是毫无疑义的，而国家的软实力也必将同步增强。

【谬误识别】

锁定关联词"只要……那么……，必将……"，可知材料存在强置充分条件。

【参考范文】

材料认为"只要创作更多的具有本国文化特色的文艺作品，就能扩大文化影响力"，过于绝对。因为，文化影响力的扩大还取决于文化状况、文化传播途径、交流方式等多方面因素，创作更多文艺作品只是其成立的条件之一。同理，一个国家的软实力还包括教育、科技、卫生等各方面，所以文化影响力的提升并非国家软实力提升的充分条件。

真题 2.（2014 年管理类联考真题）

同时，以制衡与监督为原则所设计的企业管理制度还有一个固有的特点，即能保证其实施的有效性，因为环环相扣的监督机制能确保企业内部各级管理者无法敷衍塞责。

【谬误识别】

锁定关键词"保证……，能确保……"，可知材料存在强置充分条件。

【参考范文】

材料认为"环环相扣的监督机制能确保企业内部各级管理者无法敷衍塞责"，过于绝对了。因为，有制度是一回事，制度执行到位又是一回事。在制度执行敷衍了事的情况下，即使有了监督机制，也不能确保所有管理者不敷衍塞责，也无法证明以此原则设计的企业管理制度能保证其实施的有效性。

习题精练

习题 1.（2004 年在职 MBA 联考真题）

企业经营首先要考虑的是如何战胜竞争对手，因为顾客不是选择你，就是选择你的竞争者，所以只要在满足顾客需求方面比竞争者快一点，你就能够脱颖而出，战胜对手。

习题 2.（2015 年管理类联考真题）

首先，我国部分行业出现的生产过剩并不是真正的生产过剩。道理很简单，在市场经济条件下，生产过剩实际上只是一种假象。只要生产企业开拓市场、刺激需求，就能扩大销售，生产过剩马上就可以化解。

习题 3.（2017 年管理类联考真题）

人的本性是"好荣恶辱，好利恶害"的，所以人们都会追求奖赏、逃避刑罚。因此，拥有足够权力的国君只要利用赏罚，就可以把臣民治理好了。

【习题参考范文】

习题 1　参考范文

材料认为"比竞争对手更快满足顾客需求"是"战胜竞争对手"的充分条件，存在不妥。因为企业能否战胜竞争对手还取决于内部管理、市场变化、国家政策等多方面因素，"更快满足顾客需求"只是其成立的条件之一。

习题 2　参考范文

材料认为只要生产企业"开拓市场、刺激需求"，就能"扩大销售"，"生产过剩马上就可以化解"，存在不妥。因为销售还取决于市场饱和度、社会购买力、社会消费心理等其他因素，所以生产企业开拓市场、刺激需求只是扩大销售的条件之一。

习题 3　参考范文

材料认为"利用赏罚"是"治理好臣民"的充分条件，存在不妥。因为臣民治理还受到政治、经济、文化、军事等方面的因素的影响，试想，即使赏罚分明，若连年灾荒、穷兵黩武，百姓自然要揭竿而起，又何谈治理好臣民呢？

谬误 5   强置必要条件

5.1 强置必要条件的识别（¬A→¬B型）

必要条件：是指A对于B来说是必要的，没有A就一定没有B，即¬A→¬B。

必要条件的识别：题干中会出现"只有……才……""没有……就不能……"等关联词。要注意，如果题干中出现"如果要有A，那么必须B"，那么A是B的充分条件，B是A的必要条件，即没有B就没有A。

强置必要条件：误把不必要的条件当作必要条件，即误认为没有A就一定没有B，实际上并非如此。

例7.

只有下雨，才会地湿。

【分析】

材料中出现"只有……才……"，是必要条件的关联词，即材料认为"不下雨，地就不会湿"，但实际上，不下雨，出现下雪、洒水等情况，地也会湿。因此材料犯了强置必要条件的逻辑错误。

5.2 强置必要条件的写作技巧

(1)强置必要条件的写作思路

材料认为，没有A就没有B(没A不行)，我们只需要说没有A，在C、D、E等情况下也可以有B即可(没A也行)。

(2)强置必要条件的写作公式

> 🔍 材料认为，只有有 __A__ ，才会有 __B__ ，过于绝对。实际上， __A__ 并非 __B__ 的必要条件。即使没有 __A__ ，通过 __C__ 、 __D__ 、 __E__ 等方式，也可以实现 __B__ 。

真题精讲

真题1.（2010年在职MBA联考真题）

市场营销也是如此，如果希望推动人们接受某种新商品，应当首先影响引领时尚的文体明星。位于时尚高端的消费者对于某种新商品不接受，该商品就不可能成功。

【谬误识别】

材料中出现"不A，不B"，即没有A就没有B，故存在强置必要条件。

【参考范文】

材料认为"高端的消费者对于某种新商品不接受，该商品就不可能成功"，过于绝对。因为，高端消费者与普通消费者的消费需求和消费能力显然是有很大差别的，可能高端消费者更注重产品的品牌和品位，普通消费者更注重实用性和价格。所以，高端消费者不接受的产品，也存在成功的可能。

真题 2.（2011 年管理类联考真题）

如果你要从股市中赚钱，就必须低价买进股票，高价卖出股票，这是人人都明白的基本道理，但是，问题的关键在于如何判断股价的高低。

【谬误识别】

材料中出现"如果要有 A，就必须 B"，可以转化为"没有 B 就没有 A"，故存在强置 B 这个必要条件。

【参考范文】

材料认为只有"低价买进股票，高价卖出股票"，才能"从股市中赚钱"，过于绝对。即使不采用低买高卖的方式，股民通过股票的分红也可以获利。

习题精练

习题 1.（2006 年在职 MBA 联考真题）

媒体上频频出现的企业丑闻也让我们有足够的理由怀疑是否该给大公司高管们支付那么高的报酬。企业高管拿高薪是因为他们的决策对企业的生存与发展至关重要，然而，当公司业绩下滑甚至亏损时，他们却不必支付罚金。正是这种无效的激励机制使得公司高管们朝着错误的方向越走越远。因此，只有建立有效的激励机制，才能杜绝企业丑闻的发生。

习题 2.（2011 年在职 MBA 联考真题）

纳税者只有承担了纳税义务，才能享受纳税者的权利。如果没有纳税，人们对国家就会失去主人翁的责任感，就不可能有强烈的公民意识，也就会失去或放弃监督政府部门的权利。所以，为了培养全国民众的公民意识，为了缩小贫富差距，为了建设和谐社会，我们应该适当地降低个税起征点。

习题 3.（2011 年经济类联考真题）

2010 年 9 月 17 日北京发生"惊天大堵"。当日，北京一场细雨，长安街东西双向堵车，继而蔓延至 143 条路段严重堵车，北京市交管局路况实时显示图几乎通盘红色。央视著名主持人白岩松以"令人崩溃""惨不忍睹"的字眼来形容。全国工商联房地产商会理事陈宝存在接受媒体采访时称，北京"首堵"已成常态，不"迁都"已经很难改变城市的路况。

【习题参考范文】

习题 1 参考范文

材料认为，只有"建立有效的激励机制"，才能"杜绝企业丑闻的发生"，过于绝对。因为通过其他方式，如法律的健全、舆论的监督等方式，也可以减少企业丑闻的发生。另外，再有效的措施恐怕也只能"减少"企业丑闻的发生，"杜绝"企业丑闻的发生恐怕只是一个美好的愿望。

习题 2 参考范文

材料认为，"纳税者只有承担了纳税义务，才能享受纳税者的权利"，存在不当。因为，"承担纳税义务"并不是"享受纳税者的权利"的必要条件，"政治权利"和"监督政府部门的权利"是宪法赋予公民的基本权利，和纳税没有直接关系。

习题3 参考范文

材料认为"不迁都已经很难改变城市的路况"，把迁都当作改变城市路况的必要条件，过于绝对。因为，即使不迁都，通过减少私家车出行、完善公共交通系统、合理规划城市建设等其他手段，也可以改善城市的路况。

类型4 因果型谬误的写作技巧

谬误6 归因不当

6.1 归因不当的识别

材料中出现"归因不当"这一逻辑错误，前提是材料中必须存在"找原因"。找原因型的题干，基本结构有两种：

(1)先摆现象，再分析原因。结构图示如下：

例8.

2021年7月下旬，青岛市出现了持续一周的降雨，气象学家表示，这是台风"烟花"从华东地区登陆所致。

【分析】

"2021年7月下旬，青岛市出现了持续一周的降雨"是现象，"台风'烟花'从华东地区登陆"是这一现象产生的原因，故这是个找原因型的题干。如果说这个原因找错了，就犯了归因不当的逻辑错误。

(2)先说原因，再说结果。结构图示如下：

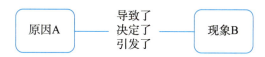

例9.

十年如一日的刻苦训练，决定了杨倩在奥运赛场上勇夺两金的优异表现。

【分析】

锁定关键词"决定了"，说明这个关键词前面的"十年如一日的刻苦训练"是原因，这个关键词后面的"杨倩在奥运赛场上勇夺两金"是结果。

6.2 归因不当的写作技巧

(1)归因不当的写作思路

归因不当简单来讲就是找原因时出现了问题，具体来说，可分为三种类型：找错了、搞反了、搞漏了。其分析思路如下表所示：

错误类型	谬误名称	例子	分析思路
找错了	归因错误	你和我分手，是因为我长得丑。	不对，是因为你长得矮。
搞反了	因果倒置	因为寂寞才想你。	不对，是因为想你才寂寞。
搞漏了	忽略他因	你和我分手，仅仅是因为我长得丑。	不仅仅因为你丑，还因为你矮。

通过上表我们可以发现，归因不当和忽略他因的写法很像，都可以指出现象的出现是因为其他原因，但二者又有区别，即：

谬误名称	写作思路
归因错误	现象 A 不是因为原因 B，而是因为原因 C。
忽略他因	现象 A 不仅仅是因为原因 B，还因为原因 C。

注意，因果倒置这一错误虽然在逻辑题中大量出现，但在论证有效性分析真题中从没出现过，不必作为备考重点。万一出现的话也很简单，表明 B 不是 A 的原因，而是 A 是 B 的原因即可。

(2)归因不当的写作公式

归因错误的写作公式为：

> 🔍 材料认为，＿＿现象 A＿＿的出现是因为＿＿原因 B＿＿，但是，＿＿原因 B＿＿可能并不是＿＿现象 A＿＿的真正原因，真正原因可能是＿＿原因 C＿＿、＿＿原因 D＿＿等。

忽略他因的写作公式为：

> 🔍 材料认为，＿＿现象 A＿＿的出现仅仅是因为＿＿原因 B＿＿，过于绝对。实际上，除了＿＿原因 B＿＿以外，＿＿现象 A＿＿的出现可能是＿＿原因 C＿＿、＿＿原因 D＿＿等共同作用的结果。

真题精讲

真题 1.（2019 年管理类联考真题）

选择越多，选择时产生失误的概率就越高，由于选择失误而产生的后悔就越多，因而产生的痛苦也就越多。有人因为飞机晚点而后悔没选坐高铁，就是因为可选交通工具多样而造成的。如果没有高铁可选，就不会有这种后悔和痛苦。

【谬误识别】

锁定关键词"是因为"，可知这个词前面是现象，这个词后面是原因。可思考材料是否存在归因不当。

【参考范文】

材料认为"有人因为飞机晚点而后悔没选坐高铁"是因为"可选交通工具多样"。但"选择多"可能并不是"后悔"的真正原因，这一痛苦的真正原因可能是"飞机晚点"。

真题2.（2008年MBA联考真题）

中医在中国居于主导地位的时候，中国人的平均寿命只有三十岁左右，现代中国人的平均寿命约七十岁，完全拜现代医学之赐。

【谬误识别】

锁定关键词"拜……之赐"，可知"现代医学"是原因，前面的现象是结果。锁定"完全"二字，可知此题存在忽略他因的逻辑错误。

【参考范文】

材料把中国人人均寿命的提高，完全归因于现代医学的发展，过于绝对。因为能够提高人均寿命的因素有很多，比如农业的发展带来的充足的营养、纺织业的发展使人摆脱衣不蔽体的境况、建筑业的发展带来的居住条件的改善，等等，未必仅仅是现代医学发展的功劳。

习题精练

习题1.（2006年MBA联考真题）

中国将承担A350飞机5％的设计和制造工作。这表明中国经过多年艰苦的努力，民用飞机研发与制造能力得到了系统的提升，获得了国际同行的认可。

习题2.（2010年管理类联考真题）

所谓"金砖四国"国际声望的上升，无不得益于它们的经济成就，无不得益于互联网技术的普及。

【习题参考范文】

习题1 参考范文

材料认为，"中国将承担A350飞机5％的设计和制造工作"的出现是因为"民用飞机研发与制造能力得到了系统的提升"，过于绝对。有可能不是这个原因，而是空客公司想获取中国政府的支持、为了打入中国市场、中国的制造成本低等其他原因。

习题2 参考范文

材料认为，"'金砖四国'国际声望上升"仅仅是因为其"经济成就"，过于绝对。实际上，除了该原因以外，"'金砖四国'国际声望上升"可能是由于诸如教育、科技、文化、卫生、体育等软实力的发展。

谬误7　推断不当

7.1 推断不当的识别

根据现有的事实（原因），去评估这些事实对未来的影响（结果），这就是做推断。如果这种推断有误，就可以称为推断不当。

其基本结构是：

事实A ——— 推断 ——— 未来结果B

识别此类题的关键在于观察题干中有没有对未来的推断，题干常会出现诸如"会""将会""一定会"等表示推测的词。

例 10.

今天上午天阴得厉害，我认为中午的时候会下一场大雨。

【分析】

现在出现了一个事实："天阴得厉害"，我做出了一个对未来的推断"中午的时候会下一场大雨"。如果这一推断不正确，那么就是推断不当。

注意：

①前文所述的论证关系，也是从一些事实（论据）出发，从而做出一个断定（论点），很多时候，推断出观点和推断出结果很难区分，此时就不必区分，就说推断出的观点难以成立即可。

②题干中出现事实 A 到结果 B 的结构，可分两种情况：如果结果 B 已经发生，一般是在找原因；如果结果 B 尚未发生，仅仅是推断出结果 B 会发生，那么就是推断结果。

7.2 推断不当的写作技巧

(1)推断不当的写作思路

推断不当有两种写作思路：

思路 1：存在他因（他因不果）。

即，因为存在其他原因，导致题干中的结果未必会发生。由于很多同学会把此处的这个"存在他因"；与前文中的"忽略他因"或逻辑中的"另有他因"混淆，因此，我们把"存在其他原因，导致题干中的结果未必会发生"人为地命名为"他因不果"。

图示为：

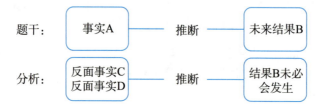

例 11.

李四得了癌症，他一定会快速死亡。

【分析】

科学的治疗（他因：存在其他原因）可能会极大地延长李四的寿命（不果：快速死亡这一结果未必会发生）。

思路 2：产生他果。

即，事实 A 可能会导致不同的结果。图示为：

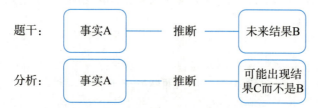

例 12.

今天上午阴得很厉害，我认为中午一定会下雨。

【分析】

阴天未必会导致下雨，也可能会导致下雪。

(2)推断不当的写作公式

他因不果的写作公式为：

> 🔍 　材料由 ___事件A___ 推出 ___结果B___ ，存在不妥。由于 ___原因C___ 、 ___原因D___ 等因素的存在(他因)， ___结果B___ 未必会发生(不果)。

产生他果的写作公式为：

> 🔍 　材料由 ___事件A___ 推出 ___结果B___ ，存在不妥。因为 ___事件A___ 也可能会导致 ___结果C___ 、 ___结果D___ 等，因此， ___结果B___ 未必会发生(产生他果)。

真题精讲

真题 1. （2020 年管理类联考真题）

北京与张家口共同举办冬奥会，必然会在中国掀起一股冰雪运动热潮。中国南方许多人从未有过冰雪运动的经历，会出于好奇心而投身于冰雪运动，这正是一个千载难逢的绝好商机，不能轻易错过。

【谬误识别】

锁定关键词"必然会"，可知本题是对未来的推断，可质疑其"推断不当"。

【参考范文】

材料由"北京与张家口共同举办冬奥会"推出"会在中国掀起一股冰雪运动热潮"，存在不妥。由于冰雪运动对气候、场地等方面条件的要求较为严格，仅靠冬奥会的带动就能"掀起冰雪运动热潮"的结果未必会发生。

真题 2. （2016 年管理类联考真题）

一个人受教育程度越高，他的整体素质也就越高，适应能力就越强，当然，也就越容易就业。大学生显然比其他社会群体更容易就业，再说大学生就业难就没有道理了。

【谬误识别】

本题由"受教育程度高"推断出"整体素质高、适应能力强"，从而推断出"大学生就业并不难"，存在推断不当的逻辑错误。

材料中出现形如"越A，越B，越C"的句式，我们也可称其为"滑坡谬误"，即把一些可能性的结果，扩大为必然性，然后又进行一步又一步的推理。

【参考范文】

材料由"大学生受教育程度高"推出"其整体素质高、适应能力强"，存在不妥。由于心理因素、社交因素、实践因素等都会影响大学生的整体素质及适应能力，故无法由此推断出"大学生就业并不难"的结论。

习题精练

习题 1.（2005 年在职 MBA 联考真题）

已经喜爱上洋快餐的未成年人在未来成为更有消费能力的成年群体之后，洋快餐的市场需求会大幅度跃升。

习题 2.（2012 年经济类联考真题）

汉语能力测试有一个科学的评测标准，可以帮助应试者了解其汉语水平在特定人群、地域中的位置。这样的测试一定会唤起大家对母语文化的重视。

习题 3.（2016 年管理类联考真题）

只要根据市场需求调整高校专业设置，对大学生进行就业教育以改变他们的就业观念，鼓励大学生自主创业，那么大学生就业难问题将不复存在。

【习题参考范文】

习题 1　参考范文

材料认为"已经喜爱上洋快餐的未成年人成年后，洋快餐的市场需求会大幅度跃升"，未必成立。因为，未成年人长大后，其消费偏好、消费理念、饮食习惯、健康理念等都可能会产生变化，未成年时期喜欢洋快餐，长大后未必喜欢。

习题 2　参考范文

仅仅通过汉语能力测试，就能唤起大家对母语文化的重视吗？母语文化的缺失，受到多种因素的影响，比如国外文化的冲击、全球一体化的冲击，等等。如果仅靠一个测试就能解决如此复杂的问题，那么现在有好多考试如高考、管理类联考等都要考语文，那这个问题不是早就应该解决了吗？又何需汉语能力测试呢？

习题 3　参考范文

材料认为"只要调整高校专业设置，改变大学生的就业观念""大学生就业难问题将不复存在"，过于绝对。因为，专业设置不佳和就业观念问题仅仅是大学生就业难的原因之一，可能还存在许多其他影响大学生就业的重要因素，如大学生数量过多、用人单位需求少等，因此，只靠材料中的措施未必能解决大学生就业难的问题。

【说明】本题中，锁定关键词"将不复存在"可知本题存在对未来结果的推断。但是，材料中也有关联词"只要……，那么……"，可知本题也存在强置充分条件的问题。可见，有时候一道题可以从不同角度分析，也就是说，论证有效性分析中一些谬误的答案并不唯一。

类型5　矛盾反对型谬误的写作技巧

谬误 8　自相矛盾

8.1 自相矛盾的识别

两个相互矛盾的命题必有一真一假。不能两个都肯定，也不能两个都否定，否则就犯了"自相矛盾"的逻辑错误。

论证有效性分析的真题中，自相矛盾主要体现在材料的前后文中出现了观点的不一致。

例 13.

亲爱的，我爱你，为了你我可以赴汤蹈火，明天如果下雨，我就不来接你了，你打车回家吧。

【分析】

前文中说为了"你"可以"赴汤蹈火"，但后面却因为"下雨"不来接"你"，自相矛盾。

8.2 自相矛盾的写作技巧

(1)自相矛盾的写作思路

自相矛盾一般只需要列举出材料中的矛盾之处即可。

(2)自相矛盾的写作公式

> 🔍 材料一方面肯定了 ___A___ ，一方面又否定了 ___A___ ，岂不是自相矛盾？

真题精讲

真题 1.（2015 年管理类联考真题）

首先，我国部分行业出现的生产过剩并不是真正的生产过剩。道理很简单，在市场经济条件下，生产过剩实际上只是一种假象。只要生产企业开拓市场、刺激需求，就能扩大销售，生产过剩马上就可以化解。退一步说，即使出现了真正的生产过剩，市场本身也会进行自动调节。

其次，经济运行是一个动态变化的过程，产品的供求不可能达到绝对的平衡状态，因而生产过剩是市场经济的常见现象。既然如此，那么生产过剩也就是经济运行的客观规律。因此，如果让政府采取措施进行干预，那就违背了经济运行的客观规律。

【谬误识别】

在"首先"这一段，材料指出"生产过剩实际上只是一种假象""不是真正的生产过剩"。在"其次"这一段，材料又指出"生产过剩是市场经济的常见现象"。两处观点不一致，存在自相矛盾的逻辑错误。

【参考范文】

材料既说生产过剩"不是真正的生产过剩"，又说"出现了真正的生产过剩"；既说"生产过剩实际上是一种假象"，又说"生产过剩是市场经济的常见现象"，存在自相矛盾的逻辑错误。

习题精练

习题 1.（2011 年管理类联考真题）

一般来说，要正确判断某一股票的价格高低，唯一的途径就是看它的历史表现。

再说，股价的未来走势充满各种变数，它的涨和跌不是必然的，而是或然的。我们只能借助概率进行预测。

习题 2.（2015 年管理类联考真题）

我们应该合理定位政府在经济运行中的作用，政府要有所为，有所不为。政府应该管好民生问题。至于生产过剩和生产不足，应该让市场自行调节，政府不必干预。

【习题参考范文】

习题 1　参考范文

材料一方面认为，判断某一股票的价格"唯一的途径就是看它的历史表现"，另一方面又认为"只能借助概率进行预测"，二者自相矛盾。

习题 2　参考范文

材料一方面表示"政府应该管好民生问题"，另一方面又说政府不必干预"生产过剩和生产不足"。而实际上，生产过剩和生产不足恰恰会影响人们的生活水平，恰恰是民生问题。所以，材料存在自相矛盾的逻辑错误。

谬误 9　非黑即白

9.1 非黑即白的识别

黑色和白色是反对关系，而不是矛盾关系。因为，除了黑色和白色外，还有很多其他颜色，所以，不是黑色也并不一定是白色。黑色与白色的关系如下图所示：

所以，非黑即白就是误把反对关系当作矛盾关系，误认为否定一方，就肯定了另外一方，也称为非此即彼或虚假二分。

非黑即白型的题目，其结构一般是"不是 A 就是 B"。

例 14.

你家的宠物不是猫就是狗。

【分析】

宠物不是猫，不一定是狗，也有可能是乌龟、仓鼠、鹦鹉等。

9.2 非黑即白的写作技巧

(1)非黑即白的写作思路

材料认为不是"黑"就是"白"，我们只要指出还有"红""黄""蓝"等其他颜色即可。

(2)非黑即白的写作公式

> 🔍　材料认为不是"＿＿A＿＿"就是"＿＿B＿＿"，未必成立，因为，还可能是"＿＿C＿＿""＿＿D＿＿""＿＿E＿＿"等情况。

真题精讲

真题1.（2004年在职MBA联考真题）

这个故事告诉我们，企业经营首先要考虑的是如何战胜竞争对手，因为顾客不是选择你，就是选择你的竞争者，所以只要在满足顾客需求方面比竞争者快一点，你就能够脱颖而出，战胜对手。

【谬误识别】

锁定关键词"不是，就是"，但除了这两种选择外消费者还有其他选择，可知此题犯了非黑即白的逻辑错误。

【参考范文】

材料认为"顾客不是选择你，就是选择你的竞争者"，未必成立。因为，顾客并非必须在企业和它的竞争者之间做出选择，如果顾客的需求在企业和它的竞争者那里都得不到满足，顾客可能会放弃购买，或者转向其他需求。材料犯了非黑即白的逻辑错误。

真题2.（2017年管理类联考真题）

既然依靠设置监察官的方法不合理，那么依靠什么呢？可以利用赏罚的方法来促使臣民去监督。

【谬误识别】

材料通过否定"设置监察官"，来肯定"赏罚"，但二者并非矛盾关系，故可知此题犯了非黑即白的逻辑错误。

【参考范文】

即使设置监察官的方法不合理，也不能由此论证"用赏罚的方法来促使臣民去监督"是合理的，二者并不是矛盾关系而是反对关系。

习题精练

习题1.

想成为富人，不是靠打工，就是靠理财。但是，靠打工是不可能成为富人的，试想，单靠那点死工资，你赚得再多终归是有数的。所以，想成为富人，就得学会理财，这就是所谓"你不理财，财不理你"的道理。

习题2.

要么发展经济，要么保护环境，这两条路我们必须选一条去走。发展经济仅仅是眼前利益，而环境才是我们永恒的家园，所以，宁可不发展经济，也要把环境保护好。

【习题参考范文】

习题1 参考范文

材料认为"想成为富人，不是靠打工，就是靠理财"，存在不妥。除了这两者之外，通过创业等其他方式也可能成为富人。而且，材料认为"靠打工不可能成为富人"也值得商榷，很多大型企业的职业经理人也会有不菲的收入。

习题2 参考范文

材料认为"要么发展经济，要么保护环境"，二者必须择一，难以成立。因为我们可以在发展经济的基础上保护环境，寻求二者协同发展之路。

类型 6　数量关系型谬误的写作技巧

谬误 10　平均值陷阱

10.1　平均值陷阱的识别

平均值陷阱：一个样本的平均值，不能代表某个或某部分个体情况。反之，某个或某部分个体的情况，也无法说明平均状况。

识别方法：看材料中是否出现平均值。

例 15.

布朗在一场 NBA 比赛结束后说："我和科比合砍了 82 分，平均每人得了 41 分。"可见，布朗的篮球水平很厉害。

【分析】

平均每人得了 41 分，并不能证明布朗的篮球水平很厉害，因为有可能是科比一人得了很高的分，而布朗得分很低（NBA 历史上，这场比赛的实际情况是科比得了 81 分，布朗得了 3 分，两人实际合砍了 84 分，但布朗计算错误，误认为合计 82 分）。

10.2　平均值陷阱的写作公式

> 🔍　材料试图以　__A__　这一平均值，来论证　__B__　这一个体值，存在不妥。因为，平均值仅仅用来表示一组样本的整体情况，难以代表每个个体的情况。

真题精讲

真题 1.（2004 年 MBA 联考真题）

目前，国内约有 1 000 余家专业公关公司。在不远的将来，若中国的人均公关费用达到日本的水平，中国公关市场的营业额将从 25 亿元增长到 300 亿元，平均每家公关公司就有 3 000 万元左右的营业收入。这意味着一大批本土公关公司将胜过外资公司，成为世界级的公关公司。

【谬误识别】

锁定关键词"平均"，可知材料存在平均值陷阱。

【参考范文】

材料认为，中国的公关公司"平均每家有 3 000 万元左右的营业收入"就说明将会有"一大批"本土公关公司成为世界级的公关公司，难以成立。因为，平均每家公司有 3 000 万的营业收入，并不意味着有很多公司达到这样的营业收入。较高的营业收入可能是由极少数行业巨头所创造的。

习题精练

习题1.

东升商城公关部职工的平均工资是营业部职工的2倍，因此，公关部职工比营业部职工普遍有较高的收入。

【习题参考范文】

习题1 参考范文

材料试图以"东升商城公关部职工的平均工资"，来论证"公关部普遍工资"，存在不妥。因为，可能是由于少数人的工资特别高从而拉高了所有人的平均值，平均值仅仅用来表示一组样本的整体情况，难以代表每个个体的情况。

谬误11 增长率陷阱

11.1 增长率陷阱的识别

增长率陷阱：根据基数和增长率，才能计算现值。反之，只知道基数或增长率，无法计算现值。

识别方法：看材料中是否出现增长率。

例16.

今年和去年相比，张珊的收入增长了一倍，现在她成了一个富豪。

【分析】

收入增长率高，不代表收入高。如果张珊去年的总收入极低，那么即使今年增长了一倍，她今年的收入仍然会很低。

11.2 增长率陷阱的写作公式

> 材料认为 ＿＿A＿＿ 的增长率很高，＿＿A＿＿ 的值就很大，并不妥当。因为要想衡量 ＿＿A＿＿ 的值，不仅要看增长率，还要看其基数的大小。

真题精讲

真题1.（2005年在职MBA联考真题）

过去5年中，洋快餐在大城市中的网点数每年以40％的惊人速度增长，照此速度发展下去，估计未来10年，洋快餐在中国饮食行业的市场占有率将超过20％，成为中国百姓饮食的重要选择。

【谬误识别】

锁定关键词"40％的惊人速度增长"，可知材料中存在增长率陷阱。

【参考范文】

材料由"洋快餐在大城市中的网点数每年以 40％的惊人速度增长"推断出"洋快餐的市场占有率将超过 20％"，难以成立。因为，我们不知道洋快餐销售额的基数如何，如果其基数特别小，即使其增长率高，也可能难以在短时间内创造较大的销售额。

习题精练

习题 1.

在过去的 10 年中，由美国半导体工业生产的半导体增加了 200％，但日本半导体工业生产的半导体增加了 500％，因此，日本现在比美国制造的半导体多。

【习题参考范文】

习题 1　参考范文

材料由"过去的 10 年中，日本半导体工业的增长率为 500％，而美国半导体工业的增长率只有 200％"推断出"日本现在比美国制造的半导体多"，未必成立。因为要想衡量半导体的具体数值，不仅要看增长率，还要看其基数的大小。假如 10 年前日本半导体工业的生产量远低于美国，那么即使其增长率较高，也难以在短时间内超过美国。

谬误 12　比率陷阱

12.1　比率陷阱的识别

比率陷阱：根据分子和分母，才能计算比率。反之，只知道分子或分母，无法计算比率。

识别方法：看材料中是否出现市场占有率、利润率等比率。

例 17.

去年，A 国有二十多万人因新冠肺炎而死亡，而同期 A 国有三十多万人因流感死亡，可见，新冠肺炎并不比流感危险。

【分析】

要比较新冠肺炎和流感哪个更危险，不应该比较死亡人数，而应该比较死亡率。

12.2　比率陷阱的写作公式

> 🔍　材料试图判断 ___比率 A___ 的大小，但材料仅考虑了分子，没有考虑分母，难以准确断定该比率的大小。

真题精讲

真题 1.（2005 年在职 MBA 联考真题）

过去 5 年中，洋快餐在大城市中的网点数每年以 40％的惊人速度增长，照此速度发展下去，估计未来 10 年，洋快餐在中国饮食行业的市场占有率将超过 20％，成为中国百姓饮食的重要选择。

【谬误识别】

锁定关键词"市场占有率将超过20％"，可知材料中存在比率陷阱。

【参考范文】

材料由"洋快餐在大城市中的网点数每年以40％的惊人速度增长"推断出"洋快餐的市场占有率将超过20％"，难以成立。因为，洋快餐的市场占有率等于洋快餐的销售额除以中国餐饮业的销售总额，在不知道中国餐饮业的销售总额是否快速增长的情况下，难以判断洋快餐的市场占有率。

习题精练

习题 1.

广告：世界上最好的咖啡豆产自哥伦比亚。在咖啡的配方中，哥伦比亚咖啡豆的含量越高，则配制的咖啡越好。克力莫公司购买的哥伦比亚咖啡豆最多，因此，有理由相信，如果你购买了一罐克力莫公司的咖啡，那么，你就买了世界上配制最好的咖啡。

【习题参考范文】

习题 1 参考范文

材料认为"克力莫公司购买的哥伦比亚咖啡豆最多"，其咖啡的品质就最好，难以成立。因为根据材料，判断咖啡品质的标准是"哥伦比亚咖啡豆的含量"，如果克力莫公司生产的配制咖啡数量过大，就可能拉低了其"哥伦比亚咖啡豆的含量"，从而拉低了其咖啡的品质。

🔍 老吕有话说

1. 老吕给的写作套路在考场上可以放心使用吗？

有些同学会误信一些学长学姐的"经验"，认为作文不应该有套路，其实这些学长学姐的观点并不正确，尤其是对论证有效性分析来说。

首先，在考场上，我们必须在25分钟之内把论证有效性分析写完。完全没有套路的临场创作是不可能在短时间内完成这篇作文的。

其次，论证有效性分析是一篇有"参考答案"的文章。阅卷人依据"参考答案"来判断考生的谬误分析是否正确。而且，阅卷人评分时是按"得分点"来给分的，可见，论证有效性分析更像是一道逻辑分析题或者简答题，而不像一篇作文。因此，我认为，我们要尽量把文章写的跟参考答案一致，你觉得呢？

2. 公式必须套得一模一样吗？

不必一模一样，结构和意思大体一样就可以，其实老师给的范文也不是每段都完全一样。写作水平高的同学，可以按照自己的写作习惯略有变化。但写作水平低的同学，可以直接套用。

第 3 节 正文的高分升华

1. 谬误选择的基础原则

1.1 为什么要选点

因为题干中给的材料中往往会有七八个逻辑谬误，但是阅卷时的参考答案只会给 6 个逻辑谬误。如果你写的逻辑谬误虽然合理但并不在参考答案的范围内，那么就有可能造成阅卷人误判。因此，命中参考答案中的逻辑谬误，更容易让阅卷人给高分。

1.2 选几点

阅卷人阅卷时是按点给分的，管理类联考可以认为每点 7.5 分，写 4 点，满分是 30 分；经济类联考可以认为每点 5 分，写 4 点，满分是 20 分。

因此，我们必须要写对 4 点。

要做到写对 4 点，我们至少要写 4 点，为了提高容错率，也可以写 5 点。

1.3 选点的基础原则

(1)把握原则

首选你最有把握的谬误去写，保证不错才能得分。如果找到的几点谬误都有把握是正确的，那就选择可写性强的。

(2)分散原则

真题给的材料一般都是分为几段的。一般来说，首段介绍文章背景的部分无须质疑，其余部分都会存在谬误。这时，我们要分散去找，在每段中都要找谬误，绝对不可以只写其中一段中的谬误。

这样做的理由只有一个：参考答案给的谬误一定是分散在各个段落的。

(3)常见原则

不要写少见的逻辑谬误，不要写少见的逻辑名词。

我见过有本逻辑书里介绍了一种逻辑谬误叫"德克萨斯神枪手"，这种谬误千万不能写。你写了一种全国只有少数人懂的逻辑谬误，即使你写得再对也不会得分。因为第一，参考答案里不会有这一条；第二，阅卷人一般是学管理的而不是学逻辑的，也许你写的确实是对的，但是，阅卷人认为你写的是错的。

2. 谬误选择的高阶技巧及写作方法

有的时候，一段材料中会出现多个逻辑谬误，那么我们该如何选点才能踩中参考答案？又该如何写出一段高分的段落呢。让我们用几道真题来学习谬误选择的高阶技巧及写作方法。

真题精讲

真题 1.（2014 年管理类联考真题）

从本质上来说，权力平衡就是权力平等，因此这一制度本身蕴含着平等的观念。平等观念一旦成为企业的管理理念，必将促成企业内部的和谐与稳定。

【分析】

这道题我们在前文中讲偷换概念时讲过。但其实这道题里至少有两处错误：第一处，偷换"权力平衡"与"权力平等"这两个概念；第二处，"平等观念一旦成为企业的管理理念，必将促成企业内部的和谐与稳定"存在强置充分条件。

短短的两行字，出现了两处逻辑错误，选哪一处进行质疑更容易踩中参考答案呢？其实很简单，让我们来看看这则材料的论证结构。

这则材料是一段递进式的结构。其论据是"从本质上来说，权力平衡就是权力平等"，从而推出"这一制度本身蕴含着平等的观念"，进而推出这一制度"必将促成企业内部的和谐与稳定"。

可见，从论证的角度来分析，这一段论证的最终论点是最后这句话。因此，不论我们质疑第一处谬误（偷换概念），还是质疑第二处谬误（强置充分条件），其实都是为了说明对方的最终论点难以成立。因此，就可以采用"同一论点原则"，可将这两处谬误合写。

【参考范文】

材料认为"权力平衡就是权力平等"，进而推出"必将促成企业内部的和谐与稳定"，难以成立。**因为，**"权力平衡"与"权力平等"不是同一概念，前者是权力的动态均衡，后者是权力的平均分配；**而且，**企业运营受到多种因素的制约，仅靠权力的平等难以保证企业和谐与稳定。

真题 2.（2015 年管理类联考真题）

①经济运行是一个动态变化的过程，产品的供求不可能达到绝对的平衡状态，因而生产过剩是市场经济的常见现象。②既然如此，那么生产过剩也就是经济运行的客观规律。③因此，如果让政府采取措施进行干预，那就违背了经济运行的客观规律。

【分析】

材料是一段递进式的论证，即用①来证明②，进而证明③。因此，如果你只质疑①到②的证明过程，或只质疑②到③的证明过程，就不够全面。此时，使用递进式的分析能更好地踩中答案。

【参考范文】

"产品的供求不可能达到绝对的平衡状态"并不代表"生产过剩是市场经济的常见现象"。**因为，**产品供求的不平衡，可能是由于供过于求，也可能是由于供不应求（质疑①）。**而且，**"常见现象"与"客观规律"是不同的概念（质疑①→②），**当然无法由此推出**政府对生产过剩的干预是违背客观规律的（质疑③）。

3. 正文中的词汇使用

3.1 常用过渡词

并列或递进：此外……，同时……，另外……，而且……

让步：即使……也……，就算……

假设：假如……，另外一种可能……，考虑到……，如果……

3.2 引入分析的词

因为……，可能……，或许……，也许……

3.3 表达质疑的词

可能不，未必，不一定，成问题，有待商榷，有些牵强，难以成立，缺乏说服力，有失偏颇，尚需完善，有待证明，不太恰当，不太严谨，欠妥当，不足以，有点轻率，有些武断，并不必然，并不意味着，并不代表……

2018年管理类联考真题

1. 真题原题

论证有效性分析：分析下述论证中存在的缺陷和漏洞，选择若干要点，写一篇600字左右的文章，对该论证的有效性进行分析和评论。（论证有效性分析的一般要点是：概念特别是核心概念的界定和使用是否准确并前后一致，有无各种明显的逻辑错误，论证的论据是否成立并支持结论，结论成立的条件是否充分等。）(30分)

哈佛大学教授本杰明·史华慈(Benjamin I. Schwartz)在20世纪末指出，开始席卷一切的物质主义潮流将极大地冲击人类社会固有的价值观念，造成人类精神世界的空虚。这一论点值得商榷。

首先，按照唯物主义物质决定精神的基本原理，精神是物质在人类头脑中的反映。因此，物质丰富只会充实精神世界，物质主义潮流不可能造成人类精神世界的空虚。

其次，后物质主义理论认为：个人基本的物质生活条件一旦得到满足，就会把注意点转移到非物质方面。物质生活丰裕的人，往往会更注重精神生活，追求社会公平、个人尊严，等等。

还有，最近一项对某高校大学生的抽样调查表明，有69%的人认为物质生活丰富可以丰富人的精神生活，有22%的人认为物质生活和精神生活没有什么关系，只有9%的人认为物质生活丰富反而会降低人的精神追求。

总之，物质决定精神，社会物质生活水平的提高会促进人类精神世界的发展。担心物质生活的丰富会冲击人类的精神世界，只是杞人忧天罢了。

2. 论证结构概述

本材料是典型的总—分—总结构。第一段为背景介绍，并提出论点——物质主义潮流不会对人类精神世界造成冲击；第二、三、四段为本论部分，列举了两个分论点、一项调查作为主要论据来支持核心论点；第五段为总结段，总结了核心论点。所以，材料的论证结构如下：

论据：

(1)物质丰富只会充实精神世界，物质主义潮流不可能造成人类精神世界的空虚。

(2)物质生活丰裕的人，往往会更注重精神生活。

(3)高校学生抽样调查显示：大多数学生认为，物质生活丰富可以丰富人的精神生活。

论点：担心物质生活丰富会冲击人类的精神世界，只是杞人忧天罢了。

3. 逐段精析①

第1段

①哈佛大学教授本杰明·史华慈（Benjamin I. Schwartz）在20世纪末指出，开始席卷一切的物质主义潮流将极大地冲击人类社会固有的价值观念，造成人类精神世界的空虚。②这一论点值得商榷。

【论证结构】

句①为背景介绍，句②提出论点："物质主义潮流不会极大地冲击人类社会固有的价值观念，不会造成人类精神世界的空虚"。

【谬误识别】

我们一般不质疑材料的背景介绍部分。

第2段

③首先，按照唯物主义物质决定精神的基本原理，精神是物质在人类头脑中的反映。④因此，物质丰富只会充实精神世界，物质主义潮流不可能造成人类精神世界的空虚。

【论证结构】

出现关联词"因此"，可判断"因此"前为论据，其后为论点。本段论证结构为③→④。

【谬误识别】

1. 本段中出现两个不同的概念"物质"和"物质主义"，可质疑材料存在偷换概念。

2. "物质丰富"与"物质主义潮流"也不是相同的概念。

3. 句④中出现"只会""不可能"等绝对化词语，一般可直接质疑"过于绝对"。

【参考范文】

1. "物质"与"物质主义"不是相同的概念。因为，"物质"指的是独立于精神之外的客观事物，有时候也会指人们赖以生存的金钱等资源；而"物质主义"则是一种对物质的看法。

2. "物质丰富"与"物质主义潮流"不是相同的概念。因为，"物质丰富"指的是社会生产、生活要素的日益丰盈，而"物质主义潮流"则是指一种思想的流行。而且，材料中多次提及"物质主义""后物质主义"等概念，但并未对这些核心概念进行解释，影响了材料论证的有效性。

3. 物质生活与精神生活之间不存在简单的正比关系。因此，认为物质丰富"只会"充实精神世界，过于绝对。如果一个人沉迷于追求物质的需求与欲望，可能会导致其忽视精神生活，造成其精神世界的空虚。

第3段

⑤其次，后物质主义理论认为：个人基本的物质生活条件一旦得到满足，就会把注意点转移到非物质方面。⑥物质生活丰裕的人，往往会更注重精神生活，追求社会公平、个人尊严，等等。

---

① 说明：以下谬误分析引用和改编自教育部考试中心《管理类专业学位联考综合能力考试大纲》给出的参考答案。后文真题解析中的谬误分析部分同样如此，后文中不再一一指出。

【论证结构】

本段中句⑥是对句⑤的解释说明。

【谬误识别】

4. 句⑤中出现"后物质主义理论"这一专业名词，考虑其是否具有权威性。而且此句中出现"一旦……就"，考虑存在强置充分条件的逻辑错误或直接说明"过于绝对"。

5. 句⑥中出现"往往"一词，说明"注重精神生活"并不是绝对的，因此，不能证明句⑤。

【参考范文】

4. "后物质主义理论"仅仅是国外某个学派所提出的观点，这一观点是否可以普遍地说明社会问题，还需要实践的检验和学术界的认同。而且，"个人基本的物质生活条件"满足后，不一定会把注意点转移到非物质方面，也可能会追求更高层次的物质享受。

5. "物质生活丰裕的人，往往会更注重精神生活"并不能否定一些人会沉溺于物质享受而忽略精神追求的事实。

第4段

⑦还有，最近一项对某高校大学生的抽样调查表明，有69％的人认为物质生活丰富可以丰富人的精神生活，有22％的人认为物质生活和精神生活没有什么关系，只有9％的人认为物质生活丰富反而会降低人的精神追求。

【论证结构】

本段是一段调查数据，作为论据来支持全文的论点，即句⑨。

【谬误识别】

6. 材料中的调查对象为"高校大学生"，而结论的主体为"人"，可质疑材料存在以偏概全的逻辑错误。

【参考范文】

6. 对高校大学生的调查有以偏概全的嫌疑。首先，其抽样范围、抽样方式、样本数量等关键信息不明确；其次，仅由高校大学生的情况也难以确定其他人群的情况。

第5段

⑧总之，物质决定精神，社会物质生活水平的提高会促进人类精神世界的发展。⑨担心物质生活的丰富会冲击人类的精神世界，只是杞人忧天罢了。

【论证结构】

句⑧中出现了"总之"，可知此句是对前文论述的总结，句⑨重申论点。本段段落结构为⑧→⑨。

【谬误识别】

尾段为总结段，无谬误。

4. 全文参考范文

物质生活不会冲击精神世界吗？

上述材料通过种种论证，试图说明物质生活的丰富不会冲击人类的精神世界，然而其论证存在多处不当，分析如下：

首先，"物质丰富"与"物质主义潮流"不是相同的概念。因为，"物质丰富"指的是社会生产、生活要素的日益丰盈，而"物质主义潮流"则是指一种思想的流行。而且，材料中多次提及"物质主义""后物质主义"等概念，但并未对这些核心概念进行解释，影响了材料论证的有效性。

其次，物质生活与精神生活之间不存在简单的正比关系。因此，认为物质丰富"只会"充实精神世界，过于绝对。如果一个人沉迷于追求物质的需求与欲望，可能会导致其忽视精神生活，造成其精神世界的空虚。

再次，"后物质主义理论"仅仅是国外某个学派所提出的观点，这一观点是否可以普遍地说明社会问题，还需要实践的检验和学术界的认同。

而且，"物质生活丰裕的人，往往会更注重精神生活"并不能否定一些人会沉溺于物质享受而忽略精神追求的事实。

最后，以高校大学生的调查作为论据，并没有太大的说服力。第一，这个调查的抽样范围、调查方式、样本数量等关键信息不明确，无法判断该调查的有效性；第二，仅由高校大学生的情况也难以确定其他人群的情况，材料以偏概全；第三，大学生的观点未必是事实，他们的观点可能是错误的，用作论据说服力有限。

综上所述，材料的论证存在种种逻辑谬误，物质生活不会冲击精神世界的观点难以成立。

（全文共 577 字）

2020年管理类联考真题

1. 真题原题

论证有效性分析：分析下述论证中存在的缺陷和漏洞，选择若干要点，写一篇 600 字左右的文章，对该论证的有效性进行分析和评论。（论证有效性分析的一般要点是：概念特别是核心概念的界定和使用是否准确并前后一致，有无各种明显的逻辑错误，论证的论据是否成立并支持结论，结论成立的条件是否充分等。）(30 分)

北京将联手张家口共同举办 2022 年冬季奥运会，中国南方的一家公司决定在本地投资建立一家商业性的冰雪运动中心。这家公司认为，该公司一旦投入运营，将获得可观的经济收益，这是因为：

北京与张家口共同举办冬奥会，必然会在中国掀起一股冰雪运动热潮。中国南方许多人从未有过冰雪运动的经历，会出于好奇心而投身于冰雪运动，这正是一个千载难逢的绝好商机，不能轻易错过。

而且，冰雪运动与广场舞、跑步等不一样，需要一定的运动用品，例如冰鞋、滑雪板与运动服，等等。这些运动用品价格不菲而且具有较高的商业利润，如果在开展商业性冰雪运动的同时也经营冬季运动用品，则公司可以获得更多的利润。

另外，目前中国网络购物已经成为人们的生活习惯，但相对于网络商业，人们更青睐直接体验式的商业模态，而商业性冰雪运动正是直接体验式的商业模态，无疑具有光明的前景。

2. 论证结构概述

本材料是总—分—总结构。第一段为背景介绍，并提出论点——冰雪运动中心一旦投入运营，将获得可观的经济收益；第二、三、四段为本论部分，列举了三个分论点作为主要论据来支持核心论点；第四段后半部分为总结段，总结了核心论点。所以，材料的论证结构如下：

论据：

(1)北京与张家口共同举办冬奥会，必然会在中国掀起一股冰雪运动热潮。

(2)开展商业性冰雪运动的同时也经营冬季运动用品，则公司可以获得更多的利润。

(3)人们更青睐直接体验式的商业模态。

论点：商业性冰雪运动，无疑具有光明的前景。

3. 逐段精析

第1段

①北京将联手张家口共同举办2022年冬季奥运会，中国南方的一家公司决定在本地投资建立一家商业性的冰雪运动中心。②这家公司认为，该公司一旦投入运营，将获得可观的经济收益，这是因为：

【段落结构】

句①为背景介绍，句②提出论点："商业性的冰雪运动中心一旦投入运营，将获得可观的经济收益"。

【谬误识别】

我们一般不质疑材料的背景介绍部分。

第2段

③北京与张家口共同举办冬奥会，必然会在中国掀起一股冰雪运动热潮。④中国南方许多人从未有过冰雪运动的经历，会出于好奇心而投身于冰雪运动，⑤这正是一个千载难逢的绝好商机，不能轻易错过。

【段落结构】

句③为段论点句，句④、句⑤是对句③的解释说明。

【谬误识别】

1. 句③中出现"必然"这一过于绝对化的词语，考虑条件是否充分。进行"冰雪运动"对气候、场地等都有较高要求，故"举办冬奥会"这一条件未必充分。

2. 句④"会出于好奇心而投身于冰雪运动"，是对结果的推断，考虑推断是否恰当。

【参考范文】

1."北京与张家口共同举办冬奥会"未必"会在中国掀起一股冰雪运动热潮"。冰雪运动与夏季运动不同，它需要一定的气候和场地条件才能进行，仅靠冬奥会的带动就能掀起冰雪运动热潮未免过于乐观。

2. 仅仅因为"好奇心"未必能使南方人投身于冰雪运动。一方面，如前文所述，冰雪运动需要气候和场地条件；另一方面，"好奇心"驱使的行为，是否具备可持续性存在疑问。

第3段

⑥而且，冰雪运动与广场舞、跑步等不一样，需要一定的运动用品，例如冰鞋、滑雪板与运动服，等等。⑦这些运动用品价格不菲而且具有较高的商业利润，如果在开展商业性冰雪运动的

同时也经营冬季运动用品，⑧则公司可以获得更多的利润。

【段落结构】

句⑧为段论点句，本段中句⑥和句⑦是对句⑧的解释说明。

【谬误识别】

3. 句⑥和句⑦试图通过"冰雪运动用品价格高"说明"公司能获得更多利润"，考虑条件是否充分。

【参考范文】

3. 冰雪运动需要"价格不菲的运动用品"，不意味着"开展商业性冰雪运动的同时也经营冬季运动用品"就有利可图。既然这些运动用品价格不菲，那么它就可能让人望而却步，成为大家参与冰雪运动的阻力。如果没有人或很少人参加冰雪运动，从事此类商业活动如何赢利呢？

第 4 段

⑨另外，目前中国网络购物已经成为人们的生活习惯，但相对于网络商业，人们更青睐直接体验式的商业模态，⑩而商业性冰雪运动正是直接体验式的商业模态，无疑具有光明的前景。

【段落结构】

句⑨再次证明文章论点，即句⑩。

【谬误识别】

4. 句⑨中出现新的对象"网络商业"，考虑其与文章主体是否能构成类比。"网络购物"与"运动方式"属于不同消费领域，二者进行类比并不恰当。

【参考范文】

4. 材料论述由"人们更青睐直接体验式的商业模态"推出"冰雪运动无疑具有光明的前景"这一结论，难以成立。"购物方式"与"运动方式"存在本质上的不同，购物方式有线上线下之分，而运动方式只有亲身体验一种，所以材料存在不当类比。

5. 上述材料仅仅讨论了在南方建立冰雪运动中心的"可能"收入，但是，未考虑诸如气候条件、消费习惯、消费水平、经营成本等诸多影响这一投资是否能够赢利的因素，因此，其投资结论过于乐观。

4. 全文参考范文

投资商业性冰雪运动真能获利吗？

材料认为"投资商业性冰雪运动，能获得可观的经济收益"，但其论证存在多处逻辑漏洞，分析如下：

第一，"北京与张家口共同举办冬奥会"未必"会在中国掀起一股冰雪运动热潮"。冰雪运动与夏季运动不同，它要求一定的气候和场地条件才能进行，仅靠冬奥会的带动就能掀起冰雪运动热潮未免过于乐观。

第二，仅仅因为"好奇心"未必能使南方人投身于冰雪运动。一方面，如前文所述冰雪运动需要气候和场地条件；另一方面，"好奇心"驱使的行为，是否具备可持续性存在疑问。

第三，冰雪运动需要"价格不菲的运动用品"，不意味着"开展商业性冰雪运动的同时也经营冬季运动用品"就有利可图。既然这些运动用品价格不菲，那么它就可能让人望而却步，成为大家参与冰雪运动的阻力。如果没有人或很少人参加冰雪运动，从事此类商业活动如何赢利呢？

第四，材料将"体验式的商业模态"和"冰雪运动"进行类比，存在不当。因为，"冰雪运动"和"网络购物"与实体体验的对比，主要指的是同类商品的线上、线下对比，线下模式有其在购物体验上的优势，而冰雪运动是一种运动体验而非购物体验。

第五，材料仅讨论了在南方开设冰雪运动中心的"可能"收入。但是，未考虑诸如气候条件、消费习惯、消费水平、经营成本等诸多影响这一投资是否能够赢利的因素。

综上所述，材料的论证存在多处漏洞，"投资商业性冰雪运动能获利"的投资结论过于乐观。

（全文582字）

2021 年管理类联考真题

1. 真题原题

论证有效性分析：分析下述论证中存在的缺陷和漏洞，选择若干要点，写一篇 600 字左右的文章，对该论证的有效性进行分析和评论。（论证有效性分析的一般要点是：概念特别是核心概念的界定和使用是否准确并前后一致，有无各种明显的逻辑错误，论证的论据是否成立并支持结论，结论成立的条件是否充分等。）(30 分)

常言道："耳听为虚，眼见为实。"但实际"眼见未必为实"。从哲学上讲，事物表相不等于事物真相。我们亲眼看到的显然不是事物真相。只有将表相加以分析，透过现象看本质才能看到真相。换言之，我们看到的未必是真实情况，即"所见未必为实"。

举例来说，人们都看到了旭日东升，夕阳西下，也就是说，太阳绕地球转，但是，这只是人们站在地球上看的表象而已，其实这是地球自转造成的。由此可见，眼见者未必实。

我国古代哲学家老子早就看到了这一点。他说过，人们只看到了房子的"有"（有形的结构），但人们没看到"无"（房子中无形的空间）才有实际效用。这也说明眼所见者未必实，未见者为实。

老子还说，讲究表面的礼节是"忠信之薄"的表现。韩非解释时举例说，父母和子女因为感情深厚而不讲究礼节，可见讲究礼节是感情不深的表现。现在人们把那种客气的行为称作"见外"，也是这个道理。这其实也是一种"眼所见者未必实"的现象。因此，如果你看到有人对你很客气，就认为他对你好，那就错了。

2. 论证结构概述

本材料是总—分结构。第一段开门见山提出论点——眼见未必为实；第二、三、四段列举了三个论据来支持核心论点。所以，材料的论证结构如下：

论据：

(1)太阳绕着地球转只是表象，人们没有看到地球自转的真相。

(2)人们只能看到房子中有形的结构，其中真正发挥作用的空间是看不到的。

(3)讲究礼节是感情不深的表现。

论点：眼见未必为实。

3. 逐段精析

第 1 段

①常言道："耳听为虚，眼见为实。"但实际"眼见未必为实"。②从哲学上讲，事物表相不等于事物真相。③我们亲眼看到的显然不是事物真相。只有将表相加以分析，透过现象看本质才能看到真相。④换言之，我们看到的未必是真实情况，即"所见未必为实"。

【段落结构】

句①提出论点："眼见未必为实"。本段段落结构为②→③→④。

【谬误识别】

1. 句②和句③试图用哲学理论来说明生活中的情况，"哲学理论"是否能代表实际生活的情况，值得怀疑。

2. 句③中出现关联词"只有……才……"，考虑条件是否必要。显然，有些实在的事物表相就是其真相，如桌子、椅子等，并不需要加以分析。故题干的条件并不必要。

3. 句③中的论证对象是"表相"和"真相"，而句④中的论证对象为"真实情况"，这两句中概念不同，考虑其含义前后是否一致，即是否存在偷换概念的情况。

【参考范文】

1."从哲学上讲，事物表相不等于事物真相"，无法证明"我们亲眼看到的显然不是事物真相"。我们看到的表相可以是事实，也可以反映真相。

2."表相不等于事物的真相"，说法过于绝对。表相未必不是真相，一张桌子，一瓶水它们的表相和真相有什么区别呢？对于许多事物来说，"我们亲眼看到的"恰恰就是"事物的真相"。虽然不是所有的表相都等于真相，但表相在一定程度上反映了真相，它们在哲学上是对立统一的。

3. 材料认为"只有将表相加以分析，透过现象看本质才能看到真相"，因此"我们看到的未必是真实情况"，此处存在偷换概念。我们所见的"真相"仅仅指事实，而材料却把"真相"偷换成了"表相"之下的客观规律或者事件发生的原因。

第 2 段

⑤举例来说，人们都看到了旭日东升，夕阳西下，也就是说，太阳绕地球转，但是，这只是人们站在地球上看的表象而已，其实这是地球自转造成的。⑥由此可见，眼见者未必实。

【段落结构】

句⑥中出现结论提示词"由此可见"，故该段段落结构为⑤→⑥。

【谬误识别】

4. 本段中出现关联词"举例来说""由此可见"，考虑例子能否说明其论点。

【参考范文】

4. 地球自转造成了太阳东升西落，这只能说明地球自转是太阳东升西落的原因，无法说明我们观察到的"太阳东升西落"这一现象是假的，因此，无法说明"眼见者未必实"。

第 3 段

⑦我国古代哲学家老子早就看到了这一点。他说过，人们只看到了房子的"有"（有形的结构），但人们没看到"无"（房子中无形的空间）才有实际效用。⑧这也说明眼所见者未必实，未见者为实。

【段落结构】

句⑧中出现结论提示词"这也说明"，故该段段落结构为⑦→⑧。

【谬误识别】

5. 本段在句⑦和句⑧中都出现了同一个概念："实"，考虑二者含义是否相同，是否存在偷换概念。

【参考范文】

5. 材料认为房子中有形的结构没有实际效用，而无形的空间才有实际效用，因此，"眼所见者未必实，未见者为实"，存在不妥。此处"实际效用"不等同于"眼见为实"中的"实"。房子的空间有实际作用，并不能说明人们看见的房子是假的，不是事实。

第4段

⑨老子还说，讲究表面的礼节是"忠信之薄"的表现。⑩韩非解释时举例说，父母和子女因为感情深厚而不讲究礼节，可见讲究礼节是感情不深的表现。⑪现在人们把那种客气的行为称作"见外"，也是这个道理。这其实也是一种"眼所见者未必实"的现象。⑫因此，如果你看到有人对你很客气，就认为他对你好，那就错了。

【段落结构】

句⑫中出现结论提示词"因此"，故该句为段论点句。该段段落结构为⑨⑩⑪→⑫。

【谬误识别】

6. 句⑩中由"父母与子女"情况得出所有关系都是如此，考虑推断的过程是否有效。

7. 最后两句中存在"客气""见外"和"对你好"三个概念之间的相互推断和联系，考虑其推断过程的有效性。

【参考范文】

6. 材料认为"父母和子女因为感情深厚而不讲究礼节，可见讲究礼节是感情不深的表现"，推断不当。因为仅由父母和子女之间的感情和行为，无法得出人际交往的一般性结论，其他诸如朋友、邻里、同事等人际关系的法则，可能与亲子关系存在不同。

7. 由"见外"无法说明"如果你看到有人对你很客气，就认为他对你好，那就错了"。因为，存在对你很客气但对你不好的人，但也可能存在对你很客气且对你好的人。

4. 全文参考范文

所见未必为实吗?

吕建刚

上述材料认为"眼见未必为实"，然而其论证存在多处逻辑漏洞，分析如下：

第一，材料认为"只有将表相加以分析，透过现象看本质才能看到真相"，因此"我们看到的未必是真实情况"，此处存在偷换概念。我们所见的"真相"仅仅指事实，而材料却把"真相"偷换成了"表相"之下的客观规律或者事件发生的原因。

第二，地球自转造成了太阳东升西落，这只能说明地球自转是太阳东升西落的原因，无法说明我们观察到的"太阳东升西落"这一现象是假的，因此，无法说明"眼见者未必实"。

第三，材料认为房子中有形的结构没有实际效用，而无形的空间才有实际效用，因此，"眼所见者未必实，未见者为实"，存在不妥。此处"实际效用"不等同于"眼见为实"中的"实"。房子的空间有实际作用，并不能说明人们看见的房子是假的，不是事实。

第四，材料认为"父母和子女因为感情深厚而不讲究礼节，可见讲究礼节是感情不深的表现"，推断不当。因为仅由父母与子女之间的感情和行为，无法得出人际交往的一般性结论，其他诸如朋友、邻里、同事等人际关系的法则，可能与亲子关系存在不同。

第五，由"见外"无法说明"如果你看到有人对你很客气，就认为他对你好，那就错了"。因为，存在对你很客气但对你不好的人，但也可能存在对你很客气且对你好的人。

综上所述，上述材料漏洞百出，其结论难以成立。

（全文共 556 字）

2021 年经济类联考真题

1. 真题原题

论证有效性分析：分析下述论证中存在的缺陷和漏洞，选择若干要点，写一篇 600 字左右的文章，对该论证的有效性进行分析和评述。（论证有效性分析的一般要点是：概念及主要概念界定和使用的准确性及前后是否互相矛盾，有无各种明显的逻辑错误，论据是否支持结论，论据的成立条件是否充分。还要注意逻辑结构和语言运用。）（20 分）

人们受骗上当的事时有发生，乃至有人认为如今的骗术太高明而无法根治。其实，如今要根治诈骗并不难。

首先，从道理上讲，正义终将战胜邪恶，这是历史已证明的规律。诈骗是一种邪恶的行为，最终必将被正义的力量彻底消灭。既然如此，诈骗怎么不能根治呢？

其次，很多诈骗犯虽然骗术高明，但都被绳之以法，这说明在法治社会中，诈骗犯根本无处藏身。这样，谁还敢继续行骗呢？没有人敢继续行骗，诈骗不是被根治了吗？

最后，还可以通过全社会的防范来防止诈骗的发生。诈骗的目的，无非是想骗取钱财。凡是要你花钱的事情，你都要慎重考虑。例如，有些投资公司建议你向他们投资，有些机构推荐你参加高收费的培训，有些婚恋对象向你借巨款。诸如此类，其实都不靠谱。所有的人如果都不相信这些话，诈骗就无法得逞。诈骗无法得逞，不就是被根治了吗？如果建立更加有效的防范机制，根治诈骗就更容易了。

总之，无论从道理上讲，还是从行骗者或被骗者的角度来看，如今要根治诈骗根本不是难事。

2. 论证结构概述

本材料是总—分—总结构。第一段提出论点——如今要根治诈骗并不难；第二、三、四段列举了三个论据来支持核心论点；最后一段总结论点。所以，材料的论证结构如下：

论据：

(1)正义终将战胜邪恶。

(2)很多诈骗犯虽然骗术高明，但都被绳之以法。

（3）可以通过全社会的防范来防止诈骗的发生。

论点：如今要根治诈骗并不难。

3. 逐段精析

第1段

①人们受骗上当的事时有发生，乃至有人认为如今的骗术太高明而无法根治。②其实，如今要根治诈骗并不难。

【段落结构】

句①为背景介绍，句②提出论点："如今要根治诈骗并不难"。

【谬误识别】

我们一般不质疑材料的背景介绍部分。

第2段

③首先，从道理上讲，正义终将战胜邪恶，这是历史已证明的规律。④诈骗是一种邪恶的行为，最终必将被正义的力量彻底消灭。⑤既然如此，诈骗怎么不能根治呢？

【段落结构】

句⑤中出现结论提示词"既然如此"，故该段段落结构为③→④→⑤。

【谬误识别】

1. 句③是本段的论据，但此论据的真实性存在疑问。

2. 句③用来证明句④。但其中涉及到两个概念"战胜"和"彻底消灭"，考虑二者含义是否相同，是否存在偷换概念。

【参考范文】

1. 材料认为"正义终将战胜邪恶"，但这一论据的真实性存在疑问。历史上，邪恶战胜了正义的案例也不少见。

2. 材料中"战胜"与"彻底消灭"是两个不同的概念，前者的意思是整体上取得胜利或成功，而后者的意思是把邪恶完全根除。所以，材料的论述有偷换概念之嫌。

第3段

⑥其次，很多诈骗犯虽然骗术高明，但都被绳之以法，这说明在法治社会中，诈骗犯根本无处藏身。⑦这样，谁还敢继续行骗呢？没有人敢继续行骗，诈骗不是被根治了吗？

【段落结构】

句⑥以"很多诈骗犯"为例，证明论点，即句⑦。故该段段落结构为⑥→⑦。

【谬误识别】

3. 本段用例子说明观点，例子中的对象是"很多诈骗犯"，出现量词"很多"，而得出的结论中的对象是整个"诈骗犯"群体，故考虑例子中样本是否具有代表性及推断过程是否恰当。

【参考范文】

3. 材料认为"很多诈骗犯都被绳之以法"，一定导致"所有诈骗犯无处藏身"，进而导致"没有人敢继续行骗"，这未必成立。由部分诈骗犯的情况不一定能代表整个诈骗犯群体，故材料有以偏概全之嫌。此外，"诈骗犯无处藏身"并不代表"没人敢继续行骗"。当行骗收益巨大时，可能会有人经不住诱惑，选择铤而走险。

第 4 段

⑧最后，还可以通过全社会的防范来防止诈骗的发生。⑨诈骗的目的，无非是想骗取钱财。⑩凡是要你花钱的事情，你都要慎重考虑。例如，有些投资公司建议你向他们投资，有些机构推荐你参加高收费的培训，有些婚恋对象向你借巨款。诸如此类，其实都不靠谱。⑪所有的人如果都不相信这些话，诈骗就无法得逞。⑫诈骗无法得逞，不就是被根治了吗？如果建立更加有效的防范机制，根治诈骗就更容易了。

【段落结构】

该段段落结构为⑨→⑩→⑪→⑫→⑧。

【谬误识别】

4. 句⑩中出现"凡是……都……"，过于肯定，考虑条件是否充分。

5. 句⑩后半部分用例子来证明观点，考虑质疑例子的合理性。

6. 本段试图通过"全社会的防范"这一措施来达到"根治诈骗"的目的，考虑质疑这一措施的可行性及有效性。

【参考范文】

4. 虽然"诈骗的目的"是"骗取钱财"，但并不是"所有要花钱的事"都需要"慎重考虑"。生活花销中有许多程序性决策，如乘坐公交、餐饮消费等，未必需要"慎重考虑"。

5. "来自投资公司的建议""来自培训公司的推荐"等都是公司的正常经营活动，未必"不靠谱"。

6. 材料认为可以通过使用"全社会的防范"的手段，来达到"根治诈骗"的目的，这十分困难。我国人口众多，通过宣传教育等手段普及防骗知识只能减少人们受骗的概率，未必能使每一个人不受骗。所以"诈骗"也就未必"不会得逞"。

第 5 段

总之，无论从道理上讲，还是从行骗者或被骗者的角度来看，如今要根治诈骗根本不是难事。

【段落结构】

结尾再次提出观点，总结全文。

【谬误识别】

结尾无谬误。

4. 全文参考范文

根治诈骗真的不难吗？

材料通过一系列论证试图说明"根治诈骗并不难"，但其论证过程中存在多处逻辑谬误，具体分析如下：

首先，材料由"正义终将战胜邪恶"得到"诈骗最终将被彻底消灭"的结论过于绝对。"战胜"是指整体上取得胜利或成功，并不一定意味着"彻底消灭"。因此，材料的论证存在偷换概念。

其次，材料认为"很多骗术高明的诈骗犯都被绳之以法"，一定导致"所有诈骗犯无处藏身"，进而导致"没有人敢继续行骗",这未必成立。由部分诈骗犯的情况不一定能代表整个诈骗犯群体,故材料有以偏概全之嫌。此外,"诈骗犯无处藏身"并不代表"没人敢继续行骗"。当行骗收益巨大时,可能依然会有人经不住诱惑,选择铤而走险。

再次,虽然"诈骗的目的"是"骗取钱财",但并不是"所有要花钱的事"都需要"慎重考虑"。生活花销中有许多程序性决策,如乘坐公交、餐饮消费等,未必需要"慎重考虑"。因此,材料的论据值得怀疑。

最后,材料认为可以通过使用"全社会的防范"的手段,来达到"根治诈骗"的目的,这十分困难,我国人口众多,通过宣传教育等手段普及防骗知识只能减少人们受骗的概率,未必能使每一个人不受骗。所以"诈骗"也就未必"不会得逞"。

综上,由于材料的论证过程中存在多处逻辑漏洞,"根治诈骗并不难"的结论的成立性有待商榷。

(全文共536字)

第❶节 习题精选

习题 1 王者荣耀

论证有效性分析：分析下述论证中存在的缺陷和漏洞，选择若干要点，写一篇 600 字左右的文章，对该论证的有效性进行分析和评论。（论证有效性分析的一般要点是：概念特别是核心概念的界定和使用是否准确并前后一致，有无各种明显的逻辑错误，论证的论据是否成立并支持结论，结论成立的条件是否充分，等等。）

前一段时间，《王者荣耀》掀起全民手游热潮，在各年龄层玩家中风靡。有报道称，这款移动游戏目前注册用户超过两亿，仅在第一季度就创造了 60 亿元的营业收入。伴随着《王者荣耀》在商业上的成功，各种争议也不断出现。以下就是两位网友的争论：

甲：杭州一名 13 岁学生因玩《王者荣耀》被父亲教训从四楼跳下，此前广州一位 17 岁少年玩了 40 个小时，诱发脑梗，险些丧命。现在，《王者荣耀》每天的游戏场次居然达到了 8 000 万场。种种乱象表明，《王者荣耀》已经成了中国人尤其是中国中小学生的"电子鸦片"，使很多人上瘾，无法自拔。

乙：事实上，每种新的娱乐方式出现时，都会引起巨大争议。以电影为例，电影出现后在相当长的一段时间里都被视作会魅惑人灵魂的洪水猛兽，但现在电影不会被认为是鸦片，而是被称为"电影艺术"。所以，没有必要给《王者荣耀》扣上"电子鸦片"的帽子，游戏也仅仅是娱乐方式的一种。

甲：据《文汇报》报道，《王者荣耀》玩家中 17 岁以下的玩家数量超过 3 600 万，这么多青少年喜欢玩这款游戏，还不能说明它是"电子鸦片"吗？

乙：家长不能把对孩子教育的失败归咎到一款游戏上，应该从自身去找原因。而且，《王者荣耀》最近推出了防沉迷系统，未成年用户玩游戏会被限制游戏时长，怎么能说它是"电子鸦片"呢？有这么多人喜欢，正好说明了《王者荣耀》在商业上的成功。

甲：在商业上的成功，无法掩饰《王者荣耀》在文化内涵上的缺失。《王者荣耀》将历史上著名的刺客荆轲设定为女性角色，就是一个典型的例子。

乙：荆轲这一角色已经改名为"阿轲"，这一角色的不良影响已经消除。再说，历史知识的传播是史学家和历史老师的事，《王者荣耀》仅仅是一款游戏而已，并不担负传播历史文化知识的使命。麻将也是游戏，你难道让麻将去传播历史文化知识吗？

习题 2 转基因食品

论证有效性分析：分析下述论证中存在的缺陷和漏洞，选择若干要点，写一篇 600 字左右的文章，对该论证的有效性进行分析和评论。（论证有效性分析的一般要点是：概念特别是核心概念的界定和使用是否准确并前后一致，有无各种明显的逻辑错误，论证的论据是否成立并支持结论，结论成立的条件是否充分，等等。)

转基因食品即利用生物技术，将某些生物的基因转移到其他物种中去，改造生物的遗传物质，使其在性状、营养品质、消费品质等方面符合人类的需求。以转基因生物为直接食品或为原料加工生产的食品就是转基因食品。

关于转基因食品是否安全，社会上存在着巨大的争论。

支持转基因食品安全性的人认为：

第一，美国人、欧洲人都吃转基因食品，也没有听说过美国人和欧洲人反对转基因。中国市场上80%～90%的大豆油是转基因大豆油，你觉得你没吃过转基因食品吗？我们可以负责任地说，我吃了，你吃了，他吃了，我们大家或多或少都吃了。但是，现在大家不都活得好好的吗？

第二，目前中国在转基因棉花和木瓜上的应用率均已达到90%以上。Bt抗虫水稻和植酸酶玉米也已完成实验并获得安全证书。

第三，科学界的大多数科学家都支持转基因，其中不乏中科院院士。虽然也有部分科学家质疑转基因的科学性，但只是少数。

第四，转基因作物因有抗寒、抗旱、抗虫等能力，一方面，转基因作物提高了农作物的产量，解决了人类的温饱问题，难道还应该被质疑吗？另一方面，转基因作物的这些特性，减少了农药、化肥的使用，这也就意味着转基因作物更加自然、健康、安全。

反对转基因食品安全性的人认为：

第一，任何事情都不可能是绝对安全的，世界上没有绝对安全的东西，任何化合物都可以是毒药，关键是剂量问题。例如，水喝过量了就会破坏电解质在人体内的正常平衡，从而可能导致中毒死亡。

第二，中国法律规定转基因食品必须在商品包装上作出标识。可中国的很多商贩却把这一标识故意印刷得很小，这恰恰说明他们担心转基因食品的安全性。

第三，转基因作物具有抗虫性，连害虫都不敢吃的食物，人类能吃吗？

习题 3 MPV 汽车

论证有效性分析：分析下述论证中存在的缺陷和漏洞，选择若干要点，写一篇600字左右的文章，对该论证的有效性进行分析和评论。(论证有效性分析的一般要点是：概念特别是核心概念的界定和使用是否准确并前后一致，有无各种明显的逻辑错误，论证的论据是否成立并支持结论，结论成立的条件是否充分，等等。)

作为市场总监，我反对公司生产MPV汽车(多功能乘用车，一般为7座商务车)。2016年我国汽车销量为2 802.8万辆，比上年同期增长13.7%。但是，据中国汽车工业协会的预测，2017年我国汽车销量预计仅能增长5%左右，这说明我国汽车市场已经进入下滑通道。而且，随着北京、上海等一线城市的交通拥堵状况越来越严重，消费者的购车欲望也会随之下降，会更进一步加剧汽车市场的滑坡。在此时生产MPV汽车，很难打开市场。

我们知道，MPV车型主要是为了满足二胎家庭需求或者商务需求。根据《北京×报》所做的调查，由于生活压力大，北京市适龄产妇生育二胎的意愿非常低。要知道，北京市的人均收入在全国处于领先水平，北京人都不敢生育二胎，可见其他省市生育二胎的意愿更不容乐观。这样的话，我们生产出的 MPV 卖给谁？没有足够的需求，生产 MPV 就会面临亏本的局面。

另外，MPV 还受到来自 SUV（运动型多用途汽车）的竞争。虽然 MPV 乘坐舒适、空间大、噪声小，但是 SUV 底盘高，可以满足现代人外出游玩的需求，成为很多年轻家庭的新选择，因此，MPV 的市场空间会受到进一步的挤压，很难实现好的销量。

所以，我认为，进入 MPV 市场风险很大，不值得投资。

习题 4　疫情后进军餐饮业

论证有效性分析：分析下述论证中存在的缺陷和漏洞，选择若干要点，写一篇 600 字左右的文章，对该论证的有效性进行分析和评论。（论证有效性分析的一般要点是：概念特别是核心概念的界定和使用是否准确并前后一致，有无各种明显的逻辑错误，论证的论据是否成立并支持结论，结论成立的条件是否充分，等等。）

每一轮危机，也必然伴随着机会。虽然新冠疫情对餐饮行业造成了很大的影响，但疫情也给餐饮行业提供了新机会，这时候进军餐饮业，反而更加容易成功。

首先，"民以食为天"，无论在何时何地，人们都离不开吃。疫情过后，众多食客们又会开启他们的饕餮盛宴。因此，新冠疫情对餐饮行业的冲击是暂时的，餐饮行业回暖是早晚的事。

其次，疫情期间，人们对外卖的需求格外旺盛。据《餐饮外卖复工消费报告》显示，自复工以来一线城市订单量增长迅猛，有三成餐饮商家外卖单量超过了"疫前"。既然人们已经形成了对外卖的依赖，那么，相信疫情过后外卖消费额会持续增长。

再次，疫情加速了餐饮行业的洗牌，淘汰了一批卫生、模式不合格的餐饮企业，能够生存下来的，往往都是那些产品、模式能够符合未来发展趋势的企业。所以，餐饮行业的竞争变小，这个时候入局餐饮行业反而会更有优势。

最后，疫情使得部分餐饮门店倒闭，开店需求下降，租金就必然随之下降，餐饮行业的成本也就降下来了。这时候进军餐饮业，更加有利可图。

第 2 节　习题详解

习题 1

【谬误分析】

段落 1	论证结构
①前一段时间，《王者荣耀》掀起全民手游热潮，在各年龄层玩家中风靡。有报道称，这款移动游戏目前注册用户超过两亿，仅在第一季度就创造了 60 亿元的营业收入。②伴随着《王者荣耀》在商业上的成功，各种争议也不断出现。以下就是两位网友的争论：	①、②为背景介绍，无谬误

段落2	论证结构
甲：③杭州一名13岁学生因玩《王者荣耀》被父亲教训从四楼跳下，此前广州一位17岁少年玩了40个小时，诱发脑梗，险些丧命。④现在，《王者荣耀》每天的游戏场次居然达到了8 000万场。⑤种种乱象表明，《王者荣耀》已经成了中国人尤其是中国中小学生的"电子鸦片"，使很多人上瘾，无法自拔。	③⎫ ⑤ ④⎭

序号	质疑内容	谬误分析
1	质疑③④→⑤	2个人的个例相对于2亿人的用户规模来说，样本数量过小，无法证明甲方的观点。每天8 000万场的场次虽然很多，但并不能因此得出"人均场次"很多的结论，因此，不能说明《王者荣耀》使很多人上瘾。

段落3	论证结构
乙：⑥事实上，每种新的娱乐方式出现时，都会引起巨大争议。⑦以电影为例，电影出现后在相当长的一段时间里都被视作会魅惑人灵魂的洪水猛兽，但现在电影不会被认为是鸦片，而是被称为"电影艺术"。⑧所以，没有必要给《王者荣耀》扣上"电子鸦片"的帽子，游戏也仅仅是娱乐方式的一种。	⑦→⑥→⑧

序号	质疑内容	谬误分析
2	质疑⑦→⑥→⑧	乙方将"游戏"和"电影"类比，有失妥当。电影和《王者荣耀》虽然都是娱乐方式，但是存在游戏的成瘾性大于电影的可能。

段落4	论证结构
甲：⑨据《文汇报》报道，《王者荣耀》玩家中17岁以下的玩家数量超过3 600万，这么多青少年喜欢玩这款游戏，⑩还不能说明它是"电子鸦片"吗？	⑨→⑩

序号	质疑内容	谬误分析
3	质疑⑨→⑩	甲方仅根据"《王者荣耀》玩家中17岁以下的玩家数量超过3 600万"，就断定其是"电子鸦片"。实际上，这只能说明该款游戏的部分用户群在17岁以下，而不能证明这3 600万玩家是否沉迷于此。

段落5	论证结构
乙：⑪家长不能把对孩子教育的失败归咎到一款游戏上，应该从自身去找原因。⑫而且，《王者荣耀》最近推出了防沉迷系统，未成年用户玩游戏会被限制游戏时长，怎么能说它是"电子鸦片"呢？⑬有这么多人喜欢，正好说明了《王者荣耀》在商业上的成功。	⑪⎫ ⑫⎬王者荣耀不是"电子鸦片" ⑬⎭

续表

序号	质疑内容	谬误分析
4	质疑⑪	乙方把孩子教育的失败完全归因于家长，不问责游戏，显得过于绝对。
5	质疑⑫	《王者荣耀》推出防沉迷系统，恰恰说明此款游戏确实会使人沉迷、上瘾。而且，即使"未成年用户玩游戏会被限制游戏时长"，但不排除成年人沉迷其中，影响身心健康，对社会产生不良影响，那么《王者荣耀》还是"电子鸦片"。
6	质疑⑬	《王者荣耀》在商业上的成功，无法说明其不是"电子鸦片"。实际上，"鸦片"在历史上取得过商业上的成功，直到现在，毒品仍有广泛的市场。

段落 6		论证结构
甲：⑭在商业上的成功，无法掩饰《王者荣耀》在文化内涵上的缺失。⑮《王者荣耀》将历史上著名的刺客荆轲设定为女性角色，就是一个典型的例子。		⑮→⑭→王者荣耀是"电子鸦片"

序号	质疑内容	谬误分析
7	质疑⑭→王者荣耀是"电子鸦片"	《王者荣耀》是否存在文化内涵的缺失，与甲方的论点"《王者荣耀》是'电子鸦片'"无关。

段落 7		论证结构
乙：⑯荆轲这一角色已经改名为"阿轲"，这一角色的不良影响已经消除。⑰再说，历史知识的传播是史学家和历史老师的事，《王者荣耀》仅仅是一款游戏而已，并不担负传播历史文化知识的使命。⑱麻将也是游戏，你难道让麻将去传播历史文化知识吗？		⑯ ⑱ } →⑰

序号	质疑内容	谬误分析
8	质疑⑯	荆轲这一角色改名为"阿轲"，只能说明未来不会造成同样的影响，但之前的影响是否消除，则难以确定。
9	质疑⑱→⑰	麻将和《王者荣耀》的类比存在不当。《王者荣耀》除了有游戏性外，还有大量的背景故事。
10	质疑⑰	传播历史文化知识固然不是游戏的主要使命，但当一款游戏使用了历史人物、涉及了历史故事时，是否应该尊重历史？而且，当这款游戏的用户数达到两亿时，不符合史实的历史人物和故事是否会造成较大的不良影响？

【参考范文】

《王者荣耀》是"电子鸦片"吗?

吕建刚

针对"《王者荣耀》是不是'电子鸦片'"的问题,甲、乙双方的争论都存在诸多逻辑问题。

从甲方来看:

首先,甲方仅由2个悲剧性个例,来论证《王者荣耀》已经成为"电子鸦片",不具备足够的说服力。因为,相对于2亿人的用户规模来看,2个人的样本数量显然太少了。

其次,甲方仅根据"《王者荣耀》玩家中17岁以下的玩家数量超过3 600万",就断定其是"电子鸦片",并不妥当。儿童玩具的17岁以下玩家数量更多,难道儿童玩具也是"电子鸦片"吗?《王者荣耀》是否会使人上瘾,不应单单看玩家的数量,更应看这些玩家每天玩游戏的时间。

从乙方来看:

第一,电影和《王者荣耀》虽然都是娱乐方式,但两者之间也存在较大的差别。比如,游戏的持续性、诱惑性都比电影强,因此,由电影的情况来论证游戏的情况,有不当类比的嫌疑。

第二,乙方把孩子教育的失败完全归因于家长,而不问责游戏,过于绝对。而且,《王者荣耀》推出了防沉迷系统,恰恰说明这款游戏具有成瘾性。

第三,乙方认为"《王者荣耀》不用担负传播历史文化知识的使命"。确实,历史文化知识的传播不是游戏的主要使命,但当一款游戏使用了历史人物、涉及了历史故事时,是否应该尊重历史?而且,当这款游戏的用户数达到两亿时,不符合史实的历史人物和故事是否会造成较大的不良影响?

综上所述,甲、乙双方的辩论都存在诸多逻辑问题,二者都有狡辩的嫌疑。

(全文共561字)

习题 2

【谬误分析】

段落1、2	论证结构
①转基因食品即利用生物技术,将某些生物的基因转移到其他物种中去,改造生物的遗传物质,使其在性状、营养品质、消费品质等方面符合人类的需求。②以转基因生物为直接食品或为原料加工生产的食品就是转基因食品。 ③关于转基因食品是否安全,社会上存在着巨大的争论。	背景介绍,无谬误

段落3、4	论证结构
④支持转基因食品安全性的人认为: ⑤第一,美国人、欧洲人都吃转基因食品,也没有听说过美国人和欧洲人反对转基因。⑥中国市场上80%～90%的大豆油是转基因大豆油,你觉得你没吃过转基因食品吗?⑦我们可以负责任地说,我吃了,你吃了,他吃了,我们大家或多或少都吃了。但是,现在大家不都活得好好的吗?	⑤ ⑥ }④ ⑦

续表

序号	质疑内容	谬误分析
1	质疑⑤	"没有听说过"美国人和欧洲人反对转基因，不能说明他们不反对转基因，此处犯了诉诸无知的逻辑谬误。
2	质疑⑥⑦	"大家都活得好好的"不能证明转基因食品绝对安全，也可能转基因食品的危害存在较长的潜伏期或其他并不导致死亡的危害。

段落 5		论证结构
⑧第二，目前中国在转基因棉花和木瓜上的应用率均已达到90%以上。⑨Bt抗虫水稻和植酸酶玉米也已完成实验并获得安全证书。		⑧ ⑨ } ④

序号	质疑内容	谬误分析
3	质疑⑧⑨→④	转基因棉花、木瓜、Bt抗虫水稻、植酸酶玉米等几种转基因作物的成功，未必具有普遍的代表性。

段落 6		论证结构
⑩第三，科学界的大多数科学家都支持转基因，其中不乏中科院院士。⑪虽然也有部分科学家质疑转基因的科学性，但只是少数。		⑩ ⑪ } ④

序号	质疑内容	谬误分析
4	质疑⑩⑪→④	"科学界的大多数科学家都支持转基因"，并不能说明转基因作物的安全性。科学家也会犯错误，他们认可的不代表就是真理。

段落 7		论证结构
⑫第四，转基因作物因有抗寒、抗旱、抗虫等能力，一方面，转基因作物提高了农作物的产量，解决了人类的温饱问题，难道还应该被质疑吗？⑬另一方面，转基因作物的这些特性，减少了农药、化肥的使用，这也就意味着转基因作物更加自然、健康、安全。		

序号	质疑内容	谬误分析
5	质疑⑫→④	转基因作物是否具有抗寒、抗旱、抗虫等能力，与其是否安全无关。
6	质疑⑬→④	转基因作物减少了农药、化肥的使用，不能说明转基因作物绝对安全。转基因作物是否安全还要看它是否存在其他方面的安全隐患。

续表

段落8、9	论证结构
⑭反对转基因食品安全性的人认为： ⑮第一，任何事情都不可能是绝对安全的，世界上没有绝对安全的东西，任何化合物都可以是毒药，关键是剂量问题。⑯例如，水喝过量了就会破坏电解质在人体内的正常平衡，从而可能导致中毒死亡。	⑯→⑮→⑭

序号	质疑内容	谬误分析
7	质疑⑯→⑮→⑭	无法由过量饮水不安全，证明转基因作物不安全。

段落10	论证结构
⑰第二，中国法律规定转基因食品必须在商品包装上作出标识。⑱可中国的很多商贩却把这一标识故意印刷得很小，这恰恰说明他们担心转基因食品的安全性。	⑰⑱}→⑭

序号	质疑内容	谬误分析
8	质疑⑰⑱→⑭	中国的很多商贩把转基因标识印刷得很小，有可能只是因为包装设计，也可能仅仅是为了回避公众的质疑，不能武断地推测是因为他们担心转基因食品的安全性。

段落11	论证结构
⑲第三，转基因作物具有抗虫性，连害虫都不敢吃的食物，人类能吃吗？	⑲→⑭

序号	质疑内容	谬误分析
9	质疑⑲	反方认为，害虫不能吃转基因作物，所以人类也不能吃，未必成立。因为害虫与人类的消化机制、毒理机制都存在巨大的不同。

【参考范文】

不妥当的转基因食品安全之辩

吕建刚

针对"转基因食品是否安全"的问题，双方的争论都存在诸多逻辑问题。

从支持者来看：

首先，"没有听说过"美国人和欧洲人反对转基因，不能说明他们不反对转基因，此处犯了诉诸无知的逻辑谬误。

其次，转基因棉花、木瓜、Bt抗虫水稻、植酸酶玉米等转基因作物的成功，未必具有普遍的代表性。

再次，"科学界的大多数科学家支持转基因"，并不能说明转基因作物的安全性。科学家也会犯错误，他们认可的不代表就是真理。决定科学家的观点是否成立的关键是其论据是什么，这些论据是否能支持他们的观点。

最后，转基因作物减少了农药、化肥的使用，不能说明转基因作物绝对安全。转基因作物是否安全还要看它是否存在其他方面的安全隐患。

从反对者来看：

第一，"商标标识小"就能说明"转基因食品对人类不安全"吗？转基因食品商标标识小，很有可能是受产品美观、印刷费用、包装大小等因素的影响，仅仅因为其商标小就认定"不安全"，缺乏说服力。

第二，反方认为"转基因作物连害虫都不敢吃，所以人类也不能吃"，有不当类比之嫌。害虫和人类虽都为生物，但是害虫与人类的消化机制、毒理机制都存在巨大的不同。比如，杀虫剂可以杀死害虫，对人类却没有危害或只有轻微危害。因此，不能认为害虫不能吃的食物，对人类就不安全。

综上所述，双方的辩论都存在诸多逻辑问题，二者都有狡辩的嫌疑。

（全文共 544 字）

习题 3

【谬误分析】

段落 1	论证结构
①作为市场总监，我反对公司生产 MPV 汽车（多功能乘用车，一般为 7 座商务车）。②2016 年我国汽车销量为 2 802.8 万辆，比上年同期增长 13.7％。③但是，据中国汽车工业协会的预测，2017 年我国汽车销量预计仅能增长 5％左右，这说明我国汽车市场已经进入下滑通道。④而且，随着北京、上海等一线城市的交通拥堵状况越来越严重，消费者的购车欲望也会随之下降，会更进一步加剧汽车市场的滑坡。⑤在此时生产 MPV 汽车，很难打开市场。	③ ④ }⑤→①

序号	质疑内容	谬误分析
1	质疑③	"2017 年我国汽车销量预计仅能增长 5％左右"仅仅是中国汽车工业协会的预测，这种预测未必准确。而且这一预测只能说明汽车市场增速放缓，但仍在增长，无法说明"我国汽车市场已经进入下滑通道。"
2	质疑④	北京、上海等一线城市的交通拥堵情况和消费者的购车欲望未必能代表所有城市。
3	质疑④→⑤	MPV 市场是汽车市场的一个细分市场，即使汽车市场"整体滑坡"也不代表"MPV 市场"很难打开。

段落 2	论证结构
⑥我们知道，MPV 车型主要是为了满足二胎家庭需求或者商务需求。⑦根据《北京×报》所做的调查，由于生活压力大，北京市适龄产妇生育二胎的意愿非常低。⑧要知道，北京市的人均收入在全国处于领先水平，北京人都不敢生育二胎，可见其他省市生育二胎的意愿更不容乐观。⑨这样的话，我们生产出的 MPV 卖给谁？⑩没有足够的需求，生产 MPV 就会面临亏本的局面。	⑥ ⑦ ⑧ }⑩ ⑨

续表

序号	质疑内容	谬误分析
4	质疑⑧	北京人生育二胎的意愿较低，不代表其他城市生育二胎的意愿也较低。因为，生育二胎的意愿不仅受人均收入的影响，还受生活成本、工作压力、教育水平、传统思想等因素的影响。
5	质疑⑩	MPV车型不仅可以满足二胎家庭需求，还可以满足商务需求或其他用车需求，材料仅仅分析了二胎家庭的需求状况，对其他需求缺乏分析。

段落3、4	论证结构
⑪另外，MPV还受到来自SUV(运动型多用途汽车)的竞争。⑫虽然MPV乘坐舒适、空间大、噪声小，但是SUV底盘高，可以满足现代人外出游玩的需求，成为很多年轻家庭的新选择，因此，⑬MPV的市场空间会受到进一步的挤压，很难实现好的销量。 ⑭所以，我认为，进入MPV市场风险很大，不值得投资。	⑫→⑪→⑬→⑭

序号	质疑内容	谬误分析
6	质疑⑫→⑪→⑬	SUV汽车底盘高，可以满足现代人外出游玩的需求，但MPV也有舒适性强、空间大等独特优势，二者的市场定位不同，虽然SUV受一部分消费者的青睐，但MPV可能更能满足另外一部分消费者的需要。

【参考范文】

MPV市场不值得投资吗?

吕建刚

材料中的市场总监认为"进入MPV"市场风险很大，不值得投资。然而其论证存在多处不当，分析如下:

首先，"汽车市场已经进入下滑通道"的理由并不充分。因为"2017年我国汽车销量预计仅能增长5%左右"仅仅是中国汽车工业协会的预测，未必准确。就算预测成真，那也只能说明我国汽车市场增速放缓，但仍在增长，无法说明"我国汽车市场正在下滑"。

其次，"北京、上海等一线城市的交通拥堵状况越来越严重"，无法说明其他城市也是如此。因为，三、四线城市人口密度相对更低、人均汽车保有量相对更少，交通状况一般要好于一线城市。所以，即使一线城市受制于交通问题，消费者对汽车的需求下降，也无法代表全国的普遍状况。同理，北京市适龄产妇生育二胎的意愿低，也无法说明全国适龄产妇普遍不愿意生育二胎。

再次，该总监把汽车市场和MPV市场混为一谈，汽车市场的总体状况很难说明MPV这个细分市场的情况。而且，该总监只注意到市场的需求方，没有分析市场的供给情况。即使需求量不大，但如果供给方的竞争不激烈，产品也可能处于供不应求的状态，那么也是值得投资的。

最后，MPV 车型可以满足二胎家庭需求或者商务需求，材料仅分析了二胎家庭的需求，并未用严谨的数据分析 MPV 的商务需求，因此，无法排除 MPV 车型商务需求巨大的可能性，也就无法说明生产 MPV 无利可图。

综上所述，MPV 市场风险过大的断言未必妥当，MPV 未必不值得投资。

（全文共 562 字）

习题 4

【谬误分析】

段落 1	论证结构
①每一轮危机，也必然伴随着机会。虽然新冠疫情对餐饮行业造成了很大的影响，但疫情也给餐饮行业提供了新机会，这时候进军餐饮业，反而更加容易成功。	介绍背景，提出论点。 画线部分为论点。

段落 2	论证结构
②首先，"民以食为天"，无论在何时何地，人们都离不开吃。③疫情过后，众多食客们又会开启他们的饕餮盛宴。④因此，新冠疫情对餐饮行业的冲击是暂时的，餐饮行业回暖是早晚的事。	②③}④→论点

序号	质疑内容	谬误分析
1	质疑②③→④	由"民以食为天"难以推出"疫情对餐饮行业的冲击是暂时的，餐饮行业回暖是早晚的事"。因为，第一，疫情的发展情况难以估计，如果短时间内疫情不能结束，那么它对餐饮行业的影响也就会是长期的。第二，出于对防疫的考虑，可能会有更多的老百姓选择在家吃饭而非外出就餐，所以"人们离不开吃"不代表"人们会到外面去吃"。

段落 3	论证结构
⑤其次，疫情期间，人们对外卖的需求格外旺盛。⑥据《餐饮外卖复工消费报告》显示，自复工以来一线城市订单量增长迅猛，有三成餐饮商家外卖单量超过了"疫前"。⑦既然人们已经形成了对外卖的依赖，那么，相信疫情过后外卖消费额会持续增长。	⑥→⑤→⑦→论点

序号	质疑内容	谬误分析
2	质疑 ⑥→⑤→⑦→论点	材料由"自复工以来一线城市外卖订单量增长迅猛"，就推出"人们已经形成对外卖的依赖""外卖消费额会持续增长"，有以偏概全之嫌。"一线城市外卖订单量激增"可能仅为地域性现象，不具有全国普遍代表性，因此，也就无法由此得出"疫情期间进军餐饮业更容易成功"的结论。

续表

段落 4	论证结构
⑧再次，疫情加速了餐饮行业的洗牌，淘汰了一批卫生、模式不合格的餐饮企业，能够生存下来的，往往都是那些产品、模式能够符合未来发展趋势的企业。⑨所以，餐饮行业的竞争变小，这个时候入局餐饮行业反而会更有优势。	⑧→⑨→论点

序号	质疑内容	谬误分析
3	质疑⑧→⑨	材料仅由"疫情期间淘汰了一批卫生、模式不合格的餐饮企业"，就得出"餐饮行业的竞争变小"的结论，存在不妥。首先，"一批"是指多少家餐饮行业？在所有餐饮企业中的占比有多少？其次，淘汰了不合格的企业，留下了好的企业，这说明餐饮行业的竞争依然存在。

段落 5	论证结构
⑩最后，疫情使得部分餐饮门店倒闭，开店需求下降，租金就必然随之下降，餐饮行业的成本也就降下来了。⑪这时候进军餐饮业，更加有利可图。	⑩→⑪

序号	质疑内容	谬误分析
4	质疑⑩→⑪	材料由"租金下降、餐饮行业成本下降"，推出"此时进军餐饮行业更加有利可图"，存在不妥。利润除了受"成本"影响，还受到"收入"的影响。疫情期间，餐饮行业的营业额未必会和"疫前"持平，相反，很可能还会有一定幅度的下降。因此，无法得出"这时候进军餐饮业，更加有利可图"的结论。

【参考范文】

疫情期间进军餐饮业未必成功

吕建刚

上述材料试图证明疫情期间进军餐饮业会取得成功，然而其论证存在多处不当，分析如下：

首先，由"民以食为天"难以推出"疫情对餐饮行业的冲击是暂时的，餐饮行业回暖是早晚的事"。因为，第一，疫情的发展情况难以估计，如果短时间内疫情不能结束，那么它对餐饮行业的影响也就会是长期的。第二，出于对防疫的考虑，可能会有更多的老百姓选择在家吃饭而非外出就餐，所以"人们离不开吃"不代表"人们会到外面去吃"。

其次，材料由"自复工以来一线城市外卖订单量增长迅猛"，就推出"人们已经形成对外卖的依赖""外卖消费额会持续增长"，有以偏概全之嫌。"一线城市外卖订单量激增"可能仅为地域性现象，不具有全国普遍代表性，因此，也就无法由此得出"疫情期间进军餐饮业更容易成功"的结论。

再次，材料仅由"疫情期间淘汰了一批卫生、模式不合格的餐饮企业"，就得出"餐饮行业的竞争变小"的结论，存在不妥。"一批"是指多少家餐饮行业？在所有餐饮企业中的占比有多少？

而且，淘汰了不合格的企业，留下了好的企业，这说明餐饮行业的竞争依然存在。

最后，材料由"租金下降、餐饮行业成本下降"，推出"此时进军餐饮行业更加有利可图"，存在不妥。利润除了受"成本"影响，还受到"收入"的影响。疫情期间，餐饮行业的营业额未必会和"疫前"持平，相反，很可能还会有一定幅度的下降。因此，无法得出"这时候进军餐饮业，更加有利可图"的结论。

综上所述，由于上文存在诸多逻辑错误，"疫情期间进军餐饮业更容易成功"的结论难以成立。

（全文共 623 字）

第6章 评分标准与阅卷实例

第❶节 评分标准

1. 论证有效性分析的官方评分标准

管理类联考的论证有效性分析依据评论的内容、论证程度、文章结构以及语言表达评分。具体评分标准如下：

(1)根据分析评论的内容给分，占16分。考生分析评论的内容超出参考答案的，只要言之有理，也应给分。

(2)按论证程度、文章结构与语言表达给分，占14分。

分四类卷给分：

一类卷(12~14分)：论证或反驳有力，结构严谨，条理清楚，语言精练流畅。

二类卷(8~11分)：论证或反驳较为有力，结构较完整，条理较清楚，语言较通顺，有少量语病。

三类卷(4~7分)：有论证或反驳，结构不够完整，语言欠连贯，较多语病，分析评论缺乏说服力。

四类卷(0~3分)：明显偏离题意，内容空洞，条理不清，语句严重不通。

(3)不符合字数要求，或出现错别字，酌情扣分。书写清楚整洁，酌情加1~2分，但总分不得超过30分。

【注意】经济类联考除了总分值为20分外，考试要求和评分标准与管理类联考是一致的。

2. 对论证有效性分析评分标准的简化

由于考试大纲给出的评分标准难以把握，老吕为方便考生自我估分，特意将评分标准简化，得到一个相对科学且简单、易操作的估分体系。

(1)正文

我们将四个逻辑谬误每点的总分估为7分，四点都写得论证有力，语言精练流畅，可以得28分。

具体评分标准如下：

谬误是否正确	正确2分；不正确0分。
分析是否有力	有力5分，一般3分，没有分析0分。 需要注意的是，如果谬误本身就找错了，分析部分不得分。
以上两个分值相加，即为一个逻辑谬误分析的得分。	

对经济类联考来说，我们将四个逻辑谬误每点的总分估为4.5分，四点都写得论证有力，语言精练流畅，可以得18分。

具体评分标准如下：

谬误是否正确	正确1分；不正确0分。
分析是否有力	有力3.5分，一般2分，没有分析0分。 需要注意的是，如果谬误本身就找错了，分析部分不得分。
以上两个分值相加，即为一个逻辑谬误分析的得分。	

(2)标题开头与结尾

阅卷人在阅卷时，阅卷速度很快，标题、开头、结尾部分，只要不出严重的错误，就不会扣分。建议大家用本书介绍的方法，快速将这三部分写完即可。

评分标准：写对了不多加分，写错了或漏写扣1~2分。

(3)卷面

卷面是很影响得分的。因为这是留给阅卷人的第一印象。字迹潦草，卷面凌乱的，估分时建议扣2~3分；卷面整洁、字迹端正的，可以酌情加1~2分。

第 2 节 阅卷实例

考场作文 1

考生作文	老吕点评
政府真的不必干预生产过剩吗？ 　　上述材料通过一系列的论证试图得出结论：政府不必干预生产过剩。其论证过程看似合理，实则漏洞百出。具体分析如下：	标题正确。 开头严谨。
首先，材料认为"只要生产企业开拓市场、刺激需求，就能扩大销售并化解生产过剩的危机"，未免过于绝对。"开拓市场、刺激需求"是扩大销售的条件之一，但并非充分条件。如果在市场已经饱和的情况下，即使企业做了刺激需求的相关举措，恐怕也并不能扩大销售。	谬误1：找点正确2分，分析有力，语言流畅5分。合计7分。
其次，材料认为"产品的供求不可能达到绝对的平衡状态，因而生产过剩是常见现象"，显然荒谬。产品的供求即便不能达到绝对的平衡状态，但也未必都是生产过剩。还有可能产品的供与求达到动态平衡，抑或是供大于求也未可知。	谬误2：找点正确2分，分析有力，5分。合计7分。
再次，"常见现象"与"客观规律"是两个不同的概念。前者是指日常生活中经常发生的事情，后者是指客观存在的事实，不以人的意志为转移。二者的含义并不相同，因此材料有偷换概念之嫌。	谬误3：找点正确2分，分析有力，5分。合计7分。
最后，前文说"政府应该管好民生"，后文却说"生产过剩或生产不足，政府不必干预"，两个陈述自相矛盾。产品的供与求和老百姓的生活息息相关，人们的衣食住行每个方面都离不开商品，因此生产过剩或不足也是民生的一部分。如果政府要管好民生，那么为什么不必干预生产过剩呢？	谬误4：找点正确2分，分析有力，5分。合计7分。

考生作文	老吕点评
综上所述，材料关于生产过剩的论据难以让人信服，论证过程也不严密，存在诸多逻辑漏洞，当然得出的结论也未必成立。	结尾有效。

总评：

　　这是一篇可以作为范文的考试作文。找的4个谬误非常准确，分析论证有力，语言精练流畅，可评为一类卷。

　　参考评分：28分。

　　【说明】以上评分以管理类联考的评分标准为例，经济类联考的同学可以把以上参考评分乘以三分之二，即可得到经济类联考的参考评分。

考场作文2

考生作文	老吕点评
过剩与不足都干预吗？ 　　上文通过一系列论证，推出政府不应干预我国部分行业生产过剩与不足的问题，这样的推理看似有理，实则漏洞百出，具体分析如下：	标题错误，应该是"不应干预吗？"扣1分。 开头正确。
首先，材料中认为我国部分行业"只要通过开拓市场、刺激需求和扩大销售"，则能"马上化解生产过剩问题"，实则未然。试想如果同一产品在市场中已经达到了饱和，企业仍一味开拓此产品的市场，或许只能加重生产"过剩"问题，且有可能会面临经营困境的风险。	谬误1：找点正确2分，分析正确，力度一般4分。合计6分。
其次，"生产过剩经过政府干预就会变成生产不足，问题更大"吗？如果政府干预是从宏观调控给予行业正确的风向标，为行业作好预判，引导各企业制定出最优的经营策略，以达到供求平衡，这样企业出现的问题或许只会"更小"而非"更大"。	谬误2：找点正确2分，分析部分没有针对材料的逻辑错误，而是自己进行了论证，不得分。
再次，生产过剩增加了物资储备以应对不时之需，但也可能造成浪费。企业可根据经营情况按需储备，过多的储备也会造成库存的压力，到期未能销售出去，企业会销毁或者降价处理，同样会造成物资的浪费。	谬误3：找点正确2分，分析尚可3分。合计5分。
最后，材料认为"生产问题"与"民生"无关，此观点不予苟同。就如老百姓所关注的衣食住行产品，生产的过多或过少，市场价格也会受自我调节而波动，当商品价格过高，引起社会热议时，若政府不加以调控干预，也可能会影响到民生及社会的稳定。	谬误4：找点正确2分，分析尚可3分。合计5分。
综上所述，由于上文的推理论证过程中存在诸如此类的逻辑问题，所以，上文论证的有效性以及由此得出的推理过程是值得商榷的。	总结全文，但此处过于啰唆。

总评：

　　此文4个点找得都对，但是第2点的质疑是错的，因为论证有效性分析是分析材料的论证是不是有效，而不是自己去论证一个观点。

　　此文的标题与文章内容不符。

　　参考评分：17分。

考场作文 3

考生作文	老吕点评
论证有效性分析 　　上文通过一系列有问题的推理，仓促得出"生产过剩应该让市场自行调节，政府不必干预"的结论，看似有理，实则存在诸多漏洞，令人难以信服。具体分析如下： 　　首先，材料认为"生产过剩只是一种假象，只要开拓市场、刺激需求，就可化解"，过于绝对化。生产过剩是一种客观存在的经济现象，怎么能说是一种假象呢？ 　　其次，材料中认为"生产过剩是经济运行中的常见现象"，未必妥当。生产过剩是资本主义社会的特有产物，怎么能说它是市场经济的常见现象呢？说生产过剩是常见现象是难以成立的。 　　再次，生产过剩在政府的干预下未必会变成生产不足，发生这种情况的概率极其小。即使发生了生产不足的现象，也只是某种产品的生产量小于需求量，并不会达到缺衣少食的程度，更不会影响社会的和谐与稳定。 　　最后，材料认为"政府应当管好民生问题，生产过剩与生产不足应让市场自行调节"，生产过剩与生产不足就是民生问题吗？其与人们的生活息息相关，这不是自相矛盾吗？ 　　综上所述，材料中存在诸多逻辑漏洞，得出的结论也是难以让人信服的，政府不必干预生产过剩的建议未必可行。	标题不当。 开头正确。 谬误1： 找点正确2分，但未质疑核心要点：只要开拓市场、刺激需求，就可化解生产过剩，可给1分。合计3分。 谬误2： 找点及其分析均错误。0分。 谬误3： 找点正确2分，分析部分过于绝对，可给1分，合计3分。 谬误4： 找点正确2分，分析有效4分。合计6分。

总评：

　　这是一篇水平较低的文章。前两点质疑几乎不得分。

　　而且，本文的作者并没有真正理解论证有效性分析的含义。论证有效性分析是站在客观中立的立场上，来分析材料中的论证是否有效，而本文多次提出自己的观点去反驳材料，这是不对的。

　　参考评分：12分。

管理类、经济类联考

老吕写作

要点精编

主编 ◎ 吕建刚

编 委：芦苇、江徕、花爷、宝文、张英俊

论说文篇

全新
改版升级

北京理工大学出版社
BEIJING INSTITUTE OF TECHNOLOGY PRESS

图书在版编目（CIP）数据

管理类、经济类联考·老吕写作要点精编/吕建刚
主编 . -- 8 版 . --北京：北京理工大学出版社，
2021.10

ISBN 978 - 7 - 5763 - 0605 - 7

Ⅰ.①管…　Ⅱ.①吕…　Ⅲ.①汉语-写作-研究生-
入学考试-自学参考资料　Ⅳ.①H15

中国版本图书馆 CIP 数据核字（2021）第 215803 号

出版发行 / 北京理工大学出版社有限责任公司

社　　址 / 北京市海淀区中关村南大街 5 号

邮　　编 / 100081

电　　话 / (010) 68914775（总编室）
　　　　　　(010) 82562903（教材售后服务热线）
　　　　　　(010) 68944723（其他图书服务热线）

网　　址 / http：//www.bitpress.com.cn

经　　销 / 全国各地新华书店

印　　刷 / 保定市中画美凯印刷有限公司

开　　本 / 787 毫米×1092 毫米　1/16

印　　张 / 15.5

字　　数 / 364 千字

版　　次 / 2021 年 10 月第 8 版　2021 年 10 月第 1 次印刷

定　　价 / 49.80 元（全三册）

责任编辑 / 多海鹏
文案编辑 / 多海鹏
责任校对 / 周瑞红
责任印制 / 李志强

写作高分的逻辑

① 联考的命题特点

想在考场上得高分，首先要了解考试。

首先，管理类联考、经济类联考综合的题量都很大。 其中，管理类联考的试卷由 25 道数学题、30 道逻辑题、2 篇作文构成；经济类联考的试卷由 35 道数学题、20 道逻辑题、2 篇作文构成。 其中，2 篇作文分别为论证有效性分析和论说文。

其次，管理类联考、经济类联考的考试时间很短。 综合这一科的考试总时长仅有 180 分钟，要在这么短的时间内做完这么多的数学、逻辑题，然后再"创作"出 2 篇文章，难度可想而知。

那怎么办？

② 论证有效性分析如何得高分

2.1 论证有效性分析的评分标准

初学者可能没有听说过"论证有效性分析"这个文体。 简单来说，论证有效性分析就是题干给你一篇文章，文章中有若逻辑谬误，要求考生找出来并加以分析。

论证有效性分析的评分标准复杂，详见本书论证有效分析篇第 6 章。 现在，你只需要明白评分标准的核心：

论证有效性分析有参考答案。 参考答案中会给出 6 个逻辑错误，阅卷人在阅卷时按照参考答案给分。 如果你找的逻辑错误正确，并且分析得当，这一点就得分；如果找错了，就不得分。

现在，我就问你一句话，你想写的和参考答案一样还是不一样？ 如果给我参考答案，我愿意把参考答案抄一遍。

可见，论证有效性分析从本质上来说，不是一篇作文，而是一道逻辑错误（用术语来说叫"逻辑谬误"）分析题。

2.2 论证有效性分析的高分策略

真题中可能会考的逻辑谬误，有 6 大类 12 种逻辑谬误，我把它们称为论证有效性分析的"母题"。 为什么叫母题呢？ 母题者，题妈妈也，一生二，二生四，以至无穷。 这 12 种逻辑谬误，可见下图：

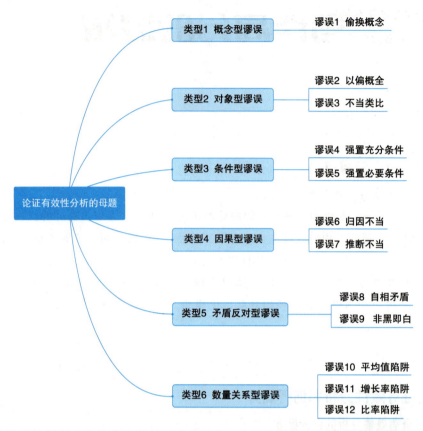

论证有效性分析题干中给出的材料，涉及社会、文化、管理、经济等各种方面，它可以是无穷多的。但是，无论材料是什么，参考答案里出现的逻辑谬误的类型是很少的，只有 6 大类 12 种。把这些谬误学会、练好，论证有效性分析得高分还难吗？

3 论说文如何得高分

3.1 论说文的评分标准

管理类联考的论说文总分为 35 分，评分标准如下：

一类卷（30～35 分）：立意深刻，中心突出，结构完整，行文流畅。

二类卷（24～29 分）：中心明确，结构较完整，层次较清楚，语句通顺。

三类卷（18～23 分）：中心基本明确，结构尚完整，语句较通顺，有少量语病。

四类卷（11～17 分）：中心不太明确，结构不够完整，语句不通顺，语病较多。

五类卷（0～10 分）：偏离题意，结构残缺，层次混乱，语句不通。

经济类联考的论说文总分为 20 分，参考评分标准如下：

一类卷（17～20 分）：立意深刻，中心突出，结构完整，行文流畅。

二类卷（13～16 分）：中心明确，结构较完整，层次较清楚，语句通顺。

三类卷（9～12 分）：中心基本明确，结构尚完整，语句较通顺，有少量语病。

四类卷（5～8 分）：中心不太明确，结构不够完整，语句不通顺，语病较多。

五类卷（0～4 分）：偏离题意，结构残缺，层次混乱，语句不通。

3.2 论说文的高分策略

我们以一类卷为标准,分析一下论说文如何得高分。

(1)立意深刻,中心突出

这是对审题立意的要求。

审题立意,是论说文的起点。 如果文章的立意偏题或跑题了,就可归入"中心不太明确"或者"偏离题意"的标准,评为四类卷或五类卷。 文章的内容再好也没有用,只能得个五类卷或四类卷了。 可见,审题立意非常重要。

对于审题立意,老吕重新总结出来了一套简洁有效的分析办法,叫"因果态"法。 详见本书论说文篇第 2 章第 1 节。

(2)结构完整

这是对文章结构的要求。

从 1997 年的 MBA 入学联考,发展到现在的管理类联考、经济类联考,在各类联考中,论说文已经考了二十多年,四十多道真题。 这些真题统统可以分为三大类题型,即:反面现象类、正面提倡类、AB 二元类。 如下图所示:

这三大类题型,都有十分简单易用且能得高分的结构,如下图所示:

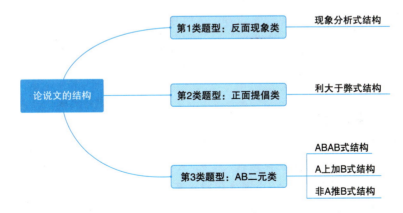

在文章不跑题的前提,熟练运用以上结构,即使文采不好也能拿到二类卷。

(3)行文流畅

这是对文章内容的要求。

"行文流畅"表面上看起来是要求我们把文章写得有文采,其实不然。 因为论说文与其他文体的根本区别在于，它讲究文章的说服力。 而说服力主要体现在说理的逻辑性和说理的深度上。可见，说理是论说文行文的核心。

作为管理类、经济类联考的学生，我们要学会用管理学的视角、经济学的视角来看问题，因此，相关理论的学习和使用必不可少，这些理论能帮助我们弄清好处和必要、析原因、谈危害、提方案，从而增加我们文章的说理深度。 论说文的常用理论如下图：

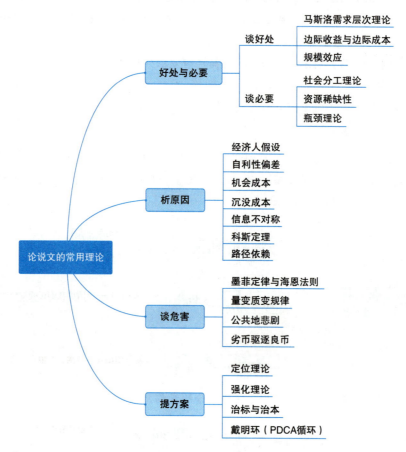

本书中，老吕不仅为你讲解这些理论，还会讲解这些理论如何用在作文中，并给出范文段落。

3.3　论说文的素材积累

经常有同学会问我："老吕，我需要积累和背诵素材吗？"当然需要。

于是，有同学买来了《高中生论点论据大全》，大段大段的例子背起来，这是错的。

于是，有同学打开《人民日报》《中国青年报》等报刊传媒的 App，各种评论性的文章看起来，这当然有助于你提高写作水准，但是，备考时间可能不够。

于是，有同学跟着各种老师、学长，积累大段的素材，但是，事倍功半。

我认为，积累素材很简单，掌握了本书中介绍的理论之后，你只需要一本《老吕综合真题超精解》了解一下真题，一本《老吕写作母题 33 篇》用来积累素材，足矣。 其中，"真题"一般在年初上市，"33 篇"一般在 10 月左右上市。

好了，现在审题立意搞定了，结构搞定了，说理搞定了，素材也搞定了，论说文得高分还难吗？

最后我想强调两点：

一、不要畏惧作文，老吕的作文方法足以让你得到高分。

二、一定要"写"作文，老吕的方法再好、老吕的文章再妙，你自己不动手"写"，还是掌握不了。不勤学苦"写"，高分只能是空谈。

④ 交流方式

备考过程中有什么疑问，可以通过以下方式联系老吕。由于学员众多，老吕并不能保证100％回复。但老吕在力所能及的范围内，还是会做大量的回复的。

微博：@老吕考研吕建刚－MBAMPAcc

微信：miao-lvlv1　　miao-lvlv2

微信公众号：老吕考研（MPAcc、MAud、图书情报专用）

老吕教你考 MBA（MBA、MPA、MEM 专用）

396 经济类联考（经济类联考各专业通用）

199 管理类联考备考 QQ 群：798505287　173304937　799367655　747997204　797851440

396 经济类联考备考 QQ 群：660395901　854769093

加油吧，愿你能学会努力，愿你能一直努力，成功的路就在前方！

吕建刚亲笔于

2021 年 9 月 10 日教师节之际

图书配套服务使用说明

一、图书配套工具库：喵屋

扫码下载"乐学喵 App"
(安卓/iOS 系统均可扫描)

下载乐学喵App后，底部菜单栏找到"喵屋"，在你备考过程中碰到的所有问题在这里都能解决。可以找到答疑老师，可以找到最新备考计划，可以获得最新的考研资讯，可以获得最全的择校信息。

二、各专业配套官方公众号

可扫描下方二维码获得各专业最新资讯和备考指导。

老吕考研
(所有考生均可关注)

老吕教你考MBA
(MBA/MPA/MEM/MTA
专业考生可关注)

会计专硕考研喵
(会计专硕、审计
专硕考生可关注)

图书情报硕士考研喵
(图书情报硕士考生可关注)

物流与工业工程考研喵
(物流工程、工业工程
考生可关注)

396经济类联考
(金融、应用统计、税务、
国际商务、保险及资产评估
考生可关注)

三、视频课程   四、图书勘误

扫码观看
写作重点精讲课程

这里是勘误区，如需答疑，请在"喵屋"首页带话题#数学答疑#或#逻辑答疑#，会有助教老师帮您解答。

扫描获取图书勘误

目录

管理类、经济类联考综合能力写作考试大纲

管理类、经济类联考综合能力
写作考试大纲

1. 管理类联考写作大纲

综合能力考试中的写作部分主要考查考生的分析论证能力和文字表达能力，通过论证有效性分析和论说文两种形式来测试。

(1)论证有效性分析

论证有效性分析试题的题干为一篇有缺陷的论证，要求考生分析其中存在的问题，选择若干要点，评论该论证的有效性。

本类试题的分析要点是：论证中的概念是否明确，判断是否准确，推理是否严密，论证是否充分等。

文章要求分析得当，理由充分，结构严谨，语言得体。

(2)论说文

论说文的考试形式有两种：命题作文、基于文字材料的自由命题作文。每次考试为其中一种形式。要求考生在准确、全面地理解题意的基础上，对命题或材料所给观点进行分析，表明自己的观点并加以论证。

文章要求思想健康，观点明确，论据充足，论证严密，结构合理，语言流畅。

2. 经济类联考写作大纲

综合能力考试中的写作部分主要考查考生的分析论证能力和文字表达能力，通过论证有效性分析和论说文两种形式来测试。

(1)论证有效性分析

论证有效性分析试题的题干为一篇有缺陷的论证，要求考生分析其中存在的缺陷与漏洞，选择若干要点，围绕论证中的缺陷或漏洞，分析和评述该论证的有效性。

论证有效性分析的一般要点是：概念特别是核心概念的界定和使用是否准确并前后一致，有无明显的逻辑错误，论证的论据是否支持结论，论据成立的条件是否充分等。

文章根据分析评论的内容、论证程度、文章结构及语言表达给分，要求内容合理、论证有力、结构严谨、条理清楚、语言流畅。

(2)论说文

论说文的考试形式有两种：命题作文、基于文字材料的自由命题作文。每次考试为其中一种形式。要求考生在准确、全面地理解题意的基础上，对材料所给观点或命题进行分析，表明自己的态度、观点并加以论证。

文章要求思想健康、观点明确、材料充实、结构严谨完整、条理清楚、语言流畅。

3. 管理类联考与经济类联考写作大纲的异同

管理类联考和经济类联考的写作大纲虽然在个别词句上略有差别，但所表达的意思是完全一样的。从真题来看，命题方式也基本相同。故而，大家按同样的方式去备考即可。本书介绍的写作方法，对两类考生均适用。

论说文篇

本书知识架构

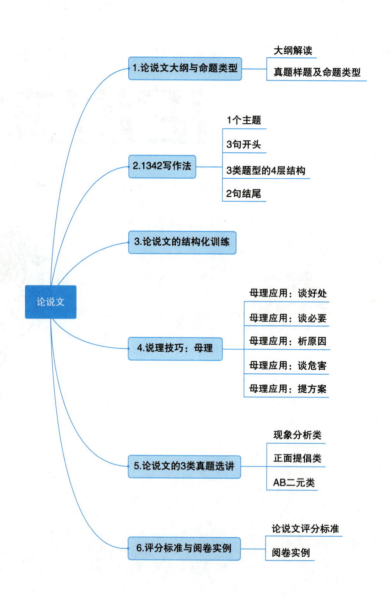

论说文

1.论说文大纲与命题类型
- 大纲解读
- 真题样题及命题类型

2.1342写作法
- 1个主题
- 3句开头
- 3类题型的4层结构
- 2句结尾

3.论说文的结构化训练

4.说理技巧：母理
- 母理应用：谈好处
- 母理应用：谈必要
- 母理应用：析原因
- 母理应用：谈危害
- 母理应用：提方案

5.论说文的3类真题选讲
- 现象分析类
- 正面提倡类
- AB二元类

6.评分标准与阅卷实例
- 论说文评分标准
- 阅卷实例

第1章 大纲解读与命题类型分析

第 ❶ 节 大纲解读

1. 大纲原文

关于论说文考试，管理类联考大纲规定：

论说文的考试形式有两种：命题作文、基于文字材料的自由命题作文。每次考试为其中一种形式。要求考生在准确、全面理解题意的基础上，对命题或材料所给的观点进行分析，表明自己的观点并加以论证。

文章要求思想健康，观点明确，论据充足，论证严密，结构合理，语言流畅。

经济类联考大纲规定：

论说文的考试形式有两种：命题作文、基于文字材料的自由命题作文。每次考试为其中一种形式。要求考生在准确、全面地理解题意的基础上，对材料所给观点和命题进行分析，表明自己的态度、观点并加以论证。

文章要求思想健康、观点明确、材料充实、结构严谨完整、条理清楚、语言流畅。

可见，经济类联考和管理类联考的论说文考试大纲虽有个别词句表达略有不同，但是意思是一样的。不过，经济类联考中此题分值为 20 分，管理类联考中此题分值为 35 分。

2. 大纲解读

(1)什么是论说文

考试大纲规定：

要求考生在准确、全面理解题意的基础上，对命题或材料所给的观点进行分析，表明自己的观点并加以论证。

通过以上规定，我们不难看出，论说文的本质是"论证"，它是一篇用论据来证明自己观点的文章。

因此，老吕认为，论说文广义上属于逻辑的范畴，它要求用符合逻辑的方式论证自己的观点。而且，由于它是"管理类联考"的考试范围，因此，它对考生的管理思想、思辨能力都有较高的要求。

但有一些同学误认为论说文就是高中议论文，这是不对的。因为，高中议论文广义上属于语文的范畴，它重点考查的是考生掌握母语水平的能力。它看重考生的文采，而对考生的思想深度、思辨能力要求较低。

(2)论说文的考试形式

考试大纲规定：

论说文的考试形式有两种：命题作文、基于文字材料的自由命题作文。每次考试为其中一种形式。

虽然大纲规定论说文的考试形式有两种，但从历年真题来看，除了 2009 年管理类联考以外，其余各年份均为给材料作文。

而且，2009 年管理类联考的作文题目为《由三鹿奶粉事件所想到的》，但这个文体不能算严格的命题作文，你由三鹿奶粉事件想到了什么？题目并没有要求，所以，这也相当于是一篇给材料作文，题目本身所提到的"三鹿奶粉事件"不就是材料吗？因此，请考生着重备考给材料作文。

(3)论说文对审题的要求

考试大纲规定：

要求考生在准确、全面理解题意的基础上，对命题或材料所给的观点进行分析，表明自己的观点并加以论证。

也就是说，大纲要求考生对材料的理解要准确、全面。

以 2019 年管理类联考真题为例：

知识的真理性只有经过检验才能得到证明。论辩是纠正错误的有效途径之一，不同观点的冲突会暴露错误而发现真理。

该素材大体分为两个部分：

①知识的真理性只有经过检验才能得到证明。

②论辩是纠正错误的有效途径之一，不同观点的冲突会暴露错误而发现真理。

第①部分谈的是检验真理的标准——实践。

第②部分谈的是发现真理的途径——论辩，不同观点的冲突。

如果我们将审题重点放在了第①部分，立意为"实践出真知"，并且在行文中忽略了第②部分，就违反了大纲中关于审题要"全面"的要求。

(4)论说文对立意的要求

考试大纲规定：

文章要求思想健康，观点明确。

这是大纲对立意的要求。立意要贴近材料，论点要明确、积极向上，符合主流价值观，符合公理、道德、法律、人性、管理原则。

(5)论说文对论证的要求

考试大纲规定：

文章要求论据充足，论证严密。

这是大纲对论证的要求。

"论据"主要包括事实论据、道理论据。我们要用大量的事实、数据、理论来丰富我们的文章。

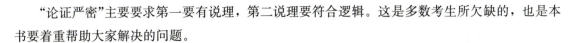

"论证严密"主要要求第一要有说理，第二说理要符合逻辑。这是多数考生所欠缺的，也是本书要着重帮助大家解决的问题。

(6)论说文对行文的要求

考试大纲规定：

文章要求结构合理，语言流畅。

"结构合理"既是对行文的要求，又是对逻辑的要求，因为论说文的结构反映了你对某一观点认识的逻辑性。结构不合理的文章，逻辑不可能通畅。

论说文的结构是大体固定的，它不像小说可以以奇制胜，也不像散文可以形散而神不散。论说文的结构必须符合人们思考问题的逻辑顺序。因此，在文章结构上不建议你创新，按照老吕介绍的来写就可以。

"语言流畅"是对文字的要求。但要注意，论说文的文采是为论证服务的。有的同学致力于写出花样美文，但再有文采的文章，如果和论证无关，也不是一篇好的论说文。

第2节 真题样题及命题类型

I. 真题样题

接下来，我们将以2021年真题为例，展示一下真题的样题及范文，并非要求大家现在掌握文章的写法，先简单了解真题的命题形式即可。

2021年管理类联考论说文真题及范文

论说文：根据下述材料，写一篇700字左右的论说文，题目自拟。（35分）

我国著名实业家穆藕初在《实业与教育之关系》中指出，教育之重点在道德教育(如责任心和公共心之养成，机械心之拔除)和科学教育(如观察力，推论力，判断力之养成)。完全受此两种教育，实业界中坚人物遂由此产生。

【参考范文】

以教育促进实业发展

吕建刚

发展实业关键在人才，而要想育人，关键在于教育。

首先，道德教育是基础。我们都知道，追求财富是企业的天然动机；亚当·斯密也告诉我们，人是天然的利己者，企业家当然也不例外。但是，如果企业家不具备足够的德行，其追求财富的行为就容易误入歧途。从前几年的毒奶粉、地沟油、瘦肉精、苏丹红，到今年的糖水燕窝事件，无一不是见利忘义的产物。可见，企业家有足够的德行，企业才会行稳致远，此所谓"厚德载物"是也。因此，要做好企业家的道德教育。

其次，科学教育是关键。这是因为，对任何一个企业来讲，其人力、物力、财力以及其他资源，都具备稀缺性，如何将这些有限的资源用到刀刃上，产生最好的效果，需要企业家科学的判断力。而且，几乎所有决策都是在信息不对称、信息不完整的情况下做出的，这就特别考验企业家的观察力、推论力和判断力。因此，要做好企业家的科学教育。

道德教育是企业家的精神保障，它能规范企业家的行为，让企业家的才华用在正道上；科学教育是企业家才能的来源，它能让一个普通的管理者成长为真正的企业家。因此，道德教育和科学教育相辅相成，缺一不可。

那么，如何做好两种教育呢？我认为以下两点非常重要。

第一，道德教育要和法治建设相结合。一方面，加强对企业家的道德教育和法治教育，让企业家自发自觉地诚信经营、承担社会责任；另一方面，对于一些违法乱纪的企业家，应该重拳出击，不能姑息。

第二，要搭建更多的企业家学习平台，加强对企业家的科学教育。一方面，可以发展诸如MBA、EMBA、DBA等学历教育，引导更多企业家系统学习管理学的科学理论；另一方面，规范非学历教育的发展，让企业家的终身学习成为可能。

总之，国家发展在于实业，实业发展基于人才，人才发展寄于教育，以教育促进实业发展势在必行。

（全文共 726 字）

2. 论说文真题的三种类型

从历年真题来看，联考论说文的真题可分为三种类型：

(1) 反面现象类
题干中直接给出反面现象，或者现实生活中存在大量与题干话题相关的反面现象。

例 1.（2009 年管理类联考真题）
论说文：以"由三鹿奶粉事件所想到的"为题，写一篇 700 字左右的论说文。（35 分）
【分析】题干中有反面现象"三鹿奶粉事件"。

例 2.（2010 年管理类联考真题）
论说文：根据下述材料，写一篇 700 字左右的论说文，题目自拟。（35 分）

一个真正的学者，其崇高使命是追求真理。学者个人的名利乃至生命与之相比都微不足道，但因为其献身于真理就会变得无限伟大。一些著名大学的校训中都含有追求真理的内容。然而，近年学术界的一些状况与追求真理这一使命相去甚远，部分学者的功利化倾向越来越严重，抄袭剽窃、学术造假、自我炒作、沽名钓誉等现象时有所闻。

【分析】题干中有反面现象："部分学者的功利化倾向越来越严重，抄袭剽窃、学术造假、自我炒作、沽名钓誉等现象时有所闻"。

(2)正面提倡类

题干中给出一个正面事件、正面决策、正面案例等，需要我们提倡相应的做法。

例3.（2018年管理类联考真题）

论说文：根据下述材料，写一篇700字左右的论说文，题目自拟。（35分）

有人说，机器人的使命，应该是帮助人类做那些人类做不了的事，而不是代替人类。技术变革会夺取一些人低端烦琐的工作岗位，最终也会创造更高端、更人性化的就业机会。例如，历史上铁路的出现抢去了很多挑夫的工作，但又增加了千百万的铁路工人。人工智能也是一种技术变革，人工智能也将促进未来人类社会的发展。有人则不以为然。

【分析】对于人工智能，虽然材料中看起来有争议。但其实，在当年考试前，人工智能被写出了政府工作报告，成为一项国家推荐的重点项目。因此，这其实是一个正面提倡类的话题。

例4.（2017年经济类联考真题）

论说文：根据下述材料，以"是否应该对穷人提供福利?"为题，写一篇不少于600字的论说文。（20分）

国家是否应该对穷人提供福利存在较大的争论。反对者认为：贪婪、自私、懒惰是人的本性，如果有福利，人人都想获取。贫穷在大多数情况下是懒惰造成的。为穷人提供福利相当于把努力工作的人的财富转移给了懒惰的人。因此，穷人不应该享受福利。

支持者则认为：如果没有社会福利，则穷人没有收入，就会造成社会动荡，社会犯罪率会上升，相关的合理支出也会增多，其造成的危害可能大于提供社会福利的成本，最终也会影响努力工作的人的利益。因此，为穷人提供社会福利能够稳定社会秩序，应该为穷人提供福利。

【分析】"给穷人提供福利"这一话题，材料中看似有所争议，但实际上，"给穷人提供福利"符合我们国家"先富带动后富、最终实现共同富裕"的愿景，符合我们国家扶贫济弱的价值观，因此，这是一个正面提倡类话题。

例5.（2020年经济类联考真题）

论说文：根据下述材料，写一篇不少于600字左右的论说文，题目自拟。（20分）

2018年，武汉一名退休老人向家乡木兰县教育局捐赠1 000万元，引起了广泛的关注。这笔巨款是马旭与丈夫一分一毫几十年积攒下来的，他们至今生活简朴，住在一个不起眼的小院里，家里没有一件像样的家具。

马旭1932年出生于黑龙江省木兰县，1947年参军入伍，在东北军政大学学习半年后，成为解放军第四野战军的一名卫生员，先后参加过解放战争、抗美援朝战争，期间多次立功受奖。20世纪60年代，她被调入空降兵部队，成为一名军医，后来主动要求学习跳伞，成为中华人民共和国第一代女空降兵。此后20多年里，马旭跳伞多达140多次，创下空降女兵跳伞次数最多和年龄最大两项纪录。如今，马旭事迹家喻户晓，许多地方邀请她参加各类活动，她大多婉拒。

她说："我的一生都是党和部队给的，我只是做了我力所能及的事。只要活着，我们还会继续攒钱捐款，把自己的一切献给党和国家。"

【分析】材料中马旭通过攒钱捐款的方式，为当地的教育做出了贡献，这显然是正面提倡类话题。

（3）AB 二元类

材料中出现两个主题、两种方案等，我们就称其为 AB 二元类真题。

例 6.（2011 年管理类联考真题）

论说文：根据下述材料，写一篇 700 字左右的论说文，题目自拟。（35 分）

众所周知，人才是立国、富国、强国之本，如何使人才尽快地脱颖而出，是一个亟待解决的问题。人才的出现有多种途径，其中有"拔尖"，有"冒尖"。"拔尖"是指被提拔而成为尖子，"冒尖"是指通过奋斗、取得成就而得到社会的公认。有人认为我国当今某些领域的管理人才，"拔尖"的多而"冒尖"的少。

【分析】材料中出现"拔尖"与"冒尖"两种选人方式，因此，本题是 AB 二元类题目。

例 7.（2015 年管理类联考真题）

论说文：根据下述材料，写一篇 700 字左右的论说文，题目自拟。（35 分）

孟子曾引用阳虎的话："为富，不仁矣；为仁，不富矣。"（《孟子·滕文公上》）这段话表明了古人对当时社会上"为富""为仁"现象的一种态度，以及对两者之间关系的一种思考。

【分析】材料中出现"为富"与"为仁"两个话题，因此，本题是 AB 二元类题目。

例 8.（2016 年管理类联考真题）

论说文：根据下述材料，写一篇 700 字左右的论说文，题目自拟。（35 分）

亚里士多德说："城邦的本质在于多样性，而不在于一致性。……无论是家庭还是城邦，它们的内部都有着一定的一致性。不然的话，它们是不可能组建起来的。但这种一致性是有一定限度的。……同一种声音无法实现和谐，同一个音阶也无法组成旋律。城邦也是如此，它是一个多面体。人们只能通过教育使存在着各种差异的公民统一起来组成一个共同体。"

【分析】材料中出现"多样性"与"一致性"两个话题，因此，本题是 AB 二元类题目。

3. 论说文真题的命题统计

3.1 管理类联考历年论说文真题的命题类型

年份	材料	主题	类型
2009 年	"由三鹿奶粉事件所想到的"	诚信	反面现象类
2010 年	一个真正的学者，其崇高使命是追求真理。学者个人的名利乃至生命与之相比都微不足道，但因为其献身于真理就会变得无限伟大。一些著名大学的校训中都含有追求真理的内容。然而，近年学术界的一些状况与追求真理这一使命相去甚远，部分学者的功利化倾向越来越严重，抄袭剽窃、学术造假、自我炒作、沽名钓誉等现象时有所闻。	学者功利化	反面现象类

年份	材料	主题	类型
2011 年	众所周知，人才是立国、富国、强国之本，如何使人才尽快地脱颖而出，是一个亟待解决的问题。人才的出现有多种途径，其中有"拔尖"，有"冒尖"。"拔尖"是指被提拔而成为尖子，"冒尖"是指通过奋斗、取得成就而得到社会的公认。有人认为我国当今某些领域的管理人才，"拔尖"的多而"冒尖"的少。	"拔尖"与"冒尖"	AB 二元类
2012 年	中国现代著名哲学家熊十力先生在《十力语要》(卷一)中说："吾国学人，总好追逐风气，一时之所尚，则群起而趋其途，如海上逐臭之夫，莫名所以。曾无一刹那，风气或变，而逐臭者复如故。此等逐臭之习，有两大病。一、个人无牢固与永久不改之业，遇事无从深入，徒养成浮动性。二、大家共趋于世所矜尚之一途，到其余千途万途，一切废弃，无人过问。此二大病，都是中国学人死症。"	学术跟风	反面现象类
2013 年	20 世纪中叶，美国的波音与麦道两家公司几乎垄断了世界民用飞机的市场，欧洲的飞机制造商深感忧虑。虽然欧洲各国之间的竞争也相当激烈，但还是采取了合作的途径，法国、德国、英国和西班牙等决定共同研制大型宽体飞机，于是"空中客车"便应运而生。面对新的市场竞争态势，波音公司和麦道公司于 1997 年一致决定组成新的波音公司，以此抗衡来自欧洲的挑战。	合作	正面提倡类
2014 年	生物学家发现，雌孔雀往往选择尾巴大而艳丽的雄孔雀作为配偶，因为雄孔雀尾巴越大越艳丽，表明它越有生命活力，其后代的健康越能得到保证。但是，这种选择也产生了问题：孔雀尾巴越大越艳丽，越容易被天敌发现和猎获，其生存反而会受到威胁。	冒险	正面提倡类
2015 年	孟子曾引用阳虎的话："为富，不仁矣；为仁，不富矣。"(《孟子·滕文公上》)这段话表明了古人对当时社会上"为富""为仁"现象的一种态度，以及对两者之间关系的一种思考。	富与仁	AB 二元类
2016 年	亚里士多德说："城邦的本质在于多样性，而不在于一致性。……无论是家庭还是城邦，它们的内部都有着一定的一致性。不然的话，它们是不可能组建起来的。但这种一致性是有一定限度的。……同一种声音无法实现和谐，同一个音阶也无法组成旋律。城邦也是如此，它是一个多面体。人们只能通过教育使存在着各种差异的公民，统一起来组成一个共同体。"	多样性与一致性	AB 二元类
2017 年	一家企业遇到了一个问题：究竟是把有限的资金用于扩大生产呢，还是用于研发新产品？ 有人主张投资扩大生产，因为根据市场调查，原产品还可以畅销三到五年，由此可以获得丰厚的利润； 有人主张投资研发新产品，因为这样做虽然有很大的风险，但风险背后可能有数倍于甚至数十倍于前者的利润。	扩大生产与研发新品	AB 二元类

续表

年份	材料	主题	类型
2018年	有人说，机器人的使命，应该是帮助人类做那些人类做不了的事，而不是代替人类。技术变革会夺取一些人低端烦琐的工作岗位，最终也会创造更高端、更人性化的就业机会。例如，历史上铁路的出现抢去了很多挑夫的工作，但又增加了千百万的铁路工人。人工智能也是一种技术变革，人工智能也将促进未来人类社会的发展。有人则不以为然。	人工智能	正面提倡类
2019年	知识的真理性只有经过检验才能得到证明。论辩是纠正错误的重要途径之一，不同观点的冲突会暴露错误而发现真理。	论辩	正面提倡类
2020年	据报道，美国航天飞机"挑战者号"采用了斯沃克公司的零配件。该公司的密封圈技术专家博易斯乔利多次向公司高层提醒：低温会导致橡胶密封圈脆裂而引发重大事故，但是，这一意见一直没有受到重视。1986 年 1 月 27 日，佛罗里达州卡纳维拉尔角发射场的气温降到零度以下，美国国家航空航天局再次打电话给斯沃克公司，询问其对航天飞机的发射还有没有疑虑之处。为此，斯沃克公司召开会议，博易斯乔利坚持认为不能发射，但公司高层认为他所持理由还不够充分，于是同意美国国家航空航天局发射。1 月 28 日上午，航天飞机离开发射平台。仅过了 73 秒，悲剧就发生了。	危机意识、细节、听取建议等	反面现象类
2021年	我国著名实业家穆藕初在《实业与教育之关系》中指出，教育之重点在道德教育(如责任心和公共心之养成、机械心之拔除)和科学教育(如观察力、推论力、判断力之养成)。完全受此两种教育，实业界中坚人物遂由此产生。	道德教育与科学教育	AB 二元类

3.2 经济类联考历年论说文真题的命题类型

年份	材料	主题	类型
2011年	自 2007 年以来，青年学者廉思组织的课题组对蚁族进行了持续跟踪调查。廉思和他的团队撰写的有关蚁族问题的报告多次得到中央领导的批示和高度重视。在 2008 年、2009 年对北京蚁族进行调查的基础上，课题组今年在蚁族数量较多的北京、上海、广州、武汉、西安、重庆、南京等大城市同时展开调查，历时半年有余，发放问卷 5 000 余份，回收有效问卷 4 807 份，形成了第一份全国范围的蚁族生存报告。此次调查有一些新发现，主要有：随着高校毕业生就业形势的日趋严峻，蚁族的学历层次上升；蚁族向上流动困难，"三十而离"；五成蚁族否认自己属于弱势群体等。	蚁族现象	反面现象类

年份	材料	主题	类型
2012年	中国大陆500毫升茅台价格升至1 200元，纽约华人聚居区法拉盛，1 000毫升装的同度数茅台价格为220至230美元，500毫升约合670元人民币。因海外茅台价格便宜，质量有保证，华人竞相购买，回国送人。 　　这些年，中国游客在海外抢购"MADE IN CHINA"商品的消息已不是什么新鲜事了。服装、百货、日用品，中国造的东西，去了美国反而更便宜。有媒体报道Levi's 505牛仔裤，广东东莞生产，在中国商场的价格是899元人民币，在美国的亚马逊网站的价格是24.42美元，合人民币166元，价格相差5.4倍。	国货价格问题	反面现象类
2013年	被誉为清代"中兴名臣"的曾国藩，其人生哲学很独特，就是"尚拙"，他曾说："天下之至拙，能胜任天下之至巧，拙者自知不如他人，自便会更虚心。"	尚拙	正面提倡类
2014年	我懂得了，勇气不是没有恐惧，而是战胜恐惧。勇者不是感觉不到害怕的人，而是克服自身恐惧的人。——南非前总统纳尔逊·曼德拉	勇气	正面提倡类
2015年	孔子云："求其上者得其中，求其中者得其下，求其下者无所得"。由此，如何确定你的人生目标？	目标	正面提倡类
2016年	自从国家拟推出延迟退休政策以来，就受到了社会各界的广泛关注，同时也引起激烈的争论。为什么要延长退休年龄？赞成者说，如果不延长退休年龄，养老金就会出现巨大缺口；另外，中国已经步入老年社会，如果不延长退休年龄，就会出现劳动力紧缺的现象。反对者说，延长退休年龄就是剥夺劳动者应该享受的退休福利，退休年龄的延长意味着领取养老金时间的缩短；另外，退休年龄的延长也会给年轻人就业造成巨大压力。	延长退休年龄	正面提倡类
2017年	国家是否应该对穷人提供福利存在较大的争论。反对者认为：贪婪、自私、懒惰是人的本性。如果有福利，人人都想获取。贫穷在大多数情况下是懒惰造成的。为穷人提供福利相当于把努力工作的人的财富转移给了懒惰的人。因此，穷人不应该享受福利。 　　支持者则认为：如果没有社会福利，穷人则没有收入，就会造成社会动荡，社会犯罪率会上升，相关的合理支出也会增多。其造成的危害可能大于提供社会福利的成本，最终也会影响努力工作的人的利益。因此，为穷人提供社会福利能够稳定社会秩序，应该为穷人提供福利。	为穷人提供福利	正面提倡类
2018年	近日有报道称，某教授颇喜穿金戴银，全身上下都是世界名牌，一块手表价值几十万，所有的衣服、鞋子都是专门订制、造价不菲。他认为对"好东西"的喜爱没啥好掩饰的："以前很多大学教授都很邋遢，有的人甚至几个月都不洗澡，现在时代变了，大学教授应多注意个人形象，不能太邋遢了。"	教授穿金戴银	反面现象类

续表

年份	材料	主题	类型
2019 年	法国科学家约翰·法伯曾做过一个著名的"毛毛虫实验"。这种毛毛虫有一种"跟随者"的习性，总是盲目地跟着前面的毛毛虫走。法伯把若干个毛毛虫放在一只花盆的边缘上，首尾相接，围成一圈。他在花盆周围不远的地方撒了一些毛毛虫喜欢吃的松叶。毛毛虫开始一个跟一个，绕着花盆，一圈又一圈地走。一个小时过去了，一天过去了，毛毛虫们还在不停地、固执地团团转。一连走了七天七夜，终因饥饿和精疲力尽而死去。这其中，只要任何一只毛毛虫稍稍与众不同，便立刻会吃到食物，改变命运。	跟风	反面现象类
2020 年	2018 年，武汉一名退休老人向家乡木兰县教育局捐赠 1 000 万元，引起了广泛的关注。这笔巨款是马旭与丈夫一分一毫几十年积攒下来的，他们至今生活简朴，住在一个不起眼的小院里，家里没有一件像样的家具。 　　马旭 1932 年出生于黑龙江省木兰县，1947 年参军入伍，在东北军政大学学习半年后，成为解放军第四野战军的一名卫生员，先后参加过解放战争、抗美援朝战争，期间多次立功受奖。20 世纪 60 年代，她被调入空降兵部队，成为一名军医，后来主动要求学习跳伞，成为中华人民共和国第一代女空降兵。此后 20 多年里，马旭跳伞多达 140 多次，创下空降女兵跳伞次数最多和年龄最大两项纪录。如今，马旭事迹家喻户晓，许多地方邀请她参加各类活动，她大多婉拒。 　　她说："我的一生都是党和部队给的，我只是做了我力所能及的事。只要活着，我们还会继续攒钱捐款，把自己的一切献给党和国家。"	回报社会	正面提倡类
2021 年	巴西热带雨林中的食蚁兽在捕食时，使用灵活的带黏液的长舌伸进蚁穴捕获白蚁，但不管捕获多少，每次捕食都不超过 3 分钟，然后去捕食下一个目标，从来不摧毁整个蚁穴。而那些未被食蚁兽捕食的工蚁就会马上修复蚁穴，蚁后也会开始新一轮繁殖，很快产下更多的幼蚁，从而使蚁群继续生存下去。	可持续发展	反面现象/正面提倡类

　　综上所述，无论是管理类联考，还是经济类联考，所有论说文都可以分为三种类型：反面现象类、正面提倡类、AB 二元类，学好了这三类文章的写法，真题便可应付自如。所以接下来，我们会为大家讲解这三类题型的具体写法。

第2章 1342写作法

本章思维导图

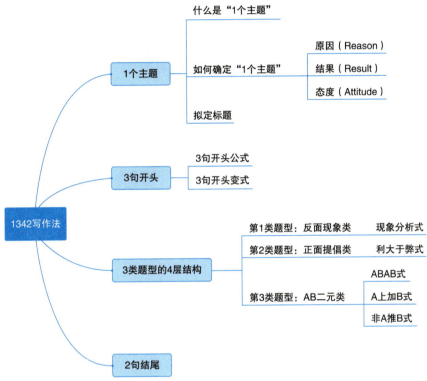

"1342"写作法是老吕总结出来的一套论说文的写作方法，它包括 4 个部分，即："1 个主题""3 句开头""4 层结构""2 句结尾"。涵盖了论说文从审题立意到开头、正文、结尾的写作技巧。

第①节 1个主题

1. 什么是"1个主题"

如前文所述，联考中论说文皆是以给材料作文的方式出题，要求考生基于材料，提炼出一个观点，即"1个主题"，然后围绕这个主题进行论证，形成文章。可见，确定主题是我们写论说文的第1步，也是论说文的核心。

2. 审题立意的技巧：如何确定"1个主题"

审题立意的关键点只有三个，即原因（reason）、结果（result）、态度（attitude），简称"因果态（RRA）"。

(1)原因

当材料中出现一个事件时，首先要分析这个事件的原因是什么。材料中的主人公为什么要这么做。

(2)结果

第二步是判断材料中的事件的结果，尤其是判断这一结果是好的结果还是坏的结果。

(3)态度

所谓态度，就是我们对材料中的事件应该是提倡还是反对。

论说文是以论证、说服为目的文章。既然你要进行论证和说服，说明你论证的主题有一定的争议性。试想，如果所有人都同意你的观点，就没有论证和说服的必要。因此，论说文一定要有明确的态度，这种态度就是你在提倡什么和反对什么。你提倡的东西，有人反对或者有人不做，这就需要论证和说服；你反对的东西，有人支持或者有人做了，这也需要论证和说服。

总之，论说文主题的态度就是两个：一是提倡什么，二是反对什么。

我们以几道真题为例来给大家讲解这三个关键点。

例 1.（2009 年管理类联考真题）

以"由三鹿奶粉事件所想到的"为题，写一篇 700 字左右的论说文。

【审题分析】

原因（reason）	三鹿奶粉事件的原因是什么？ 企业丧失诚信、见利忘义，忽略了食品的安全问题。
结果（result）	三鹿奶粉事件产生了什么结果？ 三鹿奶粉破产、企业经营者入狱、中国奶制品行业受到影响、很多孩子因喝三鹿奶粉得了肾结石。
态度（attitude）	那我们应该怎么办？ 要诚信经营，不能见利忘义。

例2.（2020年管理类联考真题）

根据下述材料，写一篇700字左右的论说文，题目自拟。

据报道，美国航天飞机"挑战者号"采用了斯沃克公司的零配件。该公司的密封圈技术专家博易斯乔利多次向公司高层提醒：低温会导致橡胶密封圈脆裂而引发重大事故，但是，这一意见一直没有受到重视。1986年1月27日，佛罗里达州卡纳维拉尔角发射场的气温降到零度以下，美国国家航空航天局再次打电话给斯沃克公司，询问其对航天飞机的发射还有没有疑虑之处。为此，斯沃克公司召开会议，博易斯乔利坚持认为不能发射，但公司高层认为他所持理由还不够充分，于是同意美国国家航空航天局发射。1月28日上午，航天飞机离开发射平台。仅过了73秒，悲剧就发生了。

【审题分析1】

原因（reason）	事件的原因是什么？ 没有重视到橡胶密封圈的脆裂问题。
结果（result）	事件的结果是什么？ 航天飞机爆炸了（恶果）。
态度（attitude）	既然出现了恶果，那我们应该怎么办？ <u>要重视细节（或要有危机意识）</u>。

【审题分析2】

原因（reason）	事件的原因是什么？ 没有听取专家意见。
结果（result）	事件的结果是什么？ 航天飞机爆炸了（恶果）。
态度（attitude）	既然出现了恶果，我们应该怎么办？ <u>要重视专家的意见</u>。

例3.（2021年经济类联考真题）

根据下述材料，写一篇700字左右的论说文，题目自拟。

巴西热带雨林中的食蚁兽在捕食时，使用灵活的带黏液的长舌伸进蚁穴捕获白蚁，但不管捕获多少，每次捕食都不超过3分钟，然后去捕食下一个目标，从来不摧毁整个蚁穴。而那些未被食蚁兽捕食的工蚁就会马上修复蚁穴，蚁后也会开始新一轮繁殖，很快产下更多的幼蚁，从而使蚁群继续生存下去。

【审题分析】

原因（reason）	食蚁兽在捕食时为什么不摧毁整个蚁穴？ 为了以后有吃的。
结果（result）	食蚁兽的行为产生了什么结果？ 蚁群能继续生存下去，食蚁兽在未来也有充足的食物来源。
态度（attitude）	那我们应该怎么办？ 要向食蚁兽学习，不能把资源一下子用尽。因此，<u>要可持续发展</u>。

例 4.（2018 年管理类联考真题）

根据下述材料，写一篇 700 字左右的论说文，题目自拟。

有人说，机器人的使命，应该是帮助人类做那些人类做不了的事，而不是代替人类。技术变革会夺取一些人低端烦琐的工作岗位，最终也会创造更高端、更人性化的就业机会。例如，历史上铁路的出现抢去了很多挑夫的工作，但又增加了千百万的铁路工人。人工智能也是一种技术变革，人工智能也将促进未来人类社会的发展。有人则不以为然。

【审题分析】

原因（reason）	此材料中没有事件，不用分析事件的原因。
结果（result）	人工智能会产生什么结果？ 好的方面：促进经济发展、提高劳动生产率、减少繁重的劳动等。 坏的方面：让部分人失业。
态度（attitude）	那我们对人工智能应该提倡还是反对？ 利大于弊，应该提倡发展人工智能。

3. 拟定标题

审题立意以后，下一步就是拟定文章的标题。需要注意的是，对于论说文来说，标题最重要的不是文采，而是要表明论点。而且，如前文所述，论点必须有态度，即你提倡什么、反对什么。

看以下两组标题：

第一组	第二组
处理危机不如预防危机	剑胆琴心
快递小哥超速送餐现象应遏制	人生若只如初见
人工智能值得提倡	绝美风景在我心
宜未雨绸缪，勿临渴掘井	路是月的痕
新型人才值得鼓励	创新，成功的金钥匙

第一组标题是正确的论说文标题，它能让读者第一时间就知道你提倡什么、反对什么。

第二组标题是不正确的论说文标题。《剑胆琴心》《人生若只如初见》《绝美风景在我心》《路是月的痕》等几个标题没有论点，不是论说文的标题。《创新，成功的金钥匙》虽然有论点，但"成功的金钥匙"这样的比喻太低级了，还不如不用修辞。

第②节　3句开头

1. 论说文的3句开头公式

因为联考中的论说文都是给材料作文，所以，文章的开头是有规律的。

首先，我们必须有引材料句，以表明我们的文章是由材料有感而发的；其次，作为论说文，在首段中必须提出论点。在引材料句和论点句中辅以过渡句或过渡词，这样就形成了由以下三个基本句式构成的论说文的开头公式（简称为3句开头公式）：

> 🔍 引材料句→过渡句（词）→论点句

例5.（2009年管理类联考真题）

以"由三鹿奶粉事件所想到的"为题，写一篇700字左右的论说文。

【开头范文】

三鹿奶粉事件曝光，举国震惊（引材料）。此事件之所以酿成灾难性的后果，丧失诚信、见利忘义是其中一个重要的原因（过渡句）。可见，企业应诚信经营（论点句）。

例6.（2020年管理类联考真题）

根据下述材料，写一篇700字左右的论说文，题目自拟。

据报道，美国航天飞机"挑战者号"采用了斯沃克公司的零配件。该公司的密封圈技术专家博易斯乔利多次向公司高层提醒：低温会导致橡胶密封圈脆裂而引发重大事故，但是，这一意见一直没有受到重视。1986年1月27日，佛罗里达州卡纳维拉尔角发射场的气温降到零度以下，美国国家航空航天局再次打电话给斯沃克公司，询问其对航天飞机的发射还有没有疑虑之处。为此，斯沃克公司召开会议，博易斯乔利坚持认为不能发射，但公司高层认为他所持理由还不够充分，于是同意美国国家航空航天局发射。1月28日上午，航天飞机离开发射平台。仅过了73秒，悲剧就发生了。

【例6开头范文1】

一枚小小的橡胶密封圈居然造成"挑战者号"航天飞机爆炸的严重后果，不禁让人扼腕叹息（引材料）！可见（过渡词），应树立危机意识，做好危机预防（论点句）！

2. 论说文的3句开头的变式

"引材料句"和"论点句"是论说文开头的必需品，但并不意味着必须按照"引材料句→过渡句（词）→论点句"的顺序写，比如可以调换顺序成："论点句→过渡句（词）→引材料句"。

例如，例6也可以用这样的开头：

【例6开头范文2】

危机预防优于危机处理（论点句），然而（过渡词），一枚小小的橡胶密封圈居然造成"挑战者号"航天飞机爆炸的严重后果，不禁让人扼腕叹息（引材料）！

论说文的开头中，也可以加入"引用句""对偶句"等句子，来增加首段的文采。

【例6开头范文3】

欧阳修曾言"祸患常积于忽微"（**引用句**），"挑战者号"航天飞机的管理者们因为忽略了**橡胶密封圈**这么一处小小的细节，就造成了航天飞机爆炸的严重后果（**引材料**）。可见，要想防范危机，就要注重细节（**论点句**）。

第❸节 3类题型的4层结构

从 1997 年的 MBA 入学联考，发展到现在的管理类、经济类联考，在各类联考中，论说文已经考了二十多年，四十多道真题。这些真题统统可以分为三大类题型，即：反面现象类、正面提倡类、AB二元类。

第❶类题型：反面现象类

1.1 什么是反面现象类题型

反面现象类题目可以分成两类：

(1)直接给出反面现象

第一类是题干中直接给出反面现象或事件，例如上文中的例5和例6。

例5中，"由三鹿奶粉事件所想到的"这个题目中，直接出现了"三鹿奶粉事件"这一反面事件。

例6中，挑战者号航天飞机升空后仅73秒就爆炸了，这当然也是一个反面事件。

我们再看一道真题：

例7.（2010年管理类联考真题）

根据下述材料，写一篇700字左右的论说文，题目自拟。

一个真正的学者，其崇高使命是追求真理。学者个人的名利乃至生命与之相比都微不足道，但因为其献身于真理就会变得无限伟大。一些著名大学的校训中都含有追求真理的内容。然而，近年学术界的一些状况与追求真理这一使命相去甚远，部分学者的功利化倾向越来越严重，抄袭剽窃、学术造假、自我炒作、沽名钓誉等现象时有所闻。

【分析】

这个材料中，直接给出了一些反面现象：抄袭剽窃、学术造假、自我炒作、沽名钓誉，等等。

(2)现实生活中有反面现象

第二类是题干的材料中没有出现反面现象，甚至材料给的是一个正面现象，但现实生活中存在大量的可以从材料引申出来的反面现象。例如上文中的例3。

根据前文的分析，我们知道例3中给出的是一个关于食蚁兽的素材，实际上是想告诉我们"要贯彻可持续发展"。材料中这个素材是一个正面材料，但现实中，涸泽而渔、焚林而猎等破坏环境、违反"可持续发展"原则的现象屡见不鲜。

1.2 反面现象类题型的推荐结构：现象分析式

对于反面现象类题型，我们的基本分析思路是：这种现象是什么（摆现象）？为什么会发生这种现象（析原因）？这种现象有什么危害（谈危害或做劝说）？如何解决这一问题（提方案）？

先看一道例题：

例8.

根据下述材料，写一篇700字左右的论说文，题目自拟。

近年来，外卖业务蓬勃发展，给广大消费者带来了极大便利，也创造了商业上的奇迹。但是，因为外卖小哥送餐中频频出现的超速、违规等现象，也引发了网友的热议。

【参考范文】

范文	分析
外卖小哥超速送餐应遏制 吕建刚 　　外卖为我们提供了很多便利，但外卖小哥的违规现象却引发了一系列社会争论。我认为，建立和完善外卖小哥的送餐规则、遏制外卖小哥超速送餐的行为，势在必行。 　　外卖小哥超速现象屡禁不止，并不令人意外。 　　首先，外卖小哥有超速送餐的天然动机。因为外卖小哥采用计件工资制，这就意味着每多送一单，就可以多拿一单的提成。用超速的方式，每顿多送两三单，日积月累，这就构成了一笔不小的收入。 　　其次，平台有纵容甚至鼓励外卖小哥超速送餐的可能。因为外卖小哥送餐越快越准时，平台的商业价值就越高。因此，平台会对外卖小哥的送餐时间做出严格的规定，并对送餐迟到的外卖小哥给予严厉的处罚。 　　最后，消费者也是外卖小哥超速送餐的推手。因为，多数点外卖的人都想快速、及时地吃上一口热饭，会比较介意外卖小哥的迟到行为。如若外卖小哥迟到，他们可能会在平台进行投诉。这又进一步加剧了外卖小哥超速行为的发生。 　　然而，外卖小哥超速送餐的行为往往会酿成严重的后果，甚至有人因此惨遭交通事故的伤害。这些现象并非偶发，因为每一场交通事故的产生，背后都有29起轻微事故、300起未遂先兆和1 000起事故隐患。墨菲定律告诉我们，当同一种超速行为反复多次发生时，事故发生绝不是偶然，而是必然。"道路千万条，安全第一条；送餐不规范，亲人两行泪。"收入固然重要，但我们的生命和家人的陪伴更加重要！ 　　要想解决外卖小哥超速问题，必须软硬兼施，标本兼治。 　　"软"即要加强对外卖小哥的安全教育，让他们清楚遵守交通规则既利己也利他。让他们从不愿到甘愿，由自发到自觉地践行交通规则。 　　"硬"就是要对超速行为重拳出击，当罚则罚，不能手软，不能因为外卖小哥也是谋一份生、挣一口饭而手软。当违规成本大于违规收益时，他们就失去了违规的动机。 　　"高高兴兴送餐去，安安全全回家来"，这是每个外卖小哥家人的期盼！ （全文共753字）	• 摆现象，提出论点。 • 析原因。 • 谈危害。 • 提方案。

续表

范文	分析
【4层结构】 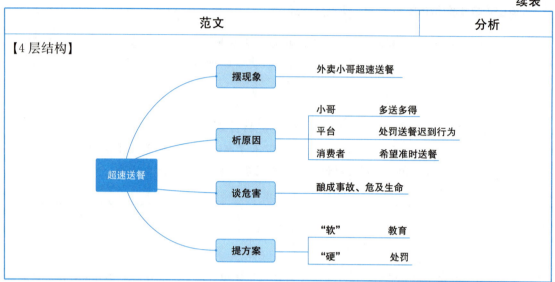	

需要注意的是，现象分析式的文章我们要搞清楚文章的分析论证对象是谁，由此形成两种写法。

第1种写法，当材料中出现明显的值得分析的反面事件时（如快递小哥超速送餐），可以只摆材料中的现象，只分析<u>这一个</u>现象的原因和危害，并针对<u>这一个</u>现象提出解决方案。

第2种写法，当材料中的现象并不值得深入分析时，我们必须摆出生活中的类似现象，然后分析<u>这一类</u>现象的原因和危害，并针对<u>这一类</u>现象提出解决方案。

因此，我们可以得出如下结构：

现象分析式的4层结构

1.3 现象分析式的具体写法

1.3.1 摆现象

摆现象的两种写法如下表：

	写法1 分析一个现象	写法2 分析一类现象
写作公式	第1段：引材料→过渡句→论点句。	第1段：引材料→过渡句→论点句。 第2段：过渡句(生活中，类似的现象屡见不鲜)＋事例。
参考范文(例5)	三鹿奶粉事件曝光，举国震惊(摆现象：引材料)。此事件之所以酿成灾难性的后果(过渡句)，丧失诚信、见利忘义是其中一个重要的原因(论点句)。	三鹿奶粉事件曝光，举国震惊(摆现象：引材料)。此事件之所以酿成灾难性的后果(过渡句)，丧失诚信、见利忘义是其中一个重要的原因(论点句)。 其实，类似的见利忘义之举，在生活中屡见不鲜(过渡句)。假疫苗、地沟油、瘦肉精、苏丹红、加洗衣粉的油条、加漂白剂的面粉，一轮又一轮地"洗礼"着中国人的肠胃(联系生活中事例)。

1.3.2 析原因

反面现象为什么会发生呢？原因是什么？我们可以从内因和外因两个方面去分析。

(1)内因

内因不能脱离利益二字。这也符合经济学的基本假设——经济人假设。亚当·斯密认为，人都是天然的利己者，人们经济生活的原动力是人的利己主义行为，即把人当作"经济动物"来看待。

比如：

为什么有些渔船在捕鱼时会换用小网眼的渔网呢？因为这样可以捞起更多的鱼，从而赚取更多的利润。

为什么有人不愿意遵守规则呢？因为不守规则，好像总能得到各种"好处"。比如：排队要等半天，插队却只用几秒；复习考试要很久，一张小抄成绩就更好；等红绿灯几分钟，直接过马路方便又快捷……

对个人来说，利益不仅仅表现为金钱。1943年，美国心理学家亚伯拉罕·马斯洛在《人类激励理论》一文中提出，人类的需求像阶梯一样从低到高按层次分为五种，分别是：生理需求、安全需求、归属需求、尊重需求和自我实现需求。如图所示：

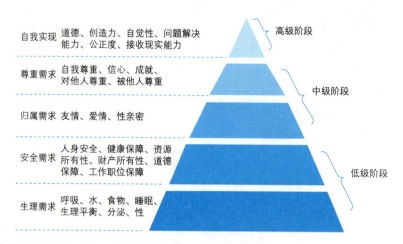

以上所讲的每种需求，其实都是人们在某一方面的利益。

对企业来讲，追求利润是企业的天然动机。利润又等于收入减去成本，因此，当企业明明知道一件事情不对，但它仍然要干时，那么就说明这件事情的收入大于成本。

以环保问题为例：

环境污染问题屡禁不绝，原因不难理解。尤其是对企业而言，在环保方面节省一些成本，就能获得更多的利润，但偷排乱放造成的污染，却不用企业来治理，而是让全社会来买单。利益获取方与成本承担方的不对等，就极易形成道德风险。

以三鹿奶粉事件为例：

三鹿为什么要在奶粉中添加三聚氰胺呢？因为这样做能提高牛奶蛋白质含量的检测数值，从而提高奶粉的售价，赚取更多的利润。

(2)外因

反面现象的外因，我们常常可以从两个方面进行分析。

一方面，信息不对称使人产生侥幸心理。信息不对称在生活中确实是普遍存在的，这一现象会使当事人觉得自己的不良行为未必会被发现，让其认为自己的不良行为不会受到处罚。以三鹿奶粉事件为例，三鹿集团在牛奶中添加三聚氰胺的事，消费者并不知情，而一些童叟无欺的好产品，消费者也未能了解，反而可能因为其蛋白质检测含量低而被消费者淘汰。这就使得三鹿集团铤而走险。

另一方面，违规成本低使人不畏惧处罚。当一个不良行为面临的处罚较轻时，当事人可能就不在乎这种处罚。有些同学认为这是由于我国法律不健全，这是不恰当的，其实我国的法律一直在不断地健全之中，比如《民法典》的颁布就解决了社会生活中的很多问题。但有一个不容忽视的问题是，法律的健全总是滞后于问题的出现，尤其是对于一些新兴事物而言，更是如此。以直播带货为例。这几年，直播带货出现了种种乱象，但对其制裁却并不是很有力度，其中一个原因就是这是新兴事物，对新兴事物进行规范需要一些时间。

例5的"析原因"参考范文如下：

三鹿奶粉事件发生的原因，无非是"利益"二字。在奶粉中添加三聚氰胺，就可以使牛奶的蛋白质含量的检测数据更高，从而卖出更高的价钱，赚取更多的利润（内因）。而且，市场上存在信息不对称现象，在牛奶中添加三聚氰胺的事，消费者并不知情，而一些童叟无欺的好产品，消费者也未必能了解，反而可能因为其蛋白质检测含量低而被消费者淘汰。这就使得三鹿集团铤而走险（外因）。

1.3.3 谈危害

危害可以分为两种：

第一种，对当事人(或当事企业)有危害。此类危害我们一般直接指出危害对其进行恶果吓唬就可以了。

第二种，对当事人有利，对他人、社会有危害，这一类危害，经济学上称为"负的外部性"。如果一件事对当事人有利而对他人有危害，那么仅靠当事人的自觉有时候很难解决问题，因此，我们一般要告诉他这样做有法律风险，他的行为可能会受到法律的严惩。

例5的"谈危害"参考范文如下：

类似三鹿奶粉的事件，往往会给企业带来严重的后果。一是，随着微博、公众号、朋友圈等互联网传播媒介的发展，一次不良行为就可能上热搜、成热点，企业会面临来自消费者的自发抵制；二是，随着我国法律法规的不断健全，类似的行为逃脱法网的可能性也越来越小，当事企业往往要面临来自法律的严惩。

1.3.4 提方案

提方案有以下几种相对万能的写法：

(1)"软""硬"兼施

"软"是指宣传教育。法律监管不可能面面俱到，也不可能监督到每个人的所有行为，尤其是对于一些"小事"，仅靠外力解决可能会事倍功半。要通过宣传教育，让大家由不愿到甘愿、由自发到自觉地守规则、做好事。

"硬"是指法规监管。对于那些不良行为者，要重拳出击，当罚则罚，不能手软。要让守规者得甜头，违规者吃苦头。当违规成本高于违规收益时，人们就失去了违规的动机。

(2)"标""本"兼治

"标本兼治"原是中医术语，用来阐明病变过程中矛盾的主次关系。

"治标"就是用"头痛医头、脚痛医脚"的方式尽快解决眼前问题；"治本"就是挖掘问题的根源、机制，从根本上解决问题；而标本兼治，意指既要解决问题的表象，又要根除问题产生的源头。

例5的"提方案"参考范文如下：

要想让类似三鹿奶粉的事件不再发生，就要做到"标""本"兼治。

所谓治"标"之道，就是用雷霆手段，以迅雷不及掩耳之势对违法违规的企业予以处罚，从而起到震慑作用。

所谓治"本"之道，就是要建立和完善诚信经营的机制。一方面，要加强市场引导，尤其要加大对诸如商标权、专利权等知识产权的保护，让诚信经营者能够通过品牌和创新持续获益；另一方面，打造和完善企业征信系统，建立违规企业黑名单，打造"一处失信、处处受限、寸步难行"的失信惩戒格局，从而形成诚信经营的长效机制。

(3)主体划分

主体划分，就是要看事件的参与者有哪几方，这几方应该分别怎么办。

以"直播带假乱象"为例。直播带货的参与方有：带货主播、消费者、直播平台、政府。带货主播应诚信经营，不能知假售假，以次充好；消费者要对不良主播零容忍，"用脚投票"淘汰不良主播；直播平台应完善带货规则和流程，不给不良主播可乘之机；政府则要尽快立法或出台行业规范，从而震慑不良主播。

(4)流程控制

所谓流程控制就是事前做好计划和预防，事中做好执行，事后进行监督和改进。

例如我们可以这么写危机意识：

事后补救不如事中控制，事中控制不如事前预防。如果我们在祸患发生之前就加以预防，"治未病""治欲病"，"早发现""早治疗"，将问题扼杀在摇篮阶段，就可以收到事半功倍的效果。《淮南子》中有一句话，"良医者，常治无病之病，故无病；圣人者，常治无患之患，故无患也"，说的正是这个道理。

(5)思想上重视，行动上落实

思想上重视是前提，因为人的行为是由思想决定的，思想不到位，行动不可能到位；行动上落实是关键，如果没有好的行动，再好的思想也只能是空想。

例如我们可以这么写集思广益：

要想做到集思广益，一要抓思想，二要抓行动。

一方面，思想上重视是集思广益的前提。集思广益的行为主体往往是管理者，如果管理者思想上不到位，没有一颗容纳异见的心、没有接受建议的空杯心态，集思广益就会流于形式、成为空谈。

另一方面，行动上落实是集思广益的关键。要搭建讨论平台、顺畅沟通渠道、营造宽松氛围。这样才能让人人敢于提意见、善于提建议，从而达到集思广益的效果。

现在，我们将例5的范文整理如下：

范文	分析
诚信为本，以义取利 ——由三鹿奶粉事件所想到的 吕建刚 三鹿奶粉事件曝光，举国震惊。此事件之所以酿成灾难性的后果，丧失诚信、见利忘义是其中一个重要的原因。 其实，类似的见利忘义之举，在生活中屡见不鲜。假疫苗、地沟油、瘦肉精、苏丹红、加洗衣粉的油条、加漂白剂的面粉，一轮又一轮地"洗礼"着中国人的肠胃。 这些事件之所以发生，利益是背后的推手。以三鹿奶粉事件为例：在奶粉中添加三聚氰胺，就可以使牛奶的蛋白质含量的检测数值更高，从而卖出更高的价钱，赚取更多的利润。而且，市场上存在信息不对称现象，在牛奶中添加三聚氰胺的事，消费者并不知情，而你童叟无欺的好产品，消费者也未必能了解，反而可能因为你的蛋白质检测含量低而不选择你的产品，这样，就造成了劣币驱逐良币的后果。 然而，这样的见利忘义之举，往往会给企业带来严重的后果。一是，随着微博、公众号、朋友圈等互联网传播媒介的发展，一次不良行为就可能上热搜、成热点，企业会面临来自消费者的自发抵制；二是，随着我国法律法规的不断健全，类似的行为逃脱法网的可能性也越来越小，当事企业往往要面临来自法律的严惩。 可见，诚信经营对于企业来说必不可少。要做到诚信经营，企业与政府要协同用力。 对于企业而言，一是要有正确的义利观，"君子爱财，取之有道"，不取不义之财；二是要杜绝"近视"，杜绝为了眼前利益而弃长远利益于不顾的行为。 对于政府而言，要建立和完善诚信经营的机制。一方面，要加强市场引导，尤其要加大对诸如商标权、专利权等知识产权的保护，让诚信经营者能够通过品牌和创新持续获益；另一方面，打造和完善企业征信系统，建立违规企业黑名单，打造"一处失信、处处受限、寸步难行"的失信惩戒格局，从而形成诚信经营的长效机制。 孟子曰："诚者，天之道也，思诚者，人之道也。"诚实守信、见利思义，才是企业的经营之道。 （全文共740字）	• 引材料，提出论点。 • 摆现象：现实生活中的类似现象。 • 析原因：内因和外因。 • 谈危害：恶果吓唬。 • 提方案：主体划分。 • 总结全文。

续表

范文	分析

【4层结构】

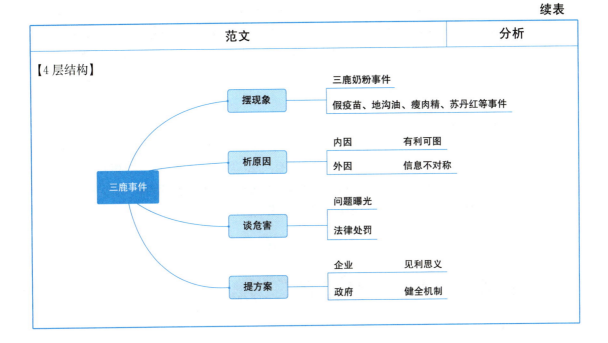

第2类题型：正面提倡类

2.1 什么是正面提倡类题型

题干中直接给出一个正面现象，或者虽然这一现象看起来有争议，但实际上我们应该支持。

我们来看几道真题：

例9.（2013年管理类联考真题）

根据下述材料，写一篇700字左右的论说文，题目自拟。

20世纪中叶，美国的波音与麦道两家公司几乎垄断了世界民用飞机的市场，欧洲的飞机制造商深感忧虑。虽然欧洲各国之间的竞争也相当激烈，但还是采取了合作的途径，法国、德国、英国和西班牙等决定共同研制大型宽体飞机，于是"空中客车"便应运而生。面对新的市场竞争态势，波音公司和麦道公司于1997年一致决定组成新的波音公司，以此抗衡来自欧洲的挑战。

【分析】

这个材料中，波音与麦道通过合作以抗衡来自欧洲的挑战，最终取得了不错的效果，这是一个典型的正面现象。

例10.（2016年经济类联考真题）

根据下述材料，以"延长退休年龄之我见"为题，写一篇不少于600字的论说文。

自从国家拟推出延迟退休政策以来，就受到了社会各界的广泛关注，同时也引起激烈的争论。为什么要延长退休年龄？赞成者说，如果不延长退休年龄，养老金就会出现巨大缺口；另外，中国已经步入老年社会，如果不延长退休年龄，就会出现劳动力紧缺的现象。反对者说，延长退休年龄就是剥夺劳动者应该享受的退休福利，退休年龄的延长意味着领取养老金时间的缩短；另外，退休年龄的延长也会给年轻人就业造成巨大压力。

【分析】

这是一个双方争议型的话题，这类话题无论你支持哪一种观点，只要言之成理，都能得分。但是，"延长退休年龄"是我国最近推出的一项政策，我们应该予以支持。

2.2 正面提倡类题型的推荐结构：利大于弊式

想说服别人做一件事，最简单的方法就是告诉他这样做有好处（或有必要），但是为什么有好处的事还有人不听你的呢？说明这件事不光有好处，还有问题、风险或困难。而且，作为一个管理者，我们不能只看到一项决策的收益，也要看到它的问题，全面地思考问题才能成为一个优秀的管理者。

因此，正面提倡类的文章我们可以使用利大于弊式结构，结构如下：

利大于弊式的4层结构

层次	结构	写法1 (谈好处)	写法2 (谈必要)
开 头		引材料，并提出论点。	引材料，并提出论点。
正 文	第1层	整体有好处（1）。	整体有必要（1）。
	第2层	整体有好处（2）。	整体有必要（2）。
	第3层	当然有问题/风险/困难。	当然有问题/风险/困难。
	第4层	问题能解决/风险能规避/困难能克服。	问题能解决/风险能规避/困难能克服。
结 尾		总结全文。	总结全文。

【说明】
1.以上段落安排并不是绝对的，可以根据内容的多少在不同的层次中增加或删减段落。但我们一般推荐好处（必要）要写两段，因为，这一结构的名字叫作"利大于弊式"，如果好处只有一段，而弊端却写了好几段，那不就变成弊大于利了吗？
2.好处和必要的区别是：好处是有了这个措施会让情况变得更好（有它更好），比如提高收益、降低成本；而必要是没有这个措施会遭受恶果（没它不行），比如说不遵守法律会受到法律的制裁。

再来看一道真题：

例 11.（2018 年管理类联考真题）

根据下述材料，写一篇 700 字左右的论说文，题目自拟。

有人说，机器人的使命，应该是帮助人类做那些人类做不了的事，而不是代替人类。技术变革会夺取一些人低端烦琐的工作岗位，最终也会创造更高端、更人性化的就业机会。例如，历史上铁路的出现抢去了很多挑夫的工作，但又增加了千百万的铁路工人。人工智能也是一种技术变革，人工智能也将促进未来人类社会的发展。有人则不以为然。

【参考范文】

范文	分析
发展人工智能势在必行 吕建刚 　　关于人工智能是福还是祸，它们是否会让很多人失业，甚至它们是否会取代人类，众说纷纭。而我认为，我们应该拥抱人工智能，走技术创新之路。 　　首先，发展人工智能，有助于提高劳动生产率。经济发展归根到底是由劳动生产率决定的，而人工智能可以帮助我们实现大数据分析、精准运营、自动化运营等，从而由智能化劳动代替传统的机器劳动或人工劳动，提高劳动生产率，最终实现社会生产力的跃升和经济可持续发展。 　　其次，发展人工智能，有助于实现产业升级。由于人口红利，我国在劳动密集型产业具备全球竞争优势。但劳动密集型产业的问题是产业附加值不够高、利润率不够大，还往往伴随环境污染。我们的工人付出了更多的劳动，但最大的那部分利润却被品牌拥有方、技术拥有方拿走。因此，从劳动密集型产业向技术密集型产业转型，是我国经济发展的必由之路。而人工智能与制造、医疗、物流、安防、教育、交通、金融等领域的结合，正在推动行业发展模式和经济结构的转型，有助于重塑产业结构。 　　当然，人工智能的发展过程中，不可避免地会带来种种阵痛。比如材料中提到的就业威胁问题。的确，人工智能取代了一些人的劳动岗位，尤其是一些简单、重复性的工作岗位，造成一部分人的失业。 　　但是，人工智能造成的就业问题，更准确地说并不是让人"失业"，而是让人"转业"。人工智能和其他的发明创造一样，节省了人类的劳动，让人类从繁重的劳动，尤其是低质量、重复性劳动中解脱出来，让人类有更多的时间从事更擅长的、更有价值的工作。 　　当然，也有一部分人并不能很好地适应社会的变革和新的劳动岗位，但这不应该成为科技创新和发展人工智能的阻力。而是要通过知识教育、职业技能教育来实现劳动者素质的提高，从而解决这一问题。 　　总之，科技是第一生产力，人工智能则是重大科技突破。拥抱人工智能、发展人工智能，势在必行！ （全文共753字）	·引材料，提出论点。 ·整体有好处（1）：有助于提高劳动生产率。 ·整体有好处（2）：有助于实现产业升级。 ·当然有问题：就业威胁。 ·问题能解决。 ·总结全文。

【4层结构】

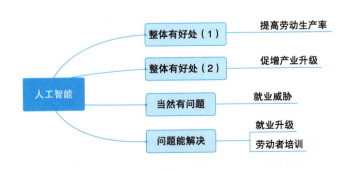

2.3 利大于弊式的具体写法

2.3.1 有好处

对个人而言，好处可以套用前文中提到的马斯洛需求层次理论。

对企业而言，好处在前文中也有讲述，可以总结为：提高收益、降低成本、规避风险、塑造品牌。

对社会治理而言，可以从以下方面谈好处：

(1)提高社会总收益、降低社会总成本。

社会治理的目标就是要提高社会总收益、降低社会总成本，这也是我们判断一项政策好坏的标准。

以 2016 年经济类联考真题"是否应该延迟退休"为例：从收益来看，延迟退休可以扩大劳动年龄人口规模、可以充分利用人力资源；从成本来看，延迟退休可以减小老龄人口的赡养规模，可以为养老保险基金"卸包袱"。可见，这一政策可以提高社会总收益、降低社会总成本，是值得实施的。

想要提高社会总收益，核心在于提高劳动生产率。劳动生产率的提高，意味着全社会在单位时间内、在单位成本内，生产的产品更多、提供的服务更好，这是推动社会发展，提高全民福利水平的根本之道。劳动生产率水平与科技水平、劳动者的平均熟练程度、劳动组织和生产管理等的好坏和生产资料的规模与效能、自然条件等因素有关，因此，要想提高劳动生产率，就要在这些方面下功夫。

降低社会总成本，有两个关键：

一是要降低交易成本。交易成本又称交易费用，是由诺贝尔经济学奖得主科斯在 1937 年所提出的。它是指达成一笔交易所要花费的成本，也指买卖过程中所花费的全部时间和货币成本。这些成本主要分为以下几类：搜寻成本(商品信息与交易对象信息的搜集)、信息成本(取得交易对象信息与和交易对象进行信息交换所需的成本)、议价成本(针对契约、价格、品质讨价还价的成本)、决策成本(进行相关决策与签订契约所需的内部成本)。

电子商务蓬勃发展的一个核心因素就是它降低了交易成本：搜寻成本低，动动手指即可货比三家；信息成本低，买卖双方可限时沟通；议价成本低，同类产品可以进行价格排序；决策成本低，电商平台的支付担保政策降低了决策风险。

二是要降低社会信用成本。诚信的本质是一种契约精神，它是市场经济的基石。如果一个社会缺少诚信、缺少契约精神，那么大家就会把更多的精力从认真工作转移到防范风险上来，从而推高了履约成本。降低社会信用成本，一要靠法律、二要靠道德、三要靠信用体系。法律是底线要求，它主要靠外力来规范人们的行为；道德是更高的要求，它主要依靠人们的自觉和自律；信用体系则是制度保障，它通过制度设计让守信者畅通无阻，让失信者寸步难行。

(2)促进经济高质量发展

高质量发展于 2017 年中国共产党第十九次全国代表大会首次被提出，这表明中国经济由高速增长阶段转向高质量发展阶段。

高质量发展是经济数据精确、营商环境优化、产品质量保证、资源精准对接与优化配置的增长方式，是创新驱动型经济的增长方式，是创新高效节能环保高附加值的增长方式。

高质量发展的关键之一是做好新旧动能转换，即通过新模式代替旧模式、新业态代替旧业态、新技术代替旧技术、新材料新能源代替旧材料旧能源，实现产业升级，实现数量增长型向质量增长型、外延增长型向内涵增长型、劳动密集型向知识密集型经济增长方式转变。

(3)维护社会和谐稳定

社会稳定和谐，人民才能安居乐业，才能静得下心、沉得住气、迈开步子搞发展。

2012年，习近平总书记曾说过一段话："我们的人民热爱生活，期盼有更好的教育、更稳定的工作、更满意的收入、更可靠的社会保障、更高水平的医疗卫生服务、更舒适的居住条件、更优美的环境，期盼孩子们能成长得更好、工作得更好、生活得更好。人民对美好生活的向往，就是我们的奋斗目标。"这段话提到的"更好的教育、更稳定的工作、更满意的收入、更可靠的社会保障、更高水平的医疗卫生服务、更舒适的居住条件、更优美的环境"等内容，都是社会和谐稳定的影响因素。

(4)促进就业、保障民生

就业是民生之本，更是安国之策。老百姓其实想法很朴实，就是想过上好日子，而就业，尤其是高质量的就业，是老百姓过上好日子的基础。

宏观方面：

产业发展是就业的根本。一方面，适当发展有市场需求的劳动密集型产业是必要的，这类产业可以较大规模地解决就业问题；另一方面，技术密集型产业是发展的方向，像我们这么大一个国家，只有在多个产业掌握核心技术、形成技术优势，站到产业链的上游，才能为更多国民提供高质量的就业。

就业政策是就业的保障。人力资源和社会保障部撰写的《实施更加积极的就业政策》一书涉及就业政策的几个方面：高校毕业生就业政策、促进以创业带动就业政策、加强职业培训促进就业政策、减轻企业负担政策、就业服务和就业援助政策，等等。这些政策的实施是促进就业的良好保障。

微观方面：

劳动者自身素养是就业的决定性因素。就业观点如何、知识储备如何、职业技能如何，决定了一个劳动者能不能就业、能不能发展。

(5)节约资源、保护环境

"绿水青山就是金山银山"，这就要求我们做好以下两个方面：

一要构建资源节约型社会。资源节约型社会是指在生产、流通、消费等领域，通过采取法律、经济和行政等综合性措施，提高资源利用效率，以最少的资源消耗获得最大的经济和社会收益，保障经济社会可持续发展的社会。节约资源是保护生态环境的根本之策。要节约集约利用资源，推动资源利用方式根本转变，加强全过程节约管理，大幅降低能源、水、土地消耗强度，提高利用效率和效益。推动能源生产和消费革命，控制能源消费总量，加强节能降耗。

二要构建环境友好型社会。环境友好型社会是由环境友好型技术、环境友好型产品、环境友好型企业、环境友好型学校、环境友好型社区等组成。主要包括：有利于环境的生产和消费方式；无污染或低污染的技术、工艺和产品；对环境和人体健康无不利影响的各种开发建设活动；符合生态条件的生产力布局；少污染与低损耗的产业结构；持续发展的绿色产业；人人关爱环境的社会风尚和文化氛围。

(6)效率优先、兼顾公平

习近平总书记曾在2005年发表的《坚持效率优先兼顾公平》一文中提出，"公平要建立在效率的基础上，效率也要以公平为前提才得以持续。"

效率优先，有利于资源价值的最大化。我们都知道，资源具备稀缺性。任何一种资源都不是取之不尽、用之不竭的，想要让有限的资源发挥出最大的效用，创造出更多的价值，就要重视资源使用者的效率，将生产资源进行价值最大化的分配。这符合诺贝尔经济学奖得主科斯提出的观点：一项资源，谁用得好就归谁。

兼顾公平，有利于社会和谐稳定发展。首先要明确的是，公平并不是平均主义。公平有两个方面的含义：一是权利平等，即公民平等地享有法律规定的基本权利，如生存权、占有权、发展权等；二是机会均等，每个人不论出身、性别、种族、身份，只要他有能力，他就能获得机会、参与竞争。这样，就可以促进人们通过各自的努力去实现自身发展，满足自己的合理期望，从而促进社会的发展。

效率和公平有分工的不同，实现的途径也有所不同。初次分配应当注重效率，发挥市场这只"看不见的手"的作用；二次分配应当注重公平，发挥政府这只"看得见的手"的作用。另外，2021年8月17日，中央财经委员会第十次会议指出了"三次分配"的概念，即由高收入人群在自愿基础上，以募集、捐赠和资助等慈善公益方式对社会资源和社会财富进行分配，它是对初次分配和再分配的有益补充，有利于缩小社会差距，实现更合理的收入分配。

同时，会议指出："构建初次分配、再分配、三次分配协调配套的基础性制度安排，加大税收、社保、转移支付等调节力度并提高精准性，扩大中等收入群体比重，增加低收入群体收入，合理调节高收入，取缔非法收入，形成中间大、两头小的橄榄型分配结构，促进社会公平正义，促进人的全面发展，使全体人民朝着共同富裕目标扎实迈进。"

可见，公平不是给予每个人完全相同的待遇，而是更多地照顾弱势群体。这是因为，弱势群体通常会因先天或后天一些自身无法克服的原因，而无法得到和其他群体相同的竞争机会。社会若能够给弱势群体以更多的照顾、更多的政策倾斜，弥补其在追逐机会时的先天缺陷，这种看似的条件"不平等"，才是达成了结果上的公平。

我们来看一道真题：

例 12.（2017 年经济类联考真题）

根据下述材料，以"是否应该对穷人提供福利？"为题，写一篇不少于 600 字的论说文。

国家是否应该对穷人提供福利存在较大的争论。反对者认为：贪婪、自私、懒惰是人的本性。如果有福利，人人都想获取。贫穷在大多数情况下是懒惰造成的。为穷人提供福利相当于把努力工作的人的财富转移给了懒惰的人。因此，穷人不应该享受福利。

支持者则认为：如果没有社会福利，穷人则没有收入，就会造成社会动荡，社会犯罪率会上升，相关的合理支出也会增多。其造成的危害可能大于提供社会福利的成本，最终也会影响努力工作的人的利益。因此，为穷人提供社会福利能够稳定社会秩序，应该为穷人提供福利。

【审题分析】

原因（reason）	此材料中没有事件，不用分析事件的原因。
结果（result）	给穷人提供福利会产生什么结果？ 好的方面：促进经济发展、稳定社会秩序。 坏的方面：把努力工作的人的财富转移给了懒惰的人。
态度（attitude）	这是一个双方争议型的话题，这类话题无论你支持哪一种观点，只要言之成理，都能得分。但是，给穷人提供福利符合社会主义主流价值观，符合社会国家"共同富裕"的理想，我们应该予以支持。

【好处分析】

第一，给穷人提供福利，有助于社会和谐稳定。穷人也是人，也有权利追求更好的教育、更稳定的工作、更满意的收入、更可靠的社会保障、更高水平的医疗卫生服务、更舒适的居住条件，等等。如果穷人基本的生活条件得不到满足，就容易埋下社会动荡的种子。因此，给穷人提供福利，减小贫富差距有助于社会稳定。

第二，给穷人提供福利，有助于促进社会公平。穷人通常会因先天或后天上一些自身无法克服的原因，而无法得到和其他群体相同的竞争机会。如果能给他们提供一些福利，创造一些机会，给一些政策上的倾斜和照顾，弥补其在追逐机会时的先天缺陷，这种看似的条件"不平等"，才是达成了结果上的公平。

2.3.2 有必要

有好处与有必要存在差别，前者是有它更好，后者是没它不行。

必要性可以从两个方面来思考，即外因和内因。

(1)外因

由外因所致的必要性，我们常做两种分析，一是资源稀缺性，二是信息不对称。

例如：

资源稀缺性决定了我们必须合作。因为，在企业经营中，无论是人才、资金，还是其他资源，都不可能取之不尽、用之不竭。因此，企业的经营不可能面面俱到，只能集中精力在某一领域，以求形成规模效应、降低边际成本、提高边际收益、取得竞争优势。科技巨头苹果是全球现金储备最多的公司，可即使如此，他们也不可能掌握所有资源，于是他们集中精力在自己擅长的研发上，而把生产制造交给富士康等合作伙伴。

再如：

信息不对称的存在决定了我们必须集思广益。因为，很多决策都是在"信息不完整""信息不对称"的情况下做出的。由于位置不同、视角不同，管理者可能很难站在其他角度想问题，更不可能掌握所有决策相关信息。这个时候，多听听别人的意见和建议，就可以打开"上帝视角"，发现从前"看不见的背面"，让信息由不对称到对称，从不完善到逐渐完善，从而做出科学决策。

(2)内因

由内因所致的必要性，我们常常要思考决策者自身的局限性。

例如：

集思广益是决策者的内在需要。"尺有所短，寸有所长"，管理者不可能是全才，多数管理者仅仅是某一领域或某个方面的行家里手，在其他方面一定有其短处。在自己不擅长的领域，多听听别人的建议和意见，就显得尤为重要。

2.3.3 有问题/困难/风险

(1)有问题

"甘蔗没有两头甜"，一项决策有好处，一般也会随之带来问题或弊端。

例如：

给穷人提供福利带来的财富转移可能会影响大家创富的劲头。

再如：

与别人合作就意味着利益的分享。

(2)有困难

困难一般是指缺少决策执行的条件，如资源有限、资金不足、人才缺失、时间不够，等等。

例如：

想要创新时，经常遇到创新资金不够、创新人才不足等困难。

(3)有风险

风险是客观存在的。以企业为例：

一方面，企业的外部经营环境是不断变化的，比如政治法律环境、市场竞争环境、消费者的需求等都在变化，这就不可避免地给企业经营带来了不确定性，风险随之产生。另一方面，企业的内部管理也存在风险：研发能出成果吗？营销投入有效吗？人力资源战略符合企业发展要求吗？这一系列的问题使得企业经营不可能完全规避风险。

2.3.4 提方案

在利大于弊的结构中，由于前文提出了问题、弊端、困难、风险。在提方案的部分，我们就要给出针对性的解决方案：

针对问题，我们要提出解决方案；

针对弊端，我们要表明利大于弊；

针对困难，我们要指出如何克服。

具体方案上，可以参考前文现象分析式结构中的提方案部分。

针对风险，我们有两种解决方案，一是说明冒险有价值；二是说明风险能规避。

一方面，高风险往往意味着高回报。财务管理中有一种理论叫"风险报酬交换律"，在投资下降报酬率相同的情况下，人们都会选择风险小的投资，结果竞争使其风险增加，报酬率降低。最后的结果是，高风险的项目必须有高报酬，否则就没有人投资；低报酬的项目必须风险很低，否则也没有人投资。因此，企业家的冒险精神，往往决定了企业发展的上限。

另一方面，我们也要做好风险防范。一是要做好事前调研，事前调研越仔细，决策就越有依据，越不容易产生决策风险；二是要做好事中控制，决策执行过程中，要不断地发现问题并迅速解决，不能等最后不良结果出现后才追悔莫及。

现在我们给出 2017 年经济类联考真题的参考范文：

范文	分析
给穷人提供福利势在必行 吕建刚 针对是否应该为穷人提供福利这个问题，支持者和反对者各执一词，激烈争论。我认为，给穷人提供福利势在必行。 首先，给穷人提供福利，有助于社会和谐稳定。穷人也是人，也有权利追求更好的教育、更稳定的工作、更满意的收入、更可靠的社会保障、更高水平的医疗卫生服务、更舒适的居住条件，等等。如果穷人基本的生活条件得不到满足，就容易埋下社会动荡的种子。因此，给穷人提供福利，减小贫富差距有助于社会稳定。 其次，给穷人提供福利，有助于促进社会公平。穷人通常会因先天或后天上一些自身无法克服的原因，而无法得到和其他群体相同的竞争机会。如果能给他们提供一些福利，创造一些机会，给一些政策上的倾斜和照顾，弥补其在追逐机会时的先天缺陷，这种看似的条件"不平等"，才是达成了结果上的公平。	• 引材料，提出论点。 • 提供福利有好处(1)。 • 提供福利有好处(2)。

续表

范文	分析
当然，有人担心给穷人提供福利会带来一些问题。比如，所有的福利归根结底是来源于税收或其他形式的财富转移。这样就可能降低企业的利润空间，影响企业家创富的劲头，从而影响社会运行效率。 　　但实际上，我们国家对这一问题进行了很好的顶层设计： 　　首先，初次分配注重效率。发挥市场这只"看不见的手"的作用，把资源分配给有能力的个人和企业，将资源的价值最大化，允许一部分人先富起来。 　　其次，二次分配注重公平。发挥政府这只"看得见的手"的作用，通过合理的制度安排，给穷人提供一定的福利，并保障穷人发展的机会，从而促进社会公平。 　　最后，倡导三次分配，引导高收入人群在自愿基础上，以募集、捐赠和资助等慈善公益方式对社会资源和社会财富进行分配，从而缩小社会差距，实现更合理的收入分配。 　　综上所述，给穷人提供福利利大于弊，应该实行。 　　　　　　　　　　　　　　　　　　　　　（全文共685字）	• 当然有问题。 • 问题能解决。 • 总结全文。

【4 层结构】

第 3 类题型：AB 二元类

3.1　什么是 AB 二元类题型

如果题干的材料中出现两个主题、两种决策等，就可称为 AB 二元类题型。

我们来看几道真题：

例 13.（2021 年管理类联考真题）

根据下述材料，写一篇 700 字左右的论说文，题目自拟。

我国著名实业家穆藕初在《实业与教育之关系》中指出教育最重要之点在道德教育（如责任心和公共心之养、机械心之拔除）和科学教育（如观察力、推论力、判断力之养成）。完全受此两种教育，实业中坚者人物遂由此产生。

【分析】

这个材料中，题干里面明显出现了两个主题"道德教育"和"科学教育"，因此，本题是 AB 二元类话题。

例 14.（2011 年管理类联考真题）

根据下述材料，写一篇 700 字左右的论说文，题目自拟。

众所周知，人才是立国、富国、强国之本，如何使人才尽快地脱颖而出，是一个亟待解决的问题。人才的出现有多种途径，其中有"拔尖"，有"冒尖"。"拔尖"是指被提拔而成为尖子，"冒尖"是指通过奋斗、取得成就而得到社会的公认。有人认为我国当今某些领域的管理人才，"拔尖"的多而"冒尖"的少。

【分析】

这个材料中，题干里面明显出现了两种方案"拔尖"和"冒尖"，因此，本题是 AB 二元类话题。

AB 二元类话题，我们首先要看题干中 A 和 B 两个元素是需要二者并重，还是需要二者择一。如果是前者，推荐使用 ABAB 式结构；如果是后者，推荐使用非 A 推 B 式结构。

3.2 AB 二元类题型的推荐结构一：ABAB 式

在例 13 中，道德教育和科学教育的关系是两者并重的关系，因此可以使用 ABAB 式结构。
ABAB 式结构的写法如下：

ABAB式的4层结构

层次	结构	写法1 (正面写)	写法2 (反面写)
开 头		引材料，并提出论点。	引材料，并提出论点。
正 文	第1层	A有好处。	只有A有问题。
	第2层	B有好处。	只有B也有问题。
	第3层	因此，需要AB并重。	因此，需要AB并重。
	第4层	提建议。	提建议。
结 尾		总结全文。	总结全文。

口诀：ABAB提建议。

在此结构中，好处、问题、建议参考前文中现象分析式和利大于弊式的对应内容即可。

例 13 的 ABAB 式结构范文如下：

范文	分析
以教育促进实业发展 吕建刚 　　发展实业关键在人才，而要想育人，关键在于教育。 　　首先，道德教育是基础。我们都知道，追求财富是企业的天然动机。亚当·斯密也告诉我们，人是天然的利己者，企业家当然也不例外。但是，如果企业家不具备足够的德行，其追求财富的行为就容易误入歧途。从前几年的毒奶粉、地沟油、瘦肉精、苏丹红，到今年的糖水燕窝事件，无一不是见利忘义的产物。可见，企业家有足够的德行，企业才会行稳致远，此所谓"厚德载物"也。因此，要做好企业家的道德教育。 　　其次，科学教育是关键。这是因为，对任何一个企业来讲，其人力、物力、财力以及其他资源，都具备稀缺性，如何将这些有限的资源用到刀刃上，产生最好的效果，需要企业家科学的判断力。而且，几乎所有决策都是在信息不对称、信息不完整的情况下做出的，这就特别考验企业家的观察力、推论力和判断力。因此，要做好企业家的科学教育。 　　由此可见，道德教育是企业家的精神保障，它能规范企业家的行为，让企业家的才华用在正道上；科学教育则是企业家才能的来源，它能让一个普通的管理者成长为真正的企业家。因此，道德教育和科学教育相辅相成，缺一不可。 　　那么，如何做好两种教育呢？我认为以下两点非常重要。 　　第一，道德教育要和法治建设相结合。一方面，加强对企业家的道德教育和法治教育，让企业家自发自觉地诚信经营、承担社会责任；另一方面，对于一些违法乱纪的企业家，应该重拳出击，不能姑息。 　　第二，要搭建更多的企业家学习平台，加强对企业家的科学教育。一方面，可以发展诸如 MBA、EMBA、DBA 等学历教育，引导更多企业家学习管理学的科学理论；另一方面，规范非学历教育的发展，让企业家的终身学习成为可能。 　　总之，国家发展在于实业，实业发展基于人才，人才发展寄于教育。以教育促进实业发展势在必行。 （全文共 718 字）	• 引材料，提出论点。 • A：道德教育是基础。 • B：科学教育是关键。 • AB：两者并重。 • 提建议。 • 总结全文。

【4层结构】

3.3 AB 二元类题型的推荐结构二：A 上加 B 式

　　如果题干中 A 和 B 两个元素是需要二者并重的，但你想特意强调一点时，可以使用 A 上加 B 式结构：A 有好处，但只有 A 不行，因此，需要 B。

A上加B式的4层结构

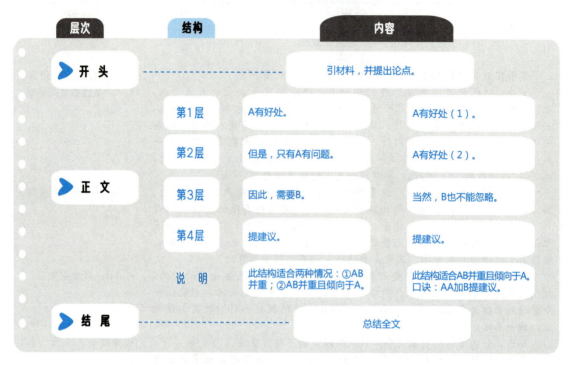

层次	结构	内容
开头		引材料，并提出论点。
正文 第1层	A有好处。	A有好处（1）。
第2层	但是，只有A有问题。	A有好处（2）。
第3层	因此，需要B。	当然，B也不能忽略。
第4层	提建议。	提建议。
说 明	此结构适合两种情况：①AB并重；②AB并重且倾向于A。	此结构适合AB并重且倾向于A。口诀：AA加B提建议。
结尾		总结全文

例 13 的 A 上加 B 式结构范文如下：

范文	分析
<p style="text-align:center">**既要科学教育，也要道德教育**</p><p style="text-align:center">吕建刚</p>如材料所言，要培养出实业界的中坚人才，尤其是培养出优秀的企业家，既要做好科学教育，也要做好道德教育。 科学教育十分关键。这是因为，对任何一个企业来讲，其人力、物力、财力以及其他资源，都具备稀缺性，如何将这些有限的资源用到刀刃上，产生最好的效果，需要企业家科学的判断力。而且，几乎所有决策都是在信息不对称、信息不完整的情况下做出的，这就特别考验企业家的观察力、推论力和判断力。因此，要做好企业家的科学教育。 但是，只搞好了科学教育，缺失了道德教育，也会出现种种问题。 我们都知道，追求财富是企业的天然动机。亚当·斯密也告诉我们，人是天然的利己者，企业家当然也不例外。而科学教育本质上来讲是可以帮助企业家赚钱的，因此，企业家容易重视科学教育、不重视道德上的修养。这样一来，企业家追求财富的行为就容易误入歧途。从前几年的毒奶粉、地沟油、瘦肉精、苏丹红，到今年的糖水燕窝事件，无一不是见利忘义的产物。 可见，企业家有足够的德行，企业才会行稳致远，此所谓"厚德载物"也。因此，也要做好企业家的道德教育。 那么，如何做好这两种教育呢？我认为以下两点非常重要。 第一，道德教育要和法治建设相结合。一方面，加强对企业家的道德教育和法治教育，让企业家自发自觉地诚信经营，承担社会责任；另一方面，对于一些违法乱纪的企业家，应该重拳出击，不能姑息。	• 引材料，提出论点。 • A 有好处。 • 但只有 A 有问题。 • 也要有 B。 • 提建议。

续表

范文	分析
第二，要搭建更多的企业家学习平台，加强对企业家的科学教育。一方面，可以发展诸如 MBA、EMBA、DBA 等学历教育，引导更多的企业家学习管理学的科学理论；另一方面，规范非学历教育的发展，让企业家的终身学习成为可能。 　　总之，国家发展在于实业，实业发展基于人才，人才发展寄于教育。以教育促进实业发展势在必行。 （全文共 721 字）	• 总结全文。

【4层结构】

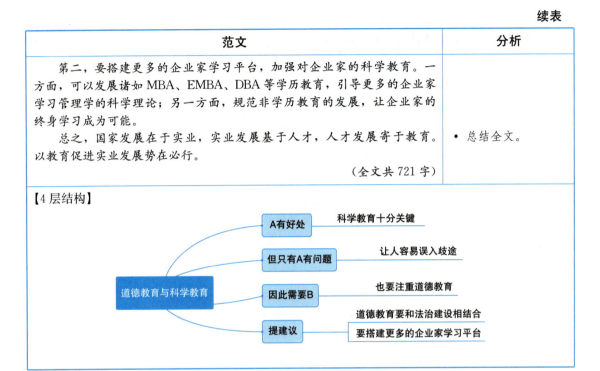

3.4 AB 二元类题型的推荐结构三：非 A 推 B 式

非A推B式的4层结构

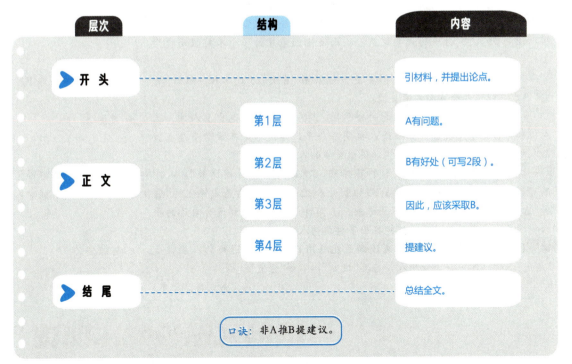

非 A 推 B 式结构的原理，基于我们在形式逻辑中学过的一个公式："A∨B=¬ A→B"。将这个公式用在论证中，可称为选言论证。例如：

拔尖∨冒尖=¬ 拔尖→冒尖。

模仿∨创新=¬ 模仿→创新。

例 14 中，材料不认可"拔尖"选人，而是认为应该更多地"冒尖"选人，因此材料中的"A"和"B"是二者择一的关系，建议使用"非 A 推 B 式"结构。

【参考范文】

范文	分析
"拔尖"不如"冒尖" 吕建刚 　　领导赏识，提拔成才，是为"拔尖"；经历竞争，脱颖而出，是为"冒尖"。人才任用，"拔尖"不如"冒尖"。 　　"拔尖"易出问题。 　　一方面，企业管理者与人才之间存在信息不对称，管理者很难对人才进行充分了解，这就有可能造成选人失误；而且，由于"晕轮效应"的存在，管理者容易因为某个人才有某一方面的优点，就觉得他样样精通，这又容易造成用人失误。 　　另一方面，很多管理者出于权力危机感的心理，往往会任用那些不如自己工作的员工作为自己的下属，说是"拔尖"，反而变成了淘汰尖子，留下庸才。管理学中有个名词叫"帕金森效应"，说的就是这样现象。 　　"冒尖"能出人才。 　　因为"冒尖"靠竞争选人，更具公平性。正如俗话所说，是骡子是马拉出来遛遛。把人才放到同一个赛场，赛一赛，跑一跑，谁是真人才，谁是假李逵就一目了然。而且，"冒尖"选人，也可以给企业带来正向的激励作用，让更多人看到付出的预期收益，从而使他们愿意为了个人前程而卖力工作。 　　可见，相比于"拔尖"，我们要更多地采用"冒尖"方式选人。做好"冒尖"选人，以下两个方面尤其关键： 　　一是要注重"冒尖"选人机制的公平性。"冒尖"能不能选出真人才，选人机制是否公平是关键。如果选人机制不公平，那就不是在带动而是在打压人才的积极性了，又怎么可能涌现出更多的人才呢？ 　　二是要打造"冒尖"选人平台的多样性。"尺有所短、寸有所长"，人才不可能面面俱到，所有人都有自己的长处和短处。通过设置多样化的"冒尖"选人平台，让不同性格、不同专业、不同特长的人，找到适合自己的平台去竞争、去发展，这样才能挖掘出多样化的人才。 　　科斯定律告诉我们，资源应流向最能利用好它的人，这样的人应该是"冒尖"人才。所以，企业用人，与其"拔尖"，不如"冒尖"。 （全文共 719 字）	• 引材料，提出论点。 • A 有问题。 • B 有好处。 • 因此，应该采取 B。 • 提建议。 • 总结全文。

续表

范文	分析

【4层结构】

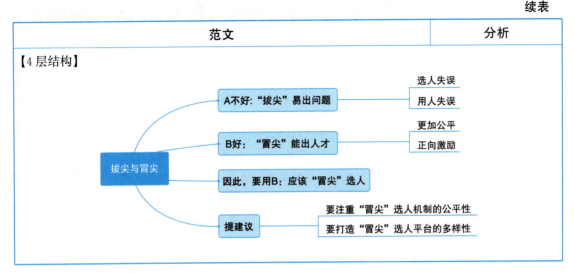

第 4 节 2句结尾

论说文结尾的核心目的就是总结全文、再次点明论点。

但由于中国人写文章主张"凤头、猪肚、豹尾"，阅卷人在阅卷时也往往会重点看开头、结尾的部分。所以，我们可以在结尾部分给予适当的修饰，如对偶句、引用句等句式，来增加文章的文采。

因此，论说文的2句结尾基本公式如下：

🔍 修饰句→总结句

例如：

总之，国家发展在于实业，实业发展基于人才，人才发展寄于教育(修饰句)。以教育促进实业发展势在必行(总结句)。

——《以教育促进实业发展》的结尾

科斯定律告诉我们，资源应流向最能利用好它的人，这样的人应该是"冒尖"人才(修饰句)。所以，企业用人，与其"拔尖"，不如"冒尖"(总结句)。

——《"拔尖"不如"冒尖"》的结尾

孟子曰："诚者，天之道也，思诚者，人之道也。"(修饰句)诚实守信、见利思义，才是企业的经营之道(总结句)。

——《由三鹿奶粉事件所想到的》的结尾

结构化训练 1　高铁霸座

论说文：根据下述材料，写一篇700字左右的论说文，题目自拟。

2018年8月21日，在从济南西站开往北京的G334次高速动车组列车上，一男子霸占别人的座位还对前来劝阻的乘务员各种胡搅蛮缠，视频发到网上后，引起了全国人民的愤慨。从而被人称为霸座哥。

【自我训练】

1个主题	原因 （reason）	
	结果 （result）	
	态度 （attitude）	
	标题 （title）	
3句开头		
4层结构	第1层	
	第2层	
	第3层	
	第4层	
2句结尾		

【参考答案】

1个主题	原因 （reason）	高铁霸座的原因是什么？ 规则意识的缺失。
	结果 （result）	会导致什么结果？ 破坏社会的正常秩序。
	态度 （attitude）	那我们的应该怎么做？ 反对高铁霸座，提倡规则意识。
	标题 （title）	规则意识应该提倡 "高铁霸座"事件叩问规则意识
3句开头		高铁霸座现象引人愤慨（引材料）。我认为（过渡词），提高规则意识，势在必行（论点句）。

续表

4层结构	摆现象	快递小哥超速送餐，行人乱闯红灯，海底捞插队事件。
	析原因	破坏规则有利可图，高铁霸座处罚较小。
	谈危害	劣币驱逐良币。
	提建议	(1)遵守规则有好处。 (2)提出解决方案。
2句结尾		"矩不正，不可为方；规不正，不可为圆。"(修饰句)方其矩、正其规，方可使高铁霸座者们绝迹(总结句)。

本题的材料是一个反面现象，建议使用"现象分析式"结构。

【参考范文】

范文	分析
"高铁霸座"事件叩问规则意识 吕建刚 高铁霸座现象引人愤慨。我认为，提高规则意识，势在必行。 其实，类似高铁霸座这样破坏规则的事件并非孤例，而是层出不穷，快递小哥超速送餐，行人乱闯红灯，海底捞插队事件皆是例证。 这些事件为何发生？原因不难让人理解。以高铁霸座事件为例：一方面，霸座者破坏规则的行为可以让自己免受舟车劳顿之苦；另一方面，权利被侵害的人们通常也觉得占座事小，往往倾向于采取息事宁人的态度；再加上对于这样的"小事"，法律一般也不会给出过于严厉的处罚。你看，破坏规则者有利可图，却无须付出多少违规成本，他们当然乐此不疲。 如果我们对破坏规则的行为置之不理，将会产生严重的后果。破坏规则者获利，而守规则者吃亏，长此以往，人们就倾向于不再遵守规则，规则无人遵守、形同虚设，将会产生劣币驱逐良币的后果。 其实，规则看起来是对你我的约束，实则是保护你我的利器。一是因为，规则协调了我们之间的利益关系——既保护你的个人利益不被人侵犯，也约束你不要去侵犯别人利益；二是因为，规则让社会得以正常运转——排队买饭讲个先来后到，开车出行遵守红灯停绿灯行，这就提高了社会的运行效率。 可见，提高规则意识势在必行。具体方法上，要"软""硬"兼施。 "软"是指宣传教育。法律监管不可能面面俱到，也不可能监督到每个人的所有行为，尤其是对于一些破坏规则的"小事"，仅靠外力解决事倍功半。通过宣传教育，让大家自觉地成为规则的践行者，是提高国人规则意识的首要举措。 "硬"是指法规监管。对于那些屡教不改的"老赖们"，要重拳出击，当罚则罚，不能手软。当违规成本高于违规收益时，人们就失去了违规的动机。 "矩不正，不可为方；规不正，不可为圆。"方其矩、正其规，方可使高铁霸座者们绝迹。 (全文共715字)	• 引材料，提出论点。 • 摆现象。 • 析原因。 • 谈危害。 • 提建议：遵守规则有好处。 • 提建议：具体方案。 • 总结全文。

结构化训练 2　地摊经济

论说文：根据下述材料，写一篇 700 字左右的论说文，题目自拟。

"新冠"疫情发生以来，各地政府大力提倡地摊经济，对疫情后的经济恢复起到了一定的作用；与此同时，地摊经济也引发了诸如占道经营、卫生不良等一系列的问题。

【自我训练】

1 个主题	原因 （reason）	
	结果 （result）	
	态度 （attitude）	
	标题 （title）	
3 句开头		
4 层结构	第 1 层	
	第 2 层	
	第 3 层	
	第 4 层	
2 句结尾		

【参考答案】

1 个主题	原因 （reason）	为什么疫情期间各地政府大力发展地摊经济？ 因为疫情期间，社会生产和生活受到了影响，甚至一些老百姓面临失业问题，发展地摊经济有助于解决这些问题。
	结果 （result）	发展地摊经济的结果如何？ 好的方面：促进了当地经济发展，改善了当地的就业。 坏的方面：引发了占道经营、卫生不良等一系列的问题。
	态度 （attitude）	对地摊经济应该提倡还是反对？ 利大于弊，应该提倡。
	标题 （title）	"地摊经济"应该鼓励
3 句开头		近来，"地摊经济"成为家喻户晓的热词（引材料），如李克强总理所言，"地摊经济"是中国的生机（过渡句），应该鼓励（论点句）。

续表

	本材料中看起来双方有争议，但是疫情期间，该政策的实施是起到了不小的作用的，应该提倡。因此，这是一个正面提倡类题型，建议使用"利大于弊"式结构。	
4层结构	有好处(1)	"地摊经济"能缓解就业压力。
	有好处(2)	"地摊经济"能促进经济发展。
	有问题	不当占道经营、影响公共卫生、出售假冒伪劣商品。
	能解决	划定专门的摆摊场所、加强卫生监管、处罚假冒伪劣商品。
2句结尾	总而言之，在"疫情"的大背景下，地摊经济是改善民生的一条行之有效的方法，应该鼓励。	

【参考范文】

范文	分析
"地摊经济"应该鼓励 吕建刚 近来，"地摊经济"成为家喻户晓的热词，如李克强总理所言，"地摊经济"是中国的生机，应该鼓励。 首先，"地摊经济"能缓解就业压力。摆地摊成本低、风险小，对摆摊者的要求也不高，不管是下岗职工，还是城市务工人员，抑或是"白领"甚至"金领"，只要能拉下脸面愿意干，人人都可以摆地摊。尤其是对于那些因"新冠"疫情而失业的人来说，摆个地摊，就可以解决眼前的生计问题，这对就业的帮助是显而易见的。我们常常说要解决民生问题，其实就业就是最大的民生，生存就是最大的人权。地摊经济解决了一部分人的就业问题、生存问题，可见，它就是这些人的"生机"。 其次，"地摊经济"能促进经济发展。地摊经济看起来是一些不起眼的小生意，但其实它是一种非常"高性价比"的商业模式：成本不高、库存不大、风险较小、方向灵活。而且，各地开业的地摊、夜市无不人头攒动、熙熙攘攘，这说明地摊经济往往能积聚大量的人气，人气就是商气，人气就是财气，不仅能促进周边小区的消费，还能拉动周边商铺的销售。 当然，我们也能看到，地摊经济在发展过程中出现了一些问题和一些隐患。比如，有一些地摊经营者不当占道经营；有一些摆摊者，经营的是假冒伪劣商品；还有一些夜市，在摆摊者散场之后遍地狼藉。种种乱象，不一而足。这给城市的管理带来了一定的压力。 但以上种种问题，我认为宜疏不宜堵。有不当占道经营的，我们可以划定专门的摆摊场所；有不讲究卫生的，一是要加强卫生监管和处罚，二是城市管理部门也要做好清洁工作；有出售假冒伪劣商品的，则可重拳出击，予以处罚。摆摊者并不是故意要制造这些麻烦，说白了他们就是谋份生计而已。把规则制定好、奖罚说明白，只要这份生计还在，他们还是能够遵守规则的。 总而言之，在"疫情"的大背景下，地摊经济是改善民生的一条行之有效的方法，应该鼓励。 （全文共747字）	• 引材料，提出论点。 • 好处一。 • 好处二。 • 存在问题。 • 解决问题。

结构化训练 3　知识产权

论说文：根据下述材料，写一篇 700 字左右的论说文，题目自拟。

习近平总书记在主持中央政治局第二十五次集体学习时指出："保护知识产权就是保护创新"。对于这句话，你如何理解？

【自我训练】

1 个主题	原因 （reason）	
	结果 （result）	
	态度 （attitude）	
	标题 （title）	
3 句开头		
4 层结构	第 1 层	
	第 2 层	
	第 3 层	
	第 4 层	
2 句结尾		

【参考答案】

结构（1）

1 个主题	原因 （reason）	为什么要保护知识产权？ 这则材料里面给了非常明确的答案：保护知识产权就是保护创新。
	结果 （result）	保护知识产权会导致什么结果？ 让更多的人、更多的企业乐于创新、敢于创新、善于创新。
	态度 （attitude）	对待保护知识产权我们应该是什么态度？ 当然是提倡保护知识产权。
	标题 （title）	保护知识产权势在必行
3 句开头		习近平总书记在主持中央政治局第二十五次集体学习时指出："保护知识产权就是保护创新"（引材料）。在知识经济时代，保护知识产权尤为重要（论点句）。
4 层结构		该材料是一个正面提倡类型的材料，推荐使用"利大于弊式"结构。
	有必要	知识产权已经成了现代企业尤其是高科技企业的发展之要。
	有好处	做好知识产权的保护，能促进创新的发展。
	有问题	知识产权意识淡薄、侵权现象时有发生。
	能解决	一方面，要加强宣传教育；另一方面，要加强法律监管。
2 句结尾		总之，保护知识产权就是保护创新（引材料）。保护知识产权，势在必行（总结句）。

结构(2)

4层结构	该材料是一个正面提倡类型的材料，但日常生活中也存在大量侵犯知识产权的反面事件，因此，也可以使用"现象分析式"结构。	
	摆现象	学术界的抄袭剽窃、商业界的假冒伪劣、科技界的专利侵权。
	析原因	一方面侵犯他人知识产权可获益；另一方面侵犯他人知识产权惩罚小。
	谈危害	形成劣币驱逐良币的后果。
	提方案	其一，要做好市场引导。 其二，要提升知识产权领域的公共服务水平。 其三，要继续完善保护知识产权的法律法规。

【参考范文】

范文1：利大于弊式结构

范文	分析
保护知识产权势在必行 吕建刚 习近平总书记在主持中央政治局第二十五次集体学习时指出："保护知识产权就是保护创新。"在知识经济时代，保护知识产权尤为重要。	• 引材料，提出论点。
首先，知识产权已经成了现代企业尤其是高科技企业的发展之要。一方面，仅凭商标权、专利权等知识产权，一些西方企业就能坐收渔利，赚得盆满钵满。同样一个皮包，挂个LV的标志，就能由几百元卖到上万元；另一方面，拥有专利权的企业往往能扼住其他企业命运的咽喉。以高通为例，它凭借在芯片领域的优势，向每部使用高通技术的手机收取5%的专利费，每年从中国手机企业收取专利费超过300亿元；一言不合，还可能给你断供芯片，让你陷入绝境。	• 有必要。
其次，做好知识产权的保护，能促进创新的发展。这是因为，知识产权归根结底是一种收益独占权。我费心费力出版了著作、创建了品牌、发明了专利，是为了享有这些著作、品牌、专利的收益权，如果这样的收益权得不到保证，我就失去了创作研发的动力。如果侵权者反而能轻轻松松就赚取了收益，问题就会雪上加霜，最终形成劣币驱逐良币的后果。可见，要想刺激创新，首先要做好知识产权保护。	• 有好处。
当然，由于历史原因，过去我们在知识产权保护上存在一些问题。比如，一些人知识产权意识淡薄，对于侵犯他人权利的行为不自知；还有一些人故意侵犯他人知识产权，模仿抄袭或者出售假冒伪劣获利。	• 当然有问题。
想解决这些问题，软硬兼施十分重要。	• 问题能解决：提方案。
一方面，要加强宣传教育，以增强人们的产权意识。凡事只靠外力监督往往事倍功半，若知识产权保护成为自觉行为，无疑能减少很多不必要的社会成本。	
另一方面，要加强法律监管。对于确有侵权者，要重拳出击、严惩不贷，当违法成本远远大于违法收益时，人们就失去了侵权动机。	
总之，保护知识产权就是保护创新。保护知识产权，势在必行。	• 总结全文。
（全文共704字）	

范文 2：现象分析式结构

范文	分析
保护知识产权势在必行 吕建刚 　　习近平总书记在主持中央政治局第二十五次集体学习时指出："保护知识产权就是保护创新。"在知识经济时代，保护知识产权尤为重要。 　　当今社会，侵犯他人知识产权的案例并不鲜见。无论是学术界的抄袭剽窃，还是商业界的假冒伪劣，还是科技界的专利侵权，其实都是对他人知识产权的侵犯。 　　这些现象之所以发生，利益是背后的推手：一方面，研发创新成本高、风险大，但通过抄袭、仿冒、仿制，就可以直接窃取他人的劳动成果，既不用投入研发成本，还能迅速取得收益；另一方面，前些年我们国家对知识产权的保护力度尚有欠缺，侵权方被处罚时往往力度并不够大。违规收益明显大于违规成本，当然会有人乐此不疲。 　　这些侵权行为的后果十分严重。这是因为，知识产权归根结底是一种收益独占权。我费心费力出版了著作、创建了品牌、发明了专利，是为了享有这些著作、品牌、专利的收益权，如果这样的收益权得不到保证，我就失去了创作研发的动力。如果侵权者反而能轻轻松松就赚取了收益，问题就会雪上加霜，最终形成劣币驱逐良币的后果。 　　可见，保护知识产权势在必行。具体手法上，有以下三个方面： 　　其一，要做好市场引导。一方面要让真正创新的企业有利可图；另一方面要继续完善知识产权的转化平台，让个人创新者也有一个知识产权转化的路径。这样一来，创新者就能有足够的回报和动力，正如林肯所说："专利制度就是给天才之火，浇上利益之油。" 　　其二，要提升知识产权领域的公共服务水平。搭建好知识产权应用的公共服务平台，优化知识产权的申报、审查流程和审查质量。 　　其三，要继续完善保护知识产权的法律法规，加强知识产权领域的执法力度，让创新者有一个坚实的后盾。 　　总之，现代竞争的关键是创新，而创新的基础是保护知识产权。保护知识产权，势在必行。 （全文共 713 字）	• 引材料，提出论点。 • 摆现象。 • 析原因。 • 谈危害。 • 提方案。 • 总结全文。

结构化训练 4　垃圾分类

　　论说文：根据下述材料，写一篇 700 字左右的论说文，题目自拟。

　　上海实行垃圾分类以来，网友议论纷纷。支持者认为垃圾分类有助于环保，反对者认为垃圾分类给自己的生活造成了负担，还是应该集中处理垃圾。

【自我训练】

1个主题	原因 （reason）	
	结果 （result）	
	态度 （attitude）	
	标题 （title）	
3句开头		
4层结构	第1层	
	第2层	
	第3层	
	第4层	
2句结尾		

【参考答案】

1个主题	原因 （reason）	为什么要实行垃圾分类？ 因为传统的集中处理垃圾的方式带来很多问题：污染环境、浪费资源。
	结果 （result）	实行垃圾分类会产生什么结果？ 提高垃圾的回收利用率，降低垃圾处理的成本，减少环境污染。
	态度 （attitude）	那我们应该怎么办？ 反对垃圾集中处理，提倡垃圾分类处理。
	标题 （title）	垃圾分类，势在必行
3句开头		上海推行的垃圾分类政策引发了广泛的讨论，有人大力支持，有人极力反对（引材料）。在我看来（过渡词），垃圾分类是污染管理的先行条件，垃圾分类，势在必行（论点句）。
4层结构		该材料中出现AB二元结构，即垃圾处理方式有两种：集中处理垃圾、分类处理垃圾。这两种方式是二者择一的关系，因此，可以使用"非A推B式"结构。
	A有问题	集中处理垃圾产生诸多问题：污染环境、浪费资源。
	B有好处	分类处理垃圾则有诸多好处：有利于提高资源的回收利用率、有助于降低垃圾的处理成本。
	B有困难	当然，分类处理垃圾存在困难。
	困难能解决 （提方案）	制定规则、明确责任、合理奖惩。 说明：此处借鉴了"利大于弊式"结构的后半部分，即"整体有好处，当然有困难，困难能解决"。
2句结尾		垃圾分类虽仍有争议，但利大于弊。垃圾分类，势在必行。

【参考范文】

范文	分析
<div align="center">**垃圾分类，势在必行**</div><div align="center">吕建刚　花爷</div>上海推行的垃圾分类政策引发了广泛的讨论，有人大力支持，有人极力反对。在我看来，垃圾分类是污染管理的先行条件，垃圾分类，势在必行。	• 引材料，提出论点。
近年来，"垃圾围城"的现象愈演愈烈。旧垃圾尚未处理，新垃圾便在路上，如此垃圾越堆越多，环境状况每况愈下。从前我们处理垃圾都是"一窝端"，将其大量填埋与焚烧，看似简单易行却祸根深种。填埋的垃圾需百年降解，焚烧产生的颗粒物和残渣不仅无益于环境保护，还造成了二次污染。	• 集中处理垃圾有问题。
垃圾分类有利于提高资源的回收利用率。从前人们没有垃圾分类的意识，将有用的、无用的，有毒的、无毒的垃圾都丢在一起，使许多本可以变废为宝的物品难以被发现和回收。将垃圾进行分类，能增加材料回收利用的可能性和可行性，有助于实现高能耗社会到低能耗社会的转型，提高资源的回收利用率。	• 分类处理垃圾有好处。
垃圾分类有助于降低垃圾的处理成本。这是因为，个人提前分拣少量垃圾所耗费的精力远少于海量垃圾混合后再进行分类的时间。科斯定理也告诉我们，谁避免意外所付出的成本最低，谁的责任就越大。长期进行垃圾分类，垃圾处理的边际成本将逐渐降低，从而形成规模效应，社会总成本将直线下降。	
垃圾分类的推行阻力重重，大多是因为人们认为垃圾处理的工作与自己无关，每天花三分钟进行垃圾分类是不值当的行为。非也。"公共地悲剧"告诉我们，每个人的不作为将导致环境的大恶化。而小作为一开始看起来费时费力，但一旦度过学习期便会习惯成自然，从三分钟到三十秒也许只需要三天光景。	• 当然存在困难。
想要更正人们旧有的习惯，需要借助外部的力量辅助执行。政府应当制定清晰的标准、明确的规则，将社会大责任量化为个人小责任；环境部门也要履行自己的监督职责，实施合理的奖惩制度，让大家愿意分类、支持分类。	• 困难能够解决。
垃圾分类虽仍有争议，但利大于弊。垃圾分类，势在必行。<div align="right">（全文共 722 字）</div>	

论说文要用摆事实、讲道理的方式说服别人,这其中更关键的是讲道理。

但问题是,多数同学不会讲道理。如果我们能找到一些道理,这些道理可以在论说文中通用,是不是就解决了这一问题呢?

这个世界上的道理当然有很多很多,但论说文终究考的是那些对决策有帮助的道理,即如何帮助别人预测收益、核算成本、评估风险,等等。

但不是所有的理论都适用于论说文,因为,有的理论过于高深,我们很难掌握;有的理论学术性太强,很难在论说文中用一两句话解释清楚;有的理论适用范围太窄,即使我们学了,在论说文中也很难考到。因此,老吕把这些不适用的理论剔除,留下那些适合我们写论说文并且可以用在多篇论说文中的理论,称之为"母理"。

可见:

所谓母理,是指管理学、经济学、社会学、心理学、哲学中那些能够被简洁表述、通用性强、可以解释多种现象、可以用在多篇不同话题的论说文中的经典理论。

常见的母理如下:

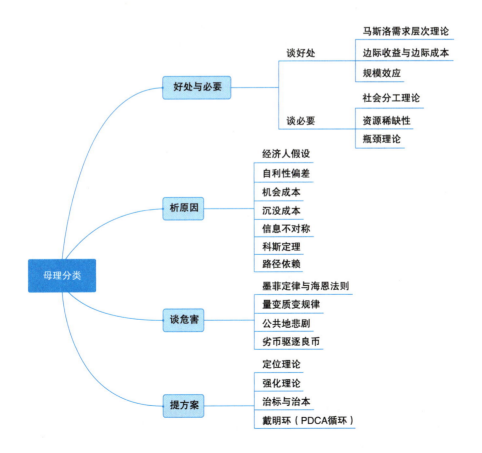

第 1 节 母理应用：谈好处

> 本节内容涉及"马斯洛需求层次理论""边际收益""边际成本""规模效应"等理论。
>
> 这些理论一般用在"利大于弊式"中"整体有好处"的部分，也可用于"AB 二元式"题目谈好处的部分。

母理 1. 马斯洛需求层次理论

1.1 理论介绍

马斯洛需求层次理论[①]是由美国著名社会心理学家马斯洛提出的，关于需要结构的理论。该理论认为，人们需要动力实现某些需要，有些需求优先于其他需求。

马斯洛的需求层次结构是心理学中的激励理论，包括人类需求的五级模型，通常被描绘成金字塔内的等级。从层次结构的底部向上，需求分别为：生理（如食物和衣服），安全（如工作保障），情感和归属的需求（如友谊），尊重和自我实现。

基于"马斯洛需求层次理论"，有以下五个基本观点：

（1）五种需要是最基本的，与生俱来的，构成不同的等级或水平，并成为激励和指引个体行为的力量。

（2）低级需要和高级需要的关系：马斯洛认为需要层次越低，力量越大，潜力越大。随着需要层次的上升，需要的力量相应减弱。高级需要出现之前，必须先满足低级需要。在从动物到人的进化中，高级需要出现得比较晚，婴儿有生理需要和安全需要，但自我实现需要在成人后出现；所有生物都需要食物和水分，但是只有人类才有自我实现的需要。

（3）低级需要直接关系个体的生存，也叫缺失需要，当这种需要得不到满足时直接危及生命；高级需要不是维持个体生存所绝对必需的，但是满足这种需要使人健康、长寿、精力旺盛，所以叫做生长需要。高级需要比低级需要复杂，满足高级需要必须具备良好的外部条件：社会条件、经济条件、政治条件等。

（4）马斯洛看到低级需要和高级需要的区别，他后来澄清说，满足需求不是"全有或全无"的现象，他承认，他先前的陈述可能给人一种"错误的印象，即在下一个需求出现之前，必须百分之百地满足需求"。在人的高级需要产生以前，低级需要只要部分的满足就可以了。例子：为实现理想，不惜牺牲生命，不考虑生理需要和安全需要。

（5）个体对需要的追求有所不同，有的对自尊的需要超过对爱和归属的需要。

1.2 相关事件或例证

（1）《史记·管晏列传》中有一句话"仓廪实而知礼节，衣食足而知荣辱"，这其实是马斯洛需

---

① "马斯洛需求层次理论"的相关知识来源于百度百科。本章中其余"母理"的理论介绍及其相关例证均引用自百度百科，此处统一说明出处，后文中不再一一说明。但本章中母理应用中的段落为作者原创。

求层次理论的一种体现。

（2）对一些员工来说，有时候公开的奖励和表扬，强调工作任务的艰巨性，更能激发他的工作动力。

1.3 母理的应用

主题 \ 母理	马斯洛需求层次理论 理论强调人的动机是由人的需求决定的。而且人在每一个时期，都会有一种需求占主导地位，而其他需求处于从属地位。 人的需求分成生理需求、安全需求、情感和归属、尊重需求和自我实现五个层次。需求是由低到高逐级形成并得到满足的。
为穷人提供福利 1（2017 年经济类联考真题）	满足穷人的生理需求，才能更大限度地激发他们高层次的精神追求。根据马斯洛需求理论，处于低层次的生理需求会长期困扰穷人，唯有解决这方面的问题，才能促使穷人有更高的精神追求，促使他们实现自我的价值，成为一名对社会有贡献的人，为社会的稳定发展添砖加瓦。
为穷人提供福利 2（2017 年经济类联考真题）	为穷人谋福利减少了社会不安定因素。基本的福利能保障底层人民最基本的生理和安全需求，作为马斯洛需求层次理论中最基本的需求，如果底层群众基本的吃饱穿暖无法得到满足，底层人民可能会受到身心上的困扰，从而增加社会的不安定因素。
为穷人提供福利 3（2017 年经济类联考真题）	福利政策保障了穷人最基本的生存需求。当人的基本生存需求都无法满足时，人很有可能为一己私欲，做出危害社会危害他人的事情。如果有福利政策为穷人的生存兜底，穷人违法犯罪的成本将大大超出该行为为带来的收益，穷人自然也就不愿意冒巨大风险做违法犯罪的事情，进而整个社会能够保持相对的和谐并稳定地向前发展。
回报社会（2020 年经济类联考真题）	回报社会、为社会做贡献看起来好像与人自私的一面相矛盾，其实不然。根据马斯洛需求层次理论，人在满足了自己的衣食住行等方面的需求之后，会存在更高的精神层面的需求，比如自我价值的实现。回报社会是实现自我价值的一种方式。

母理 2. 边际收益与边际成本

2.1 理论介绍

（1）边际收益

边际收益是指增加一单位产品的销售所增加的收益，即最后一单位产品的售出所取得的收益。它可以是正值或负值。边际收益是厂商分析中的重要概念。利润最大化的一个必要条件是边际收益等于边际成本，此时边际利润等于零，达到利润最大化。在完全竞争条件下，任何厂商的产量变化都不会影响价格水平，需求弹性对个别厂商来说是无限的，总收益随销售量的增加同比例增加，边际收益等于平均收益，也等于价格。

（2）边际成本

边际成本是指在一定产量水平下，增加或减少一个单位产量所引起成本总额的变动数。这个概念表明每一单位的产品的成本与总产品量有关。比如，仅生产一辆汽车的成本是极其巨大的，而生产第 101 辆汽车的成本就低得多，生产第 10 000 辆汽车的成本就更低了（这是因为规模经济带来的效益）。但是，考虑到机会成本，随着生产量的增加，机会成本也可能会增加。通过这个例子我们还可以知道，生产一辆新汽车时，所用的材料可能有更好的用处，所以要尽量用最少的材料生产出最多的车，这样才能提高边际收益。

2.2 相关事件或例证

（1）假如黄鹤楼的票价为 80 元，坐公交的路费为 2 元，那么我每去一次黄鹤楼的成本为 82 元。后来我办了一张旅游年卡 200 元，去黄鹤楼不限次。那么，我首次去黄鹤楼的成本变为 202 元，而再去一次黄鹤楼的边际成本为 2 元。但是，我未必会办这张年卡，因为同一个景点，我去的次数多了，它的美景对我就没有吸引力了，这时它的边际收益大大降低了。

（2）归根结底，每个人都是在出卖自己的时间，从这一点上而言，上帝是公平的，每个人每天只拥有 24 小时。那么，决定这 24 小时的时间能否带来更多收益的关键，就是你的边际收益和边际成本。比如，一个作家写了一本书，他的初始成本是很高的，可能需要一年的时间。可是他的边际成本很低，再印一本书的时间约等于零，而且这本书可以卖给很多人，因此，他的边际收益是高的。但是一个保安看了一个月大门，获得了一个月的工资，但他再看一个月的大门的边际成本还是一个月的时间，边际收益还是那一个月的工资。这使得他的收入永远无法提高到很高的水平上。

2.3 母理的应用

主题 ／ 母理	边际收益与边际成本
	边际收益是指增加一单位产品的销售所增加的收益，即最后一单位产品的售出所取得的收益。 边际成本是指在一定产量水平下，增加或减少一个单位产量所引起成本总额的变动数。
"网红"经济	少数网红之所以能够赚到巨额收入，这是由边际成本决定的。因为，大部分人的工作本质上都是在贩卖自己的时间，厨师的炒爆溜炸和程序员的敲卖代码之间，无非是时间单价贵贱的区别。然而，再怎么"996"，也难以实现收入的指数级增长。但成为网红，将知识技能效用的边际成本无限降低后，同样一分付出带来的收益却完全不同。
互联网经济	互联网经济的边际成本要远低于传统经济。例如，传统的线下书店和亚马逊电商平台对比，理论上亚马逊可以展示无数本书，而几乎不需要增加什么成本，一旦过了盈亏平衡点，利润将连续暴涨，节节攀高，未来创造的价值不可估量。
直播带货	直播带货之所以蓬勃发展，边际成本低是一个重要原因。一场直播十个人看和十万人看，成本上没有本质性的差别，但收入却可能相差万倍。这就能拉低直播带货的平均成本，提高直播带货的销售利润。

母理3. 规模效应

3.1 理论介绍

规模效应又称规模经济，即因规模增大带来经济效益的提高，但是规模过大可能使信息传递的速度变慢且容易造成信息失真、管理官僚化等弊端，反而产生"规模不经济"。

当企业的生产达到或超过盈亏平衡点时，才会产生规模效益。企业的成本包括固定成本和变动成本，在生产规模扩大后，变动成本同比例增加而固定成本不增加，所以单位产品的成本就会下降，企业的销售利润率就会上升。

3.2 相关事件或例证

(1)大多数的高科技产品如计算机的软、硬件，医药产品，航天、电信器材，生物科技与遗传工程的产品，研发费用都非常高。但是一旦被开发成功以后，产品大量生产的边际成本会非常低，甚至会接近于零。厂商在成功开发此类产品后，可以用非常低的成本将此类产品迅速地推广到全球各地，从而占领市场。

(2)信息产品的规模优势明显。一旦信息产品形成规模后，后来者想进入同一市场的难度就会越来越大。因为，最初的信息产品开发的固定成本相当高，而这些固定成本中的绝大部分是沉没成本。这样，后进入市场的企业就会面临着巨大的风险，弄不好不仅无法收回以前的投入，还很难生存下去。

(3)不是所有具有规模效应的制造业集群都能称得上先进制造业集群。最典型的例子是墨西哥制鞋产业集群。墨西哥制鞋业主要集中在莱昂、瓜达拉哈拉和墨西哥城，三地的制鞋份额各占墨西哥制鞋业的51％、22％和12％。其中莱昂、瓜达拉哈拉雇员少于100人的企业占比分别高达88％、93％，产业呈现出总体规模大、小企业多、企业之间联系弱、缺乏创新等特征，生产方式相对落后。

3.3 母理的应用

主题 ＼ 母理	规模效应
	规模效应又称为规模经济，即因规模增大带来的经济效益的提高，但是规模过大可能使信息传递的速度变慢且容易造成信息失真、管理官僚化等弊端，反而产生"规模不经济"。
扩大生产（2017年管理类联考真题）	我认为应该扩大旧产品的生产，这是因为，多数产品的研发其实都以创新始，以规模化生产终。研发成果需要规模化生产才能产生效益——规模效应所带来的边际成本的下降、边际效益的提高是企业的利润来源。因此，拒绝扩大生产是违背管理常识的。
合作（2013年管理类联考真题）	规模效应的存在提高了合作的价值。这是因为，合作可以使双方集中精力于自己擅长的领域，在这一领域扩大规模、提高效益。以富士康为例，这家公司专注于制造，通过与苹果、华为等不同公司的合作，扩大生产规模，降低生产成本，从而获取了竞争优势。

续表

直播带货	直播带货于厂商有益。直播电商带来的规模效应有助于企业降低生产成本、提高利润；同时实现订单式生产，解决库存积压的问题；另外，凭借主播的高流量，也能提升产品及品牌的知名度。
定位	企业要合理定位，这是因为，一个企业只有将优势资源集中于某一领域，才可能在这一领域形成规模效应，从而降低边际成本，提高边际收益，形成核心竞争力。
度	凡事须有度，切莫过犹不及。"初创企业家"力求扩大公司规模，虽说规模扩大会带来经济效益的提高，但是规模过大可能使信息传递速度变慢且带来信息失真、管理官僚化等弊端，反而产生"规模不经济"。这也意味着，管理者需要根据实际情况做出扩大生产的决策，不可一味追求大规模，打破企业内部生产的平衡。
竞争	竞争的关键往往在于规模。为何？规模效应回答了这一问题，即企业投入的生产资金不断增多之后，一旦生产线投入运营，那么产品大量生产的边际成本就会非常低，规模增大带来的经济效益就会提高。由于企业的成本包括固定成本和变动成本，故在生产规模扩大后，变动成本同比例增加而固定成本不增加，所以单位产品成本就会下降，利润随之上升。

第❷节 母理应用：谈必要

本节内容涉及"社会分工理论""资源稀缺性""瓶颈理论"等理论。这些理论一般用在"利大于弊式"中"整体有必要"的部分，也可用于"AB二元式"题目谈好处的部分。

需要注意的是，"有好处"一般指有它更好；"有必要"一般指没它不行。

母理4. 社会分工理论

4.1 母理介绍

社会分工，是指劳动者分别从事不同的劳动。

社会分工是社会化的标志之一，也是人类出现商品经济发展的基础。对人类来说，没有社会分工，就没有交换，市场经济也就无从谈起。如果没有社会分工，社会就难以正常运转。人类社会分工的优势，是让擅长的人做自己擅长的事情，使平均社会劳动时间最大程度缩短，生产效率显著提高。能够提供优质高效劳动产品的人，才能在市场竞争中获得高利润和高价值。人尽其才，物尽其用，就是社会分工的结果。

4.2 相关事件或例证

（1）畜牧业和农业的分离是人类历史上第一次社会大分工。社会分工促进了生产力的发展，带来了更多的劳动产品。劳动产品在满足本部落的共同消费之外，还出现剩余。进入交换的劳动产品的种类和数量增加了。一些氏族部落首领开始把剩余产品据为己有，私有制产生，氏族部落共同体开始瓦解，在此基础上，奴隶制社会随之产生。

(2)随着金属冶炼技术的出现，专门从事生产工具制造的手工业逐渐从农业中分离出来，从而出现了农业和手工业相分离的人类历史上第二次社会大分工。这次社会大分工出现了专门以交换为目的的商品生产。

(3)为了适应商品生产和交换发展的需要，社会中开始出现了专门从事商品买卖的商人阶层，于是又有了人类历史上的第三次社会大分工。在手工业者和商人活动的集中地，逐渐产生了城市经济，又有了城乡的分工。分工带来了生产力的进步和剩余产品的增加，使得一部分人完全摆脱了体力劳动，专门从事监督生产、管理国家及科学、艺术等活动，最终形成了脑力劳动和体力劳动的分工。

4.3 母理的应用

主题 \ 母理	社会分工 社会分工的优势，是让擅长的人做自己擅长的事情，使平均社会劳动时间最大程度缩短，生产效率显著提高。人尽其才，物尽其用，就是社会分工的结果。
合作	越来越细的社会分工机制决定了我们必须合作。社会分工机制让我们每个人、每个企业能各司其职，做自己最擅长的事情，这样就可以减少工作转移时的效率损失，大大提高资源利用的效率。而对于那些自己不擅长的事，就可以交给合作伙伴去处理。
异见	集思广益是决策者的内在需要。"尺有所短，寸有所长"，管理者不可能是全才，多数管理者仅仅是某一领域或某个方面的行家里手，在其他方面一定有其短处。在自己不擅长的领域，多听听别人的建议和意见，显得尤为重要。可见，集思广益能提高决策的科学性。
专业化与 多元化	专业化与多元化的选择问题，一直困扰着各位管理者，在我看来，先做到专业化，才有可能多元化。专业化，是由越来越细的社会分工机制决定的。每个企业能掌握的资源有限，其擅长的领域也有限，集中力量发展自己的核心竞争力才是发展的关键。

母理 5. 资源稀缺性

5.1 母理介绍

资源是稀缺的。一方面，一定时期内物品本身是有限的；另一方面，利用物品进行生产的技术条件是有限的，同时人的生命也是有限的。

资源的稀缺性是经济学第一原则，一切经济学理论皆基于该原则，因为资源的稀缺性，所以人类的经济及一切活动需要面临选择问题，使得人们必须考虑如何使用有限的、相对稀缺的生产资源来满足多样化的需要，这就是所谓的"经济问题"，经济学理论则围绕这一问题展开论证。

5.2 相关事件或例证

(1)科斯定理。资源是稀缺的，因此社会必须以有效率的方式使用它。科斯定理就指出：只要财产权是明确的，并且交易成本为零或者很小，那么，无论在开始时将财产权赋予谁，市场均衡的最终结果都是有效率的，实现资源配置的帕累托最优。其体现的就是在资源有限的条件下，资源该如何被分配。

（2）城市之间之所以存在"抢人大战"，是因为高水平的人才资源是稀缺的。

（3）优质教育资源的稀缺，造就了天价"学区房"。

5.3 母理的应用

主题 ＼ 母理	资源稀缺性 对于任何人、企业、国家，其可用资源都是稀缺的，因此，要有效配置和利用资源。
合作	资源稀缺性决定了我们需要合作。因为，在企业经营中，无论是人才、资金，还是其他资源，都不可能取之不尽、用之不竭。因此，企业的经营不可能面面俱到，只能集中精力在某一领域，以求形成规模效应、降低边际成本、提高边际收益、取得竞争优势。科技巨头苹果是全球现金储备最多的公司，即使如此，他们也仅仅集中精力在自己擅长的研发上，而把生产制造交给富士康等合作伙伴。可见，再优秀的公司也是需要合作的。
扬长避短1	资源的稀缺性，决定了企业只能集中精力发展长板。企业经营中，无论是人才还是资金，抑或是其他资源，都不可能取之不尽、用之不竭。因此，企业的经营只能集中精力在某一领域，以求形成规模效应、降低边际成本、提高边际收益，取得竞争优势。反之，面面俱到的发展模式并不能让公司样样精通，反而会样样平庸。
扬长避短2	资源具有稀缺性决定了企业不得不扬长。一个企业中，无论是资源还是人才都是有限的。贪"全"则意味着难以图"精"。与其样样皆通，样样稀松，倒不如专攻某一个领域，将其发展到极致，以此博得属于自己的"蓝海"。

母理6. 瓶颈理论

6.1 理论介绍

TOC（Theory of constraints）中文译为"瓶颈理论"，也被称为制约理论或约束理论，由以色列物理学家高德拉特博士创立。

瓶颈指的是位于瓶口下面的一部分，寓意整个系统中最薄弱的环节。瓶颈理论认为，企业的整体生产效率往往由效率最低的那一部分决定。任何系统至少存在着一个制约因素（瓶颈），否则它就可能有无限的产出。因此要提高一个系统（任何企业或组织均可视为一个系统）的产出，必须打破系统的瓶颈，只有这样才可以更显著地提高系统的产出。而解决了一个瓶颈以后，原来排在第二位的限制因素又会变成新的瓶颈，因此解决瓶颈的过程是不断循环的。

木桶定律与瓶颈理论类似，一只木桶想盛满水，必须每块木板都一样平齐且无破损，如果这只木桶的木板中有一块不齐或某块木板下面有破洞，这只木桶就无法盛满水。

瓶颈理论是制造工业提高生产效率的重要管理理论之一，但事实上它却能用来解决各个方面的问题。

6.2 相关事件或例证

（1）新买的手机配置高、像素好、外形炫，但只有1GB内存，这时手机的性能再高，也会受制于过小的运行空间。手机的运行受到极大的内存限制，这个时候给手机加个内存卡，使用体验就会很快提升。

（2）一家包子铺的生意很好，做出的包子每天供不应求。但是，老板发现，每天打烊时，都会扔掉多余的馅料和包子皮。调查之后发现，是负责包包子的员工数量相对较少，生产出的馅料和包子皮不能很快进入下一环节所致。于是老板增加了员工数量，很好地解决了原料剩余的问题。其次，因为蒸笼不够大，包子不能及时入笼，于是老板又购入了新的蒸笼。经过这种不断调整的过程，包子铺的生意越来越好。

6.3 母理的应用

主题 ＼ 母理	瓶颈理论（木桶理论）
	瓶颈理论认为，任何系统至少存在着一个效率最低的制约因素——瓶颈，这个瓶颈决定了一个企业或组织达成目标的效率。而企业管理者必须从克服该瓶颈着手，才可以在更短的时间内显著地提高系统的产出。
合作 （2013年管理类联考真题）	瓶颈的存在决定了我们必然合作。"尺有所短，寸有所长"，以色列学者高德拉特的瓶颈理论也告诉我们，任何企业必然存在着限制整体效率提高的瓶颈。当我们自身的力量无法解决这样的瓶颈时，就需要寻求合作，取长补短。
长与短	发展"长板"不代表置"短板"于不顾。一方面，瓶颈理论告诉我们，任何一个系统、任何一个企业，都有制约其发展的瓶颈，瓶颈的效率决定了整个系统、整个企业的效率。因此，对于那些制约企业形成独特竞争优势的短板，我们要尽快补齐。另一方面，我们要清醒地认识到，我们不可能做到面面俱到，那些与企业核心竞争力无关的"短板"，用合作的方式，取别人之长、补己之短是更佳策略。
细节	关注细节，有助于解决企业的发展瓶颈。经济学中的瓶颈理论告诉我们，任何一个企业都有制约其发展的瓶颈，但这些瓶颈并不一定能被轻易发现，否则，任何企业都能走向成功和卓越了。这就需要企业管理者认真分析经营的每个流程，不放过任何一个细节，著名的六西格玛管理理论，强调的就是细节管理。

第❸节 母理应用：析原因

本节内容涉及"经济人假设""自利性偏差""机会成本""沉没成本""信息不对称""科斯定理""路径依赖"等理论。 这些理论一般用在"现象分析式"中"析原因"的部分。

有时候也可以反过来使用，用于"提建议"的部分。

例如：

合作中，要尤其注意摆脱自利性偏差的影响。

创新的关键在于摆脱路径依赖。

做决策时，要摆脱沉没成本的影响。

母理 7. 经济人假设

7.1 母理介绍

"经济人"的假设，起源于享乐主义哲学和英国经济学家亚当·斯密（Adam Smith）关于劳动交换的经济理论。亚当·斯密认为：人的本性是懒惰的，必须加以鞭策；人的行为动机源于经济和权力维持员工的效力和服从。该理论有两层含义：

含义一：认为人们经济生活的原动力是人的利己主义行为，即把人当作"经济动物"来看待，认为人的一切行为都是为了最大限度地满足自己的私利，工作目的只是获得经济报酬。同样，别人帮助我们也只是利己的行为。这样看来，人都是天然的利己者。

含义二：人在利己的动机下，在自由的市场机制下，不仅能够实现自己的利益，还能使整个社会达到最好的福利状态。简单来说，在追求自己的利益的同时，往往能更有效地促进社会的利益。

基于"经济人"假设，有以下推论：

(1)多数人天生是懒惰的，他们都会尽可能地逃避工作。

(2)多数人都没有雄心大志，不愿负任何责任，而心甘情愿受别人的指导。

(3)多数人的个人目标都是与组织目标相矛盾的，必须用强制、惩罚的办法，才能使他们为达到组织的目标而工作。

(4)多数人干工作都是为了满足基本的生理需要和安全需要，因此，只有金钱和地位才能鼓励他们努力工作。

(5)人大致可分为两类：多数人都是符合于上述设想的人；另一类是能够自己鼓励自己，能够克制感情冲动的人，这些人应负起管理的责任。

7.2 相关事件或例证

(1)人为财死，鸟为食亡。

(2)利益是人类行动的一切动力。——霍尔巴赫

(3)医生、老师、商人为了使自身的金钱收入更多而积极投入工作，医生深度研究医学、老师教研学科知识、商人促进贸易往来，如此，医学进步、教育提高、商业发展，国家也更加富强。

7.3 母理的应用

母理 主题	"经济人"假设 含义一：认为经济人具有理性，即个人追求自利最大化，完全为利己主义。 含义二：人们在追求自己的利益的同时，往往能更有效促进社会的利益。
诚信 （2009 年管理类 联考真题）	不诚信的事件之所以发生，利益是背后的推手。以三鹿奶粉事件为例：在奶粉中添加三聚氰胺，可以使牛奶中蛋白质含量的检测数值更高，从而卖出更高的价钱，赚取更多的利润。这也正是亚当·斯密的经济人假设告诉我们的：人们的行为，无非和他们的利益有关。

续表

学者逐利 (2010年管理类 联考真题)	学者追名逐利，原因不难理解。根据"经济人"假设，人都是在追求利益最大化。越是重大的发明和创造，越是需要潜心多年的研究，同时失败的风险也越大。如此一来，学者即使研究多年也可能很难有所成就，不如直接追名逐利来得痛快。
义利之辩1 (2015年管理类 联考真题)	每个人都有权利、有自由去追求自己的合法利益。其实，人都是"经济人"，多一点理性，做一些权衡，更好地为自己考虑，也无可厚非。很多人看到别人追求利益，就鄙夷之，甚至仇恨之；但转过身来自己面对利益时，却是一副唯利是图的丑恶嘴脸，实在可笑。面对财富，与其是一副欲言又止、欲拒还迎、遮遮掩掩的样子，还不如大大方方去追求自己的合法利益。
义利之辩2 (2015年管理类 联考真题)	从"经济人"假设的角度来谈，自利是基于人的理性的行为。它虽然强调自己的利益，但是从国家、社会发展的角度出发，各行各业为了使自身金钱收入更多而积极投入工作，医生刻苦钻研医学、老师深度教研知识、商人促进贸易往来，如此，医学进步、教育提高、商业发展，国家也更加富强。但是，私欲过度膨胀的自利，会损害他人的利益，而最终损人损己。
创新	从"经济人假设"的角度来说，企业的一切行为都是为了经济利益的最大化。企业积极创新，可以避免与其他企业的直接竞争，也可以创造出新的需求和利润，这对于企业进一步开拓市场和保持竞争优势来说有极大的益处。换句话说，选择创新，虽然可能放弃了一部分当下的既得利益，但却可以在未来获得数倍甚至数十倍于当下放弃的利益。
教授 穿金戴银 (2018年经济类 联考真题)	一些教授喜欢穿金戴银，其原因不难理解。一方面，根据"经济人"假设，人都是在追求利益最大化，教授也不例外，他们有权利追求自身的合法利益。另一方面，选择奢华的着装也是个人的自由，教授有权利自由支配自己的合法收入。
用人	用人的关键在于赏罚得当。根据英国经济学家亚当·斯密的"经济人假设"，人的行为动机很多都是出于经济诱因，员工工作就是为了取得经济报酬。因此，奖罚得当才能使员工更好地为企业效力，帮助企业以更高的效率完成目标、创造收益。

母理8. 自利性偏差

8.1 母理介绍

自利性偏差是一种常见的心理学现象，指的是从对自己有利的一面来判断客观事物，把不好的、错误的原因归于其他人或者外因。

自利性偏差一般会分为两种情况：第一，如果我这件事没做好，那肯定是不可控的、别人的或者意外的缘故。第二，如果我做这件事情成功了，那肯定是因为我水平高。

8.2 相关事件或例证

(1)玩《王者荣耀》的人都有一种体会，赢了是"我带飞"，输了"队友是猪"，这就是自利性偏差的典型体现。

(2)夫妻两个人总会有一种错觉，双方都觉得自己是对家庭贡献更大的一方，而对方的责任更小、更轻松，这其实就是自利性偏差的体现。

8.3 母理的应用

母理\主题	自利性偏差 自利性偏差又称自我服务偏见，是指人们常常从好的方面来看待自己，当取得一些成功时，常常容易归因于自己，而做了错事之后，怨天尤人，把它归因于外在因素。即把功劳归因于自己，把错误推脱于他人。
合作（2013年管理类联考真题）	很多合作会以失败而告终，其中一个重要原因是合作者存在自利性偏差。也就是说，人们常常把功劳归因于自己，把错误推脱于他人。合作获益时，他认为功劳归己，由此居功自傲，企图分享更多的利益；合作亏损时，他认为责任在他人，由此怨天尤人，希望承担更小的损失。这样的合作，最终必定因为心理上的利益分配不均而失败。
用人（2011年管理类联考真题）	善于用人者，不与下属争利。实际上，做到这一点并不容易。心理学上有一种理论叫自利性偏差，它是指人们常常把功劳归因于自己，把错误推脱于他人。我们常常见到这样的领头人，当项目成功时，认为是自己领导有方，忽略下属的努力；当项目失败时，则认为失败与己无关，将失败归因于下属执行不利。试问，这样的领导者会有人愿意为他卖力吗？所以，善于用人者，能够公平、客观地衡量下属的绩效，并给予相应的奖惩，而不是与下属争名、争利。《旧唐书》中有云"财聚人散、财散人聚"，是也。
争辩（2019年管理类联考真题）	有人说，争辩是通往真理的必由之路，其实不然，理性的争辩才是。我们常常看到一些争辩，从一开始的"据理力争"，到后来的"面红耳赤"，再到后来的"拳脚相加"。你看，争辩并没有让他们发现真理，而是让他们愈加觉得对方错误，恨不得毁灭对方才痛快。这其实就是自利性偏差在作怪——有利于自己的，我百般维护；不利于自己的，我视而不见。所以，争辩必须有理性精神，"屁股决定脑袋"式的争辩只能走向谬误。
原则与原则上（2008年MBA联考真题）	原则，本来是协调利益的工具，是日常行为的准绳，可是我们嘴边却常挂着一句话："原则上如何，但是如何。"这是为什么？因为我们多数人存在心理学上的"自利性偏差"——对我有利的，我百般维护；不利于自己的，我视而不见。所以，"原则"加一个"上"字，就可以为我所用、为我服务、为我牟利。

母理9. 机会成本

9.1 母理介绍

企业为从事某项经营活动而放弃另一项经营活动的机会，或利用一定的资源获得某种收入时所放弃的另一种最高收入，称为机会成本。通过对机会成本的分析，要求企业在经营中正确选择经营项目，其依据是实际收益必须大于机会成本，从而使有限的资源得到最佳配置。

在稀缺性的世界中选择一种东西意味着放弃其他东西。一项选择的机会成本，也就是所放弃的物品或劳务的价值。机会成本是指在资源有限的条件下，当把一定的资源用于某种产品的生产时所放弃的用于其他可能得到的最大收益。

9.2 相关事件或例证

(1)当一个厂商决定利用自己所拥有的经济资源生产一辆汽车时，就意味着该厂商不可能再利用相同的经济资源来生产200辆自行车。于是，可以说，生产一辆汽车的机会成本是所放弃生产的200辆自行车。如果用货币价值来代替对实物商品数量的表述，且假定200辆自行车的价值为10万元，则可以说，一辆汽车的机会成本是价值为10万元的其他商品。

(2)在学校，你天天不好好学习，就知道到处瞎玩、谈恋爱、攀比、打架，这样就放弃了学习奋斗必将拥有的未来选择权。在本该拼搏的年纪选择了安逸，"少壮不努力，老大徒伤悲"，丧失的未来选择权就是你不学无术选择安逸的机会成本。

9.3 母理的应用

母理 / 主题	机会成本 机会成本是指在资源有限的条件下，当把一定的资源用于某种产品生产时所放弃的用于其他可能得到的最大收益。
选择 (2014年管理类联考真题)	任何决策，其实都面临机会成本的选择，从而也就意味着风险。就像材料中的雄孔雀选择长出漂亮的尾巴来吸引异性，也就意味着要承担被天敌捕获的风险。对于企业而言，你的一项决策所付出的人力、物力、财力本可以用于其他方面，一旦决策失误，原本可能的收益就会变成损失。
路径依赖	路径依赖产生的原因，与机会成本有关。因为重新选择的机会成本太大，跟随原定路线看起来更加省时、省力，从而使企业和管理者极易产生路径依赖，失去重新选择和承担风险的能力。
危机	危机意识说起来简单做起来很难，探其本源，是防范危机的机会成本在作祟。为了防止危害的到来，需要花费巨大的人力、物力、财力，而这就会占用企业的一部分资源。基于此，多数人不愿意耗费预防成本去管理"看不见，摸不着"的危险。这样的后果是，一旦厄运降临，就会造成不可挽回的损失。
专注	成事须专注，做到却很难。就企业本身而言，专注于技术、产品本身需要付出巨额成本，且还面临失败的风险。退一步讲，即使企业能够沉淀于技术的研发，也难以保持：一是因为市场的风向持续变动，精研的产品未必迎合消费者口味；二是在有限的资源条件下，专注技术研发便会形成一项过高的机会成本，让企业望而却步。
长与短	企业一味"补短"，会出现一些问题。一方面，决定企业成败的，往往是企业的"长板"而不是"短板"。如果非要让企业涉足不擅长的领域，非但不能补齐所谓的"短板"，反而会由于付出了巨大的人力、财力和物力资源而拖累企业"长板"的发展，使其成为一家平庸的企业。
合作	很多企业缺乏合作的积极性，其中一个重要原因便是机会成本的权衡。选择合作，就意味着要给合作伙伴分去"一杯羹"，从而放弃了独享全部收益的可能，尤其是当合作收益并不一定能高于"单打独斗"的收益时，企业往往出于机会成本的考虑而放弃合作。

母理 10. 沉没成本

10.1　母理介绍

沉没成本是指以往发生的、已经付出且不可收回的成本，如时间、金钱、精力等。从决策的角度看，以往发生的费用只是造成当前状态的某个因素，当前决策所要考虑的是未来可能发生的费用及所带来的收益，而不考虑以往发生的费用。也就是说，人们在决定是否去做一件事情的时候，要看这件事对自己有没有好处，而无须考虑过去是不是已经在这件事情上有过投入。

10.2　相关事件或例证

（1）我今天去看一部电影，花了 50 元买了一张电影票。结果这部电影一点儿都不精彩，我现在就想离开位置走人，或者还是把它看完。不管我要留下来继续看还是要立刻走人，花了 50 元买的电影票的钱是要不回来了，这就是所谓的沉没成本。

（2）每年都有学员和我说："老吕呀，我听了你的课，感觉我之前的备考时间都浪费了。教我的老师比你讲的差多了。"我说："那你赶紧报老吕的弟子班呀。"学员说："不行呀，我报这个班花了 20 000 多块钱，不听就浪费了。"你看，这个 20 000 多块钱就是你的沉没成本了，它不应该作为决策依据，你不能让别人浪费了你的钱，再继续浪费你的备考时间，还同时减小了你考上的可能性！

10.3　母理的应用

母理 主题	沉没成本 沉没成本是指以往发生的、已经付出且不可收回的成本，如时间、金钱、精力等。
创新	很多企业不愿意创新，这是因为创新总是伴随着风险。创新就意味着大量的时间、精力、资源的投入，但这种投入并不能保证必然成功，一旦创新失败，就会形成巨额的沉没成本，这让很多企业望而却步。
学者逐利 （2010 年管理类 联考真题）	很多学者之所以急功近利，原因不难理解。很多学科的研究需要经过漫长的岁月才能出成果，这就意味着大量的时间、精力、资源的投入。但这种投入并不能保证必然成功，一旦失败，就会形成巨额的沉没成本，这让很多学者望而却步。
路径依赖	很多企业容易形成路径依赖，不外乎两个原因。一是过去的路径、模式取得过成功，时移世易，还沉浸在过去的成功中难以改变；二是在旧路径上投入了过多的资源，一旦改弦更张就意味着之前的投入变成沉没成本。
竞争	在市场竞争中，沉没成本也可以形成竞争壁垒，并最终决定市场结构。如通信、交通、房地产、医药等资本密集型产业，其超额回报可谓诱人，但其惊人的初始投入和高退出成本往往使许多市场"准进入者"却步，因为这首先是一场"谁输得起"的比拼。这些高沉没成本的产业往往同时具备低边际成本的特性，"输得起"的一方最终会成为市场的赢家。

母理 11. 信息不对称

11.1 母理介绍

在市场经济活动中，各类人员对有关信息的了解是有差异的。掌握信息比较充分的人员，往往处于比较有利的地位；而掌握信息比较贫乏的人员，则处于比较不利的地位。

一般而言，卖家比买家拥有更多关于交易物品的信息。比如，饭店老板给你用劣质地沟油做菜，但是作为食客，你可能不知道，反而还要按正常价格付钱。在这个交易中，掌握信息比较少的食客处于不利的地位，一句话总结就是"买的不如卖的精"。

而食客们为了尽量避免遇到这种情形，通常会去选择一些更为有名的牌子。这体现了信息不对称理论的另一个角度：因为名牌提供了更多、更可靠的信息，所以买家愿意为了获得更多的信息而付出更多的钱。简而言之，花钱买放心。

11.2 相关事件或例证

(1)最早研究信息不对称现象的人是阿克尔洛夫，1970 年，他在哈佛大学经济学期刊上发表了著名的《次品问题》一文。阿克尔洛夫从当时司空见惯的二手车市场入手，发现了旧车市场由于买卖双方对车况的掌握不同而滋生的矛盾，并最终导致旧车市场的日渐式微。

在旧车市场中，卖主一定比买主掌握更多的信息。为了便于研究，阿克尔洛夫将所有的旧车分为两大类：一类是保养良好的车，另一类是车况较差的"垃圾车"，然后再假设买主愿意购买好车的出价是 20 000 美元，差车的出价是 10 000 美元，而实际上卖主的收购价却可能分别只有 17 000 美元和 8 000 美元，从而产生了较大的信息差价。

由此可以得出一个结论：如果让买主不经过旧车市场而直接从车主手中购买，那将产生一个更公平的交易，车主会得到比卖给旧车市场更多的钱，与此同时买主出的钱也会比从旧车市场买的要少。但接下来会出现另外一种情况，当买主发现自己总是在交易中处于不利位置时，他会刻意压价，以至低于卖主的收购价，例如好车的出价只有 15 000 美元，差车价只出 7 000 美元，这便使得交易无法进行。面对这种情况，旧车交易市场的卖主通常会采取以次充好的手段满足低价位买主，从而使得旧车质量越来越差，最后难以为继。

信息不对称现象的存在使得交易中总有一方会因为获取信息的不完整而对交易缺乏信心。对于商品交易来说，这个成本是昂贵的，但仍然可以找到解决的方法。还是以旧车交易市场为例，对于卖主来说，如果他们一贯坚持只卖好车不卖一辆"垃圾车"，长此以往建立的声誉便可增加买主的信任，大大降低交易成本；对于买主而言，他们同样也可以使用更好的策略将"垃圾车"剔除出来。

(2)在人才市场上也存在着信息不对称的问题，应聘者往往比雇主更清楚地知道自己的能力。设想市场上有两种应聘者——高能者和低能者，二者都积极地向雇主传递自己能力很高的信息，尤其是低能者，要想方设法把自己伪装成一个高能者。这时候，作为应聘者其实是有更多信息优势的，此时，教育程度就成为一种可信的传递信号的工具。那些上过名牌大学的人一般来说要比普通学校的学生更聪明、更勤奋，也更专注、更有自制力。当然，高学历也不一定就意味着高能力，名牌大学有时候也会出现一些能力及知识较差的学生，但是在没有更好的选择的情况下，雇主们只能相信学历所传递的信号了。

(3)俗话说"从南京到北京，买的不如卖的精"，这其中的道理就是信息不对称。中国古代有所谓"金玉其外，败絮其中"的故事，讲的是商人卖的货物表里不一，由此引申比喻某些人徒有其表。在商品中，有一大类商品是内外有别的，而且商品的内部情况很难在购买时加以检验，如瓶装的酒、盒装的香烟，录音、录像带等。人们或者看不到商品包装内部的样子（如香烟、鸡蛋等），或者看得到却无法用眼睛辨别产品质量的好坏（如录音、录像带）。显然，对于这类产品，买者和卖者了解的信息是不一样的，卖者比买者更清楚产品实际的质量情况，这时卖者很容易依仗买者对产品内部情况的不了解而欺骗买者。如此看来，消费者的地位相当脆弱，对掌握了"信息不对称"武器的骗子似乎毫无招架之术。

11.3 母理的应用

母理 / 主题	信息不对称 信息不对称是指在市场经济活动中，各类人员对有关信息的了解是有差异的。掌握信息比较充分的人员，往往处于比较有利的地位；而掌握信息比较贫乏的人员，则处于比较不利的地位。
合作 （2013 年管理类联考真题）	很多合作会以失败而告终，其中一个重要原因，便是信息不对称。一方面，在合作达成之前，合作双方对彼此的资源、能力并不能完全了解，可能会导致选错了合作伙伴，埋下了合作失败的种子；另一方面，在合作达成之后，合作双方对于合作方的付出也不是完全了解，容易产生事情都是我做的却要与对方分享利益的错觉，从而导致合作失败。
诚信 （2009 年管理类联考真题）	企业不能遵守诚信，还有一个重要原因，就是信息不对称的存在。由于消费者很难准确判断一件商品的品质，所以，很多人判断一件商品的价值的依据就是它的价格高不高，"只买贵的，不买对的"这种现象屡见不鲜，这就给了企业以次充好的天然动机。
论辩与真理 （2019 年管理类联考真题）	论辩，是发现真理和解决问题的有效途径。因为很多决策是在信息不对称、信息不完整的情况下做出的，这就很难避免决策失误。但通过论辩，我们可以打开"上帝视角"，发现从前"看不见的背面"，让信息由不对称到对称，从不完善到逐渐完善，通过集思广益来丰富自己的思想，用一场又一场的头脑风暴探寻真理，以"大局观"来解决问题。
集思广益 （2020 年管理类联考真题）	集思广益是科学决策的客观要求。很多决策都是在"信息不对称"的情况下做出的。由于位置不同、视角不同，管理者可能很难站在其他角度想问题，更不可能掌握所有决策的相关信息。因此，多听听别人的看法、集思广益，更有利于做出科学决策。
慎独	很多人违反规则的一个重要原因是信息不对称——他们的违规行为未必能够被别人发现。因此，在独身自处之日、无人监督时，一个人是否能够自律便更见修养。习近平总书记曾强调，要"不断加强自律，做到台上台下一个样，人前人后一个样，尤其是在私底下、无人时、细微处，更要如履薄冰、如临深渊，始终不放纵、不越轨、不逾矩"。他说的正是这个道理。
学术造假 （2010 年管理类联考真题）	学术造假频频发生，其中一个重要原因便是信息不对称。因学者与大众对有关信息的了解是有差异的，学者所掌握的信息往往更加充分，自然就处于有利地位，这种不对称性给他们提供了造假的外部条件。而大众处于信息劣势方，没有办法对学术界形成一个有效监督，这样便使得学术造假的行为很难得到相应的惩罚。
拔尖与冒尖 （2011 年管理类联考真题）	"拔尖"之所以经常出现问题，一是因为管理者的用人远见和用人智慧有高有低，二是用人中的信息不对称现象，使得很多管理者无法全面地认识员工的表现和能力，难以分辨出"真人才"。

母理 12．科斯定理

12.1 母理介绍

科斯定理：只要财产权是明确的，并且交易成本为零或者很小，那么，无论在开始时将财产权赋予谁，市场均衡的最终结果都是有效率的，实现资源配置的帕累托最优。根据科斯定理，可以有以下三个方面的思考：

①在交易费用为零的情况下，不管权利如何进行初始配置，当事人之间的谈判都会实现资源配置的帕累托最优。

②在交易费用不为零的情况下，不同的权利配置界定会带来不同的资源配置。

③因为交易费用的存在，不同的权利界定和分配，则会带来不同效益的资源配置，所以产权制度的设置是优化资源配置的基础（达到帕累托最优）。

在现实世界中，科斯定理所要求的前提往往是不存在的，财产权的明确是很困难的，交易成本也不可能为零，有时甚至是比较大的。因此，依靠市场机制矫正外部性是有一定困难的。因此，科斯认为可以通过产权解决这一问题。

例如：

钢铁厂生产钢，自己付出的代价是铁矿石、煤炭、劳动等，但这些只是"私人成本"；钢铁厂在生产过程中排放的污水污染了附近的河流，则是社会付出的代价。如果仅计算私人成本，生产钢铁也许是合算的，但如果从社会的角度看，可能就不合算了。于是，经济学家提出要通过征税解决这个问题，即政府出面干预，赋税使得成本高了，生产量自然会小些。

但是，恰当地规定税率和有效地征税，也要花费许多成本。于是，科斯提出：政府只要明确产权就可以了。例如，如果把河流的产权"判给"河边的居民，钢铁厂不给居民们赔偿费就别想在此设厂开工；若付出了赔偿费，成本高了，产量就会减少。如果把河流的产权给钢铁厂，居民认为付给钢铁厂一些"赎金"可以使其减少污染，由此换来健康上的好处大于那些赎金的价值，他们就会用"收买"的办法"利诱"厂方减少生产从而减少污染。

因此，科斯定理可以教我们用社会成本的眼光看问题，从而做出因势利导的决策。从这方面来分析，可以有以下三个基本原理：

①谁避免意外所付出的成本最低，谁的责任就越大

比如，两个人过独木桥，A 是步行，而 B 推着一车货物，他们在桥中间相遇，谁让谁？通常情况下，A 会主动让步，退回岸边，等 B 过桥后自己再过去。看似是生活常识，其背后却是科斯定理的应用。A 和 B 在独木桥中间遇到，这是个意外，谁都没料到。对 A 来说，避免或解决意外的成本更小，责任就更大，所以应该主动让步。这样做的结果是社会运行总效率的提高。

②谁用得好就归谁

以道路的使用权为例：最早没车的时候，只有行人。有马车的时候，人们就会给马车让一让。后来自行车成为 80 年代人们主要的代步工具，大马路上浩浩汤汤的自行车队颇为震撼。但现在道路的主人基本是汽车，自行车道被挤到一边去，人行道放在了最边上。这种现象的发生与不同交通工具的出行效率有关——既然汽车的出行效率最高，就赋予汽车更多的道路使用权。

③所有的伤害都是相互的

老王有两块相邻的地，左边的地种小麦，右边的地养牛。如果牛冲过栅栏，跑到麦地里吃小麦，那是否应该阻止这头牛？科斯定理认为，所有的伤害都是相互的，不是一方在伤害另一方，而是双方为了不同的用途，在争夺相同的稀缺资源：牛跟小麦争的是那块地。如果让牛吃小麦，那牛就伤害了小麦；但如果禁止牛吃小麦，那小麦就伤害了牛。至于牛能不能吃小麦，就需要运用科斯定理的含义来看牛肉和小麦分别能卖多少钱。如果小麦的价格高于牛肉，那么肯定要阻止这头牛，否则会付出更多的成本。

12.2 相关事件或例证

(1)为什么汽车追尾后车要负全责？"明明是前车急刹车给我弄了个措手不及，我不上去揍他算好的了，为什么还要赔钱？"针对你的质疑，警察只会说有问题申诉，但追尾就是你的责任。如果套用科斯定理，就不难理解。因为后车保持车距，付出的代价较小；而前车注意和后车拉开距离，这个代价太大，甚至不可能做到。谁避免意外的成本小，谁的责任就大。所以，追尾判为后车责任。

(2)像985、211这类名校，优质的教学资源总是稀缺的，那么谁应该去985、211名校里去学习呢？答案是高考成绩较高的学生，因为他们被认为是更聪明的，更能够利用这些优质的教学资源提高自己的能力，继而为社会作贡献。而这就是科斯定理：谁用得好就归谁。

12.3 母理的应用

主题 \ 母理	科斯定理 科斯定理是指只要财产权是明确的，并且交易成本为零或者很小，那么，无论在开始时将财产权赋予谁，市场均衡的最终结果都是有效率的，实现资源配置的帕累托最优。
用人 （2011年管理类 联考真题）	用人当唯才是用。科斯定理说明了这一点：同样的资源，谁用得最好就应该归谁。同样，同一个职位，谁能把这一个职位的职能发挥到最好，这一职位就应该归谁。如果被所谓的"关系户""空降兵"抢占先机、挤占资源，滋生出"以圈子文化取代公平正义，以私人情谊侵蚀公共资源"的行为和思想，企业不仅会流失人才，早晚也会被架空。所以，任人当唯才，谁做得好，谁就能得到更多的机会。切莫因私废公，将人才任用流于形式。
规则	北京八达岭野生动物园的老虎伤人事件，责任在谁？是动物园管理疏忽，还是游客规则意识淡薄？从科斯定理来说，游客遵守规则的成本较小，而让动物园阻止游客下车的成本较大。所以，游客应该负有主要责任，为自己的违规行为埋单。
垃圾分类	垃圾分类有助于降低垃圾的处理成本。这是因为，个人提前分拣少量垃圾所耗费的时间远少于海量垃圾混合后再进行分类的时间。科斯定理也告诉我们，谁避免意外所付出的成本最低，谁的责任就越大。长期进行垃圾分类，垃圾处理的边际成本将逐渐降低，从而形成规模效应，社会总成本将直线下降。

母理 13. 路径依赖

13.1 母理介绍

路径依赖指一旦进入某一路径(无论是"好"还是"坏"),就可能对这种路径产生依赖。一旦人们做了某种选择,就好比走上了一条不归之路,惯性的力量会使这一选择不断自我强化,并让你轻易走不出去。

13.2 相关事件或例证

(1)在电影《肖申克的救赎》里,"路径依赖"被比喻为监狱:刚到监狱的那会儿,囚犯总想走出去,但待久了,就再也离不开监狱了。

(2)一个人到了一个新的地点工作或者生活,起初他会对新地点周边提供餐饮和生活服务的商家进行比较和选择。在这段时间里,他可能会进行比较理性的考察评判。然而一旦他对初次的选择给予了肯定之后,那么在下一次面对这一类型的消费时,他就很少会进行替代性思考了。

(3)键盘上的 26 个字母

你是否思考过这样的问题:电脑键盘上 26 个字母的排序一定经过某种严谨、科学的论证。然而事实并非如此。

早期的键盘是机械式的,因为"Q、W、A、S"这几个键很容易坏,为了便于修理,人们便把它设置在键盘左上角的位置,这与手指的生理运动规律及英文字母的使用频率完全没有关系。

既然如此,在电子化键盘问世的时候,就有人对这一问题提出了解决方案。新的排序方案便结合了英文字母的使用频率与手指的生理运动规律,可以使人们的打字效率提高近30%。于是有关组织和机构很快便接受了这一科学建议,开始普及推广新的键盘。

结果却出人意料,尽管人们知道重新排序后的键盘有诸多好处,却没有人愿意接受它,因为人们已经习惯了键盘原来的排序方式,不愿意再改变自己的习惯。于是,这个并不科学的字母排序就一直沿用至今。

13.3 母理的应用

主题 \ 母理	路径依赖 一旦进入某一路径(无论是"好"还是"坏"),就可能对这种路径产生依赖。
习惯 (2019 年经济类联考真题)	孔子曾说"少成若天性,习惯如自然",一方面,用习惯的方式做事,几乎不需要经过任何思考,决策成本最低;另一方面,用习惯的方式做事,也容易提高做事效率。而且,重新选择的机会成本也太大,这就容易形成"路径依赖"。
盲从	不管是生活中还是工作中,人们在面临选择时,很大程度上会受到历史数据的影响,基于"盲从心理"而做出符合历史规律的选择。譬如英国人靠左驾驶汽车说明的正是此理。事实上,重新选择的机会成本太大,而跟随原有的既定路线也更加省力,从而极易形成路径依赖。

续表

危机	很多企业会以破产、倒闭告终，其中一个重要原因就是"路径依赖"。企业在经营过程当中，容易沉浸在既得的利益中而看不到外部环境的变化。然而当消费者持续消费一种产品时，其效用和意愿是递减的，当消费者的偏好产生变化之时，如果不能及时改变，就容易引发危机。
创新	对于一些已经取得过成功的企业而言，创新也不容忽视。因为，越是成功的企业，越是旧模式、旧方法产生过好的效果、取得过一定的成就，就越容易让人心生满足，产生路径依赖。当世异时移，企业就可能因此出现新问题。柯达在数码时代的困局、诺基亚在手机领域的失败、杀毒巨头 360 在手机互联网时代的迷失，都证明了这一点。
冒险	很多企业不愿意冒险，往往是因为"路径依赖"：一旦人做出某种选择，惯性的力量会使得这种选择不断强化，轻易无法走出去。冒险突破现状风险和成本太大，跟随原定路线、因循守旧倒是看起来省时省力。出于对原有业务的"路径依赖"，企业和管理者极易失去放手拼搏的勇气和动力。

第❹节 母理应用：谈危害

> 本节内容涉及"墨菲定律与海恩法则""量变质变规律""公共地悲剧""劣币驱逐良币"等理论。这些理论一般用在"现象分析式"中"谈危害"的部分。

母理 14. 墨菲定律与海恩法则

14.1 母理介绍

墨菲定律：如果一件事情有变坏的可能，不管这个可能性有多小，这件事都会发生，并且造成的后果极其严重。换句话说，如果因为侥幸而不去做某件事，那不好的结果最终都会发生。

与此类似的还有海恩法则，海恩法则指出每一起严重事故的背后，必然有 29 次轻微事故和 300 起未遂先兆及 1 000 起事故隐患。它强调：一、事故的发生是由日常的隐患堆积而起的；二、再好的技术和制度，如果缺失人自身的责任心和能力素质，也无法完全规避风险。

海恩法则是墨菲定律的佐证，若是心存侥幸，对隐患视若无睹，那么祸患有一天一定会到来，并且会造成不可估量的后果。事故的发生看似偶然，其实是各种因素累积到一定程度的必然结果。

墨菲定律(Murphy's Law)的主要内容有四个方面：

(1)任何事都没有表面看起来那么简单。

(2)所有事的实际执行时间都会比你预计的时间长。

(3)会出错的事总会出错。任何一件事只有三种结局：变好、变坏或保持不变。尽最大的努力，做最坏的打算。

(4)如果你担心某种情况发生，那么它就更有可能发生。

14.2 相关事件或例证

(1)有些东西闲置了很久派不上用场，一旦丢掉，往往就必须用到它。你在买爆米花时，屏幕上偏偏就出现了电影的精彩镜头，而且还会是你最想要看的镜头。当你在排队时，你发现另一队比较快，而当你换到另一队时，你原来站的那一队就开始走动地比较快了，原来那一队中站得更靠后的人往往会比你先排到。

(2)2018 年 11 月 28 日，张家口发生了严重爆炸事件。据报道，爆炸事故的初步原因为运输乙炔的大货车爆炸，引起了化工厂周边车辆连环爆炸、燃烧。事发点位于化工厂外部的道路一侧，发生爆炸的是在化工厂外停靠着的拉运"危化品"的大型车辆。大量运输"危化品"的货车深夜聚集于工厂附近，等待收货或送货，无疑增加了事故发生的风险，也是造成如此严重事故的直接原因。究其根源，是缺少必要的安全监控。"危化品"货车能否就这样聚集在同一地点？相关负责人员是否疏于管理？是否对安全隐患抱有侥幸？只要是存在风险，而又不加以管理的话，坏事往往会朝着最坏的结果发展。

14.3 母理的应用

主题\母理	墨菲定律与海恩法则
	墨菲定律：如果一件事情有变坏的可能，那么不管可能性有多小，这件事情往往都会发生，并往最坏的方向发展。 海恩法则：每一起严重事故的背后，必然有 29 次轻微事故和 300 起未遂先兆及 1 000 起事故隐患。它强调：一、事故的发生是由日常的隐患堆积而起的；二、再好的技术和制度，如果缺失人自身的责任心和能力素质，也无法完全规避风险。
危机意识 (2020 年管理类联考真题)	"祸患常积于忽微"。任何危机的发生都有一个从产生隐患、酝酿发展，再到偶然触发的过程，也都有一个从量变到质变、从微疵到大错的经过。所以，危机意识的匮乏、事前控制的缺失往往会引发难以控制的恶性后果。无论是"挑战者"号航天飞机爆炸事件，还是无锡高架桥侧翻事件，抑或是厦门地铁塌陷事件，皆是如此。这也正是海恩法则告诉我们的：每一起严重事故的背后，必然有 29 次轻微事故和 300 起未遂先兆以及 1 000 起事故隐患。
细节 (2020 年管理类联考真题)	"祸患常积于忽微"。安全事故的发生，往往源于那些被忽视的小隐患：一枚松动的螺丝钉、一包过期的原材料、一个不起眼的裂缝，都会给企业的安全运营埋下一颗"定时炸弹"。正如海恩法则(墨菲定律)所言：若放任自流，终有"千里之堤，溃于蚁穴"的灾难。而要想遏制这种恶果，管理者往往需要有危机意识，敏锐地嗅到潜在的异常，并加以管理制约，把灾难扼杀在摇篮中。
治标与治本	治标确实可以起到一定的效果，但由于它并没有从根本上解决问题，所以，问题往往会复现。而且，种种问题积累久了，容易酿成大灾难。正如海恩法则所言：每一起严重事故的背后，必然有 29 次轻微事故和 300 起未遂先兆及 1 000 起事故隐患。可见，治标不是根本，治本才是良策。
偶然与必然	必然的达成，来自偶然的不断积累。无论是灾祸抑或是幸运，即使是概率无限小，只要尝试次数足够多，最终事件的发生也会变成必然。因此，如果我们想要达成趋利避害的目的，除了坚持做正确的事情，也需要在细微之处防范可能的隐患。

母理 15. 量变质变规律

15.1 母理介绍

质量互变规律是唯物辩证法的基本规律之一，它揭示了事物发展的量变和质变两种状态，以及由事物内部矛盾所决定的由量变到质变，再到新的量变的发展过程。

①量变是质变的前提，质变是量变的结果。

②质变不仅可以完成量变，而且为新的量变开辟道路。

③量变和质变的区分标志——是否超出度。

15.2 相关事件或例证

（1）《本草纲目》是由李时珍历时 27 年，一点一滴积累资料、一页一页写出初稿，逐步积累而成的。李时珍把平时日积月累的初稿，经过反复修改，最终写成了《本草纲目》这部完整的著作，实现了质的飞跃，为我国药物学的发展作出了巨大贡献。

（2）在西方哲学史上有两个著名的辩论，一个叫作"谷堆辩"，另一个叫作"秃头辩"。前者说的是"增加一粒谷子，能否形成一堆谷子？"回答是不能。那如果再加一粒呢？一直往上加呢？结果会怎样？我们说，最终会形成一堆谷子。也就是说，量变的积累最终会引起质变。"秃头辩"从反向说明了同一个道理，当一个人的头发一根一根地少下去，最终会变为秃头。

15.3 母理的应用

主题 \ 母理	量变质变规律 ①量变是质变的前提，质变是量变的结果。 ②质变不仅可以完成量变，而且为新的量变开辟道路。 ③量变和质变的区分标志——是否超出度。
危机 （1）	"祸患常积于忽微。"任何危机的发生都有一个从产生隐患、酝酿发展，再到偶然触发的过程；也都有一个从量变到质变、从微疵到大错的经过。所以，危机意识的匮乏、事前控制的缺失往往会引发难以控制的恶性后果。北京大兴火灾、双鸭山坠罐事故、天津爆炸事件，皆是如此。这也正是海恩法则告诉我们的：每一起严重事故的背后，必然有 29 次轻微事故和 300 起未遂先兆以及 1 000 起事故隐患。
危机 （2）	"祸患常积于忽微"，很多人都会忽视居安思危的重要性，认为既然从来没有发生过事故，今后也是安全的，便放松了警惕，以致最终酿成了大祸。任何事故的发生都是安全隐患积累的必然结果，都有一个从产生隐患、酝酿发展，再到偶然触发的过程，最终则是必然到来的危机。一次次的不系安全带、超载、闯红灯后的侥幸造成了车祸的"必然"，一次次的安全管理疏忽带来的最终是诸如黎巴嫩爆炸事件等骇人听闻的重大事故。不具有忧患意识，不未雨绸缪，不防微杜渐，事故肯定会到来，不过是时间的早晚而已。
必然与偶然	必然的达成，来自偶然的不断积累。任何事物的发展，都有一个从量变到质变的过程，所以即使是发生概率再小的隐患，只要时间够长、次数够多，最终事件的发生率也会变成必然的百分之百。因此，如果我们想要达成趋利避害的目的，除了坚持做正确的事情，也需要在细微之处防范可能的隐患。

续表

度	做事情要注意分寸，掌握火候，坚持适度的原则。比如吗啡，它作为麻醉剂使用，有强大的镇痛作用，对一切疼痛均有效，在战场上救了很多人。但是，人使用吗啡3天后即会产生耐药性，7天就可以上瘾，此时救命药就会变成毒品。
积累	既然量变是质变的必要准备，质变依赖于量变，那么在学习和实践中就必须首先做艰苦的量的积累工作，要有脚踏实地、埋头苦干的精神，要一点一滴地做细小的事情，反对急于求成、立竿见影、揠苗助长，须知"欲速则不达"的道理。正如荀子所说："骐骥一跃，不能十步；驽马十驾，功在不舍。"

母理 16. 公共地悲剧

16.1 理论介绍

公共地悲剧指的是有限的资源因为被自由使用和缺少受限要求而被过度剥削。因为人的趋利性，每一个人都希望从免费的资源里获得更多，最终导致公共物品的过度使用或消失，从而损害所有人的利益。

16.2 相关事件或例证

(1)牧民与草地的故事

有一块牧草地，当其完全向牧民开放时，每一个牧民都想多养一头牛，因为多一头牛的售卖收益高于养殖成本，是有利可图的。虽然这会使草场平均草量下降，但对单个牧民而言，增加一头牛是获益的。如果每个牧民都增加一头牛，那么草地会因为过度放牧而无法满足需要，导致所有牛都被饿死。

(2)在我们身边，有这样一些现象似乎不起眼却又普遍存在着。屋外阳光灿烂、屋内光线明亮，可办公室照样电灯齐明；有的办公室一边开着空调，一边还开着窗户；一些人吃自助餐不是吃多少取多少，而是菜肴和主食先堆满大盘和大碗再说，最后是暴殄天物，吃一半扔一半，抹抹嘴扬长而去。

这些办公室及公共场所"长明灯"、办公室无效空调、自助餐严重浪费等现象，其实都是经济学和社会学上"公共地悲剧"原理的具体表现。公共地作为一项资源或财产有许多拥有者，每个人都有使用权，但没有权力阻止其他人使用，从而造成资源过度使用和枯竭。过度砍伐的森林、过度捕捞的渔业资源及污染严重的河流和空气，都是"公共地悲剧"的典型例子。之所以叫悲剧，是因为每个当事人都知道资源将由于过度使用而枯竭，但每个人对阻止事态的继续恶化都感到无能为力，而且都抱着"及时捞一把"的心态加剧事态的恶化。公共物品因竞争性而被过度使用或侵占是必然的结果。

(3)在免费通行的情况下，公路作为一种资源势必被无数车辆的巨大需求所吞噬。每个人都想趁着免费通行这一便利，节省过路费。结果就是，许多法定节假日都出现了高速公路极度拥堵的情况。公路作为一种资源，因过度的需求而受到"剥削"，每个出行者的利益也受到损害。

16.3 母理的应用

主题＼母理	公共地悲剧 公共地悲剧指的是有限的资源因为被自由使用和缺少受限要求而被过度剥削。因为人的趋利性，每一个人都希望从免费的资源里获得更多，最终导致公共物品的过度使用或消失，进而损害所有人的利益。
环保（1）	浪费资源、乱排乱放固然使得个人或企业的利益得到了部分满足，但这种行为所产生的代价——环境污染，却是由全人类共同承担的。环境是我们共有的资源，而假使每一个个体都企求扩大自身可使用的资源，最终的结果只能是公共资源被破坏，所有人的利益都受到损害，形成"公共地悲剧"。
环保（2）	逐利是所有企业的天然动机。而保护"绿水青山"看起来并不符合这一动机——不论是治理污水、废气，还是改进工艺、减少排放，都需要花钱来解决，这意味着企业需要付出更高的成本，但保护环境的好处却是大家的。于是就有了"白天轻烟随风偏、夜里黑烟直冲天""遇到检查遵纪守法、检查过了乱排乱放"等不良现象，从而酿成"公共地悲剧"。
垃圾分类	垃圾分类的推行阻力重重，大多是因为人们认为垃圾处理的工作与自己无关，每天花三分钟进行垃圾分类是不值当的行为，非也。"公共地悲剧"告诉我们，每个人的不作为将导致环境的大恶化。而小作为一开始看起来费时费力，但一旦度过学习期便会习惯成自然，从三分钟到三十秒也许只需要三天光景。
约束 （制度、社会治理）	若想避免"公共地悲剧"，需要制度的约束。假如每个人都希望得到更多而去一味地索取，那么在面对不断增加的需求时，公共资源只会走向枯竭，进而损害所有人的利益，造成无法挽回的悲剧。因此，当局者需要制定合理有效的管理制度，规定有限攫取量、可使用年限，等等。久而久之，才会在人们当中形成深刻的印象，从根源上解决"公共地悲剧"。

母理 17. 劣币驱逐良币

17.1 母理介绍

在 16 世纪的英国，因为黄金储量紧张，只能在新制造的金币中掺入其他金属。于是市场上就有两种金币：一种是此前不掺杂质的金币，一种是掺入了杂质的金币，但两种货币的法定价值一样。这样，人们都会收藏不掺杂质的良币，使用掺入杂质的劣币。时间一长，市场上流通的就只有劣币了，全部良币都退出了流通。这就是"劣币驱逐良币"，它由 16 世纪英国伊丽莎白时代的财政大臣格雷欣提出，也称"格雷欣现象"。

从狭义上来说，"劣币驱逐良币"是指因为信息不对称，物品的估值方（信息缺少的一方）估值一定时，物品的提供方（信息充分的一方）会选择提供实值较低的物品（劣币），致使实值较高的物品（良币）越来越少。从广义上来说，"劣币驱逐良币"也可以泛指一般的逆淘汰（劣胜优汰）现象。

17.2 相关事件或例证

(1)"东方蜜"是有别于普通甜瓜的一种有特别味道的甜瓜，口感、风味出众，甜度高，奶香味浓郁，吃过一次后，普通甜瓜便再难入嘴。但"东方蜜"在市面上很难买到，最常见的情况是买回去所谓的"东方蜜"，打开一看，却是白色的果肉，让人毫无食欲。买不到的原因除了"东方蜜"走高端路线、价格偏高、市场接受度一般外，瓜农用生瓜、次果以次充好，甚至用脆肉白瓜冒充"东方蜜"令其口碑打折是主要因素。看着市场上满眼的"玉茹"等甜瓜品牌，优质的"东方蜜"却难觅芳踪，这就是"劣币驱逐良币"。

(2)公司对能力不同的人给以相同的报酬，结果必定是能力高的离开而能力低的留下，继而劣币驱逐了良币。

17.3 母理的应用

母理 / 主题	劣币驱逐良币 劣币驱逐良币泛指一般的劣胜优汰现象。
创新	政府有必要通过设立奖项等方式来加大对企业创新的支持力度，同时推出法律法规来维护创新者的知识产权，保证其利益不受到损害。如果剽窃创新成果的违法成本很低，创新者的权益得不到保障，市场中难免会出现"劣币驱逐良币"的现象。
保护知识产权	侵犯知识产权的行为后果十分严重。这是因为，知识产权归根结底是一种收益独占权。我费心费力出版了著作、创建了品牌、发明了专利，是为了享有这些著作、品牌、专利的收益权，如果这样的收益权得不到保证，我就失去了创作研发的动力。如果侵权者反而能轻轻松松就赚取了收益，问题就会雪上加霜，最终形成劣币驱逐良币的后果。
规则	然而，如果我们对破坏规则的行为置之不理，这些行为将会产生严重的后果。破坏规矩者获利，而守规矩者吃亏，长此以往，就形成了"劣币驱逐良币"的现象，规则存在的意义将大大降低。
用人	想把人用好，好的激励制度是关键。试想，如果公司对能力不同的人给以相同的报酬，结果必定是能力高的离开而能力低的留下，继而劣币驱逐了良币。因此，企业应该完善评价和激励机制，对能力强、业绩好的员工进行奖励，对能力低、业绩不好的员工予以惩罚。留下"良币"，淘汰"劣币"，企业的发展才能蒸蒸日上。
网红带假	该类现象之所以屡次发生，利益是背后的根本推手。以网红辛巴带假燕窝为例：在燕窝中加入糖水，就可以让燕窝口感更好，从而能卖出更高的价钱，赚取更大的利润。而且因为市场上存在信息不对称的情况，在燕窝中添加糖水的事，消费者并不知情；而你童叟无欺的好产品，消费者未必能了解，反而可能因为你的燕窝口感不够好而不选择你的产品，这样就产生了"劣币驱逐良币"的后果。

三鹿奶粉事件 （2009 年管理类 联考真题）	这些事件之所以发生，利益是背后的推手。以三鹿奶粉事件为例：在奶粉中添加三聚氰胺，就可以使牛奶中蛋白质含量的检测数值更高，从而卖出更高的价钱，赚取更多的利润。而且，市场上存在信息不对称现象，在牛奶中添加三聚氰胺的事，消费者并不知情；而你童叟无欺的好产品，消费者也未必能了解，反而可能因为你的蛋白质检测含量低而不选择你的产品，这样，就形成了"劣币驱逐良币"的后果。
学术造假 （2010 年管理类 联考真题）	如果我们对学术造假行为置之不理，将会产生严重的后果。造假的学者违法成本低，收益却很高，难免让刻苦钻研的人心生动摇。如果这种行为没有得到有效的制止，那么，长此以往，此种行为极易形成风气，最终导致"劣币驱逐良币"的后果。

第 ⑤ 节 母理应用：提方案

　　本节内容涉及"定位理论""强化理论""治标与治本""戴明环（PDCA 循环）"等理论。 这些理论一般用在本书讲授的几种结构的"提方案"部分。

母理 18. 定位理论

18.1 理论介绍

　　定位理论，最初是由美国著名营销专家艾·里斯（Al Ries）与杰克·特劳特（Jack Trout）于 20 世纪 70 年代早期提出来的。里斯和特劳特认为，"定位是你对未来的潜在顾客的心智所下的功夫，也就是把产品定位在你未来潜在顾客的心中。"

　　菲利普·科特勒对市场定位的定义是：所谓市场定位，就是对公司的产品进行设计，从而使其能在目标顾客心中占据一个独特的、有价值的位置的行动。市场定位的实质是使本企业和其他企业严格区分开来，并且通过市场定位使顾客明显地感觉和认识到这种差别，从而在顾客心中留下特殊的印象。

　　定位理论认为，品牌就是某个品类的代表，或者说是代表某个品类的名字。建立品牌就是要实现品牌对某个品类的主导，成为某个品类的第一。当消费者一想到要消费某个品类时，立即想到这个品牌，我们就说你真正建立了品牌。

　　定位理论认为，定位要从一个产品开始。此产品可能是一种商品、一项服务、一个机构甚至是一个人，也许就是你自己。但是，定位不是你对你产品要做的事，而是你对预期客户要做的事。换句话说，你要在预期客户的头脑里给产品定位，确保产品在预期客户头脑里占据一个真正有价值的地位。

18.2　相关事件或例证

（1）很多品牌并没有遵循定位法则，比如联想生产电脑，品牌名也叫联想，笔记本也叫联想，智能手机也叫联想，平板电脑也叫联想，所有这些产品全球化的时候，都叫联想这个名字，这就是一个巨大的错误。因为消费者看到联想，不会联想到某一特定的优秀的产品。联想的电脑质量很好而手机相对来说比较差一些，但是因为用的是共同的品牌，所以消费者在用到体验比较差的手机时，会直接影响消费者心中对联想的良好印象。我们对比一下苹果公司和联想公司，苹果的Macbook是电脑，iPod是音乐播放器，iPhone是手机，iPad是平板。消费者在看到相应的苹果品牌时，会把这个品牌和整个产品品类联系起来。

（2）定位与顾客的心智有关，比如一想到英国就想到大本钟，一想到法国就想到埃菲尔铁塔，一想到宝马汽车就想到运动，一想到奔驰汽车就想到豪华。

（3）王老吉原本是广东的凉茶品牌，在广东以外很少见到。定位理论把王老吉从"清热、解毒、祛暑湿"的药饮产品重新定位为"预防上火的饮料"，一是消除中国人心目中"是药三分毒"的顾虑，二是拓展了消费群。从此我们也就看到了那句耳熟能详的广告词："怕上火，喝王老吉！"

18.3　母理的应用

母理 主题	定位理论 所谓市场定位，就是对公司的产品进行设计，从而使其能在目标顾客心目中占据一个独特的、有价值的位置的行动。
扬长	扬长，意味着形成自身的差异化竞争优势。随着经济的发展，产品同质化现象越来越严重，由此形成的价格竞争也愈演愈烈，从而形成一片"红海"。同时，企业又面临着资源、时间、能力有限性的问题，为此，企业应当建立属于自己的定位，在某一领域做到极致，打造差异化和核心竞争力。
定位	企业要找准自身的定位。一方面，任何企业都不可能掌握无尽的资源，无论是人才、物力还是财力都是有限的，这就决定了企业只能找到自己的定位，在某一领域进行突破。另一方面，任何企业也不可能满足所有消费者的需求，找到自己擅长的细分市场，在这市场做到极致具有可行性。
模仿	如果一味跟随对手的定位，企业很可能面临被淘汰的命运。在企业成立初期，为了降低成本，通过模仿和借鉴龙头企业的定位，确实是一种尽快赶上行业领头羊的理性选择。但当对手通过不断地创新，抢占新市场，获得高利润时，你模仿来的同质化产品，往往会被消费者所唾弃。长此以往，难免被市场所淘汰。
理想	每个人都有自己的长短板，所以在实现远大目标的过程中，也应准确分析现状，结合自身优势和实际情况，寻找到合理定位，在全盘考虑的基础上选择合适的合作伙伴，以合作的方式来弥补自身短板，从而为实现远大目标赋能。
学者跟风 （2012年管理类联考真题）	社会发展的结果必然是分工越来越细、越来越专业化。学者也是如此。因此，学者要找准适合自己的方向和定位，不盲目追逐"潮流"，保持专注精神，厚植创新意识。

母理 19. 强化理论

19.1 理论介绍

最早提出强化概念的是俄国著名的生理学家巴甫洛夫，而系统性的强化理论则由美国心理学家斯金纳首先提出。强化理论是一种过程型的激励理论，该理论认为，如果某种刺激对人的行为有利，这种行为就会重复出现；若不利，这种行为就会减弱直至消失。因此，管理者要采取各种强化方式，以使人们的行为符合组织的目标。

强化的具体方式有四种：

(1)正强化。

正强化就是奖励那些符合组织目标的行为，以便使这些行为得到进一步的加强、重复出现。

(2)负强化。

负强化强调的是一种事前的规避。俗语"杀鸡儆猴"形象地说明了惩罚和负强化的联系与区别。对出现了违规行为的"鸡"加以惩罚，意欲违规的"猴"会从中深刻地意识到组织规定的存在，从而加强对自己行为的约束。

(3)惩罚。

当员工出现一些不符合组织目标的行为时，采取惩罚的办法，可以约束这些行为少发生或不再发生。惩罚是力图使所不希望的行为逐渐削弱，甚至完全消失，也有人把惩罚称为负强化。

(4)忽视。

忽视就是对已出现的不符合要求的行为进行"冷处理"，达到"无为而治"的效果。

19.2 相关事件或例证

(1)在管理上，正强化就是对那些对组织有利的行为进行奖励，从而加强这种行为；负强化就是对不良行为进行惩罚，从而削弱这种行为。正强化的方法包括奖金、认可、表扬、工作环境的改善、安排具有挑战性的工作、晋升、给予学习和成长的机会等。负强化的方法包括批评、罚款、处分、降级等，有时不给予奖励或少给奖励也是一种负强化。

(2)海底捞会根据店长的表现给店长的父母发工资。这一制度就是运用了强化理论中的正强化的方法来改善店长的行为，在有效激励了店长的同时还能保持店长对工作的热情。不仅如此，海底捞还用强化理论对员工的创新进行激励，对其予以奖金并且以员工的名字来命名此项成果，让员工在物质和精神层面都得到满足，这在很大程度上激励了员工的创新热情。

(3)商家通常以积分兑奖的方式来鼓励消费者进行消费。当消费金额达到一定限额时，商家便进行兑奖，使消费者获得消费之后的"奖励"。对于引导顾客的消费习惯来说，这确实不失为一种好方法。另外，消费者往往会纠结商品"可买可不买"，而商家运用强化原理，采取比如"在本店消费满 300 元送礼物一份""消费满 500 元可免费成为会员"等对策，激励消费者进行消费。

(4)在需要短时间内达成目标且无须考虑以后的情况下，负强化有更大的效用，如面对拆迁钉子户、老赖等情况时。然而从长期来看，负强化也会有反效果，例如严厉的老师在课堂上通过骂学生来维持纪律。从长期发展来看，学生在课堂上安静不一定就是在认真听讲，而且还会因为

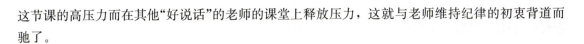

这节课的高压力而在其他"好说话"的老师的课堂上释放压力，这就与老师维持纪律的初衷背道而驰了。

19.3 母理的应用

主题 ＼ 母理	强化理论 强化理论认为，如果某种刺激对人的行为有利，这种行为就会重复出现；若不利，这种行为就会减弱直至消失。
用人（1）	管理者要想管理好员工，奖惩机制是关键。正如强化理论所言，如果某种刺激对人的行为有利，这种行为就会重复出现；若不利，这种行为就会减弱直至消失。因此，管理者需要将对企业有利的行为进行界定，并根据各自的特征去设置相应的激励措施，让员工保持工作积极性。同样，对于消极行为，就要及时予以制止，并进行惩罚。这样，赏罚分明，有轻有重，员工的行为才会符合预期。
用人（2）	管理者既要"慧眼识人"，也要论功论过，奖惩分明。当管理者筛选出人才以后，仍需对人才的行为进行约束，不可因其优越而有失公允。就像强化理论所言，对好的行为就进行激励，让其积极保持；对不良行为就进行惩罚，制止再犯。这样才能让人才在有效的管理之下，最大限度地发挥效用，为企业创造价值。
创新	为了促进创新，政府有必要通过设立奖项等方式来加大对企业创新的支持力度，同时推出法律法规来维护创新者的知识产权，保证其利益不受到损害。正如强化理论中提到的正强化，对好的行为进行奖赏，那么这个行为就会持续下去，这有利于正向强化企业的创新积极性。
危机意识	企业要提高管理者的危机防范意识，健全危机管理激励制度并确保有力贯彻和执行，对好的行为就进行激励，让其积极保持；对不良行为就进行惩罚，制止再犯，这样就可以对企业内部的行为有所约束。
环保	对那些讲环保、有底线的企业，要进行制度激励；对那些总是破坏环境的"老赖"们，要重拳出击，绝不心慈手软。这样一来，让守规矩者得甜头，让违规者吃苦头，违规成本高于违规收益时，企业自然失去了违规的动机。
外卖小哥超速	要想解决外卖小哥超速问题，必须软硬兼施，标本兼治。 "软"即一方面要加强对外卖小哥的安全教育，让他们清楚遵守交通规则既利己也利他人。让他们从不愿到甘愿，由自发到自觉地践行交通规则。 "硬"就是要对超速行为重拳出击，当罚则罚，不能手软。不能因为外卖小哥也是为谋一份生、混一口饭而手软。当违规成本大于违规收益时，他们就失去了违规的动机。
规则	提高国人的规则意识势在必行。具体方法上，要"软""硬"兼施。 "软"是指宣传教育。法律监管不可能面面俱到，也不可能监督到每个人的所有行为，尤其是对于一些破坏规则的"小事"，仅靠外力解决可能会事倍功半。通过宣传教育，让大家由不愿到甘愿、由自发到自觉地成为规则的践行者，是提高国人规则意识的首要举措。 "硬"是指法规监管。对于那些屡教不改的"老赖"们，要重拳出击，当罚则罚，不能手软。要让守规者得甜头，违规者吃苦头。违规成本高于违规收益时，人们就失去了违规的动机。

母理 20. 治标与治本

20.1 理论介绍

"标本兼治"原是中医术语，用来阐明病变过程中矛盾的主次关系。

"治标"就是用"头痛医头，脚痛医脚"的方式尽快解决眼前问题；"治本"就是挖掘问题的根源、机制，从根本上解决问题；而标本兼治，意指既要解决问题的表象，又要根除问题产生的源头。

20.2 相关事件或例证

（1）直播乱象

治理直播乱象需要标本兼治。治标就是对违规主播重拳打击，治本就是要改变直播背后的市场机制，用市场的手段引导直播行业健康发展。

（2）善除害者察其本，善理疾者绝其源。

（3）去疴当用猛药，刮骨才能疗毒。

20.3 母理的应用

主题 ＼ 母理	**标本兼治** 标本兼治，意指既要解决问题的表象，又要根除问题产生的源头。
危机	如何才能树立危机意识，我认为需要"标本兼治"。 "治标"是指当危机以迅雷之势到来之际，不论是大是小，我们都尽快应对，"头痛医头，脚痛医脚"总比袖手旁观要好。 "治本"是指需要建立完备的制度篱笆，尤其对于外部风险的预防和把控机制。同时宣传教育和规则制度两手抓，对于那些因为缺乏危机意识而酿成灾祸的人，重拳出击，绝不手软。
诚信	想让企业诚信经营，要做到标本兼治。 所谓治标之道，就是用雷霆手段，以迅雷不及掩耳之势对违法违规的企业予以处罚，从而起到震慑作用。 所谓治本之道，就是要建立和完善诚信经营的机制。一方面，要加强市场引导，尤其要加大对诸如商标权、专利权等知识产权的保护，让诚信经营者能够通过品牌和创新持续获益；另一方面，打造和完善企业征信系统，建立违规企业黑名单，打造"一处失信、处处受限、寸步难行"的失信惩戒格局，从而形成诚信经营的长效机制。
直播带假货乱象	要杜绝这类现象，需要标本兼治。 所谓"治标"，就是要对那些带假货的主播们，以雷霆之势快速予以处罚。 所谓"治本"，一方面，要对直播带货行业进行规范，加强对直播平台的治理；另一方面，要完善直播带货行业的市场机制，尤其是要加强直播带货的评价和信用体系，让不良主播寸步难行。

母理21. 戴明环(PDCA循环)

21.1 理论介绍

PDCA循环是美国质量管理专家沃特·阿曼德·休哈特(Walter A. Shewhart)首先提出的，由戴明采纳、宣传，获得普及，所以又称戴明环。PDCA循环的含义是将质量管理分为四个阶段，即Plan(计划)、Do(执行)、Check(检查)和Act(处理改进)。在质量管理活动中，要求把各项工作按照作出计划、计划实施、检查实施效果，然后将成功的纳入标准，不成功的留待下一循环去解决。这一工作方法是质量管理的基本方法，也是企业管理各项工作的一般规律。

四个阶段的具体工作内容包括：

(1)计划阶段。要通过市场调查、用户访问等，摸清用户对产品质量的要求，确定质量政策、质量目标和质量计划等。包括现状调查、分析、确定要因、制定计划。

(2)设计和执行阶段。实施上一阶段所规定的内容。根据质量标准进行产品设计、试制、试验及计划执行前的人员培训。

(3)检查阶段。主要是在计划执行过程之中或执行之后，检查执行情况，看是否符合计划的预期结果效果。

(4)处理改进阶段。主要是根据检查结果，采取相应的措施。巩固成绩，把成功的经验尽可能纳入标准，进行标准化，遗留问题则转入下一个PDCA循环去解决。

按流程来分析如何进行事前的计划和预防、事中的执行和控制以及事后的激励和改进。

21.2 相关事件或例证

(1)全面质量管理

著名的全面质量管理(TQM)的思想基础和方法依据就是PDCA循环。

全面质量管理的执行要分到PDCA四个阶段来落实，在计划阶段，分析现状，找出存在的质量问题并分析产生问题的原因或影响因素，并针对该因素提出计划和制定措施；在执行阶段，执行计划，落实措施；在检查阶段，检查计划实施的情况；在处理阶段，总结经验，巩固成绩，并提出尚未解决的问题，转入下一循环。

(2)计划管理

在企业的计划管理当中，又会被划分成三个阶段，即"事前、事中、事后"管理。事前管理主要是对"计划"的审核，对计划的可行、可靠性进行审核评估；事中管理是对计划执行体系工作效率的管理，对计划执行过程进行跟踪，对偏差进行控制；事后管理是对计划实施完毕后进行绩效考核、总结经验等。

21.3 母理的应用

母理 主题	PDCA 戴明环 按流程来分析如何进行事前的计划和预防、事中的执行和控制以及事后的激励和改进。
危机意识	事后补救不如事中控制，事中控制不如事前预防。如果我们在祸患发生之前就加以预防，"治未病""治欲病"，"早发现""早治疗"，将问题扼杀在摇篮阶段，就可以收到事半功倍的效果。《淮南子》中有一句话，"良医者，常治无病之病，故无病；圣人者，常治无患之患，故无患也"，说的也正是这个道理。
计划	制定计划时不能忽略事前、事中和事后任何一个阶段。三个阶段的工作各有侧重，在部署安排计划的时候应当有重点地开展。事前要注重对计划的审核和科学预测，确保计划的可行和可靠；事中应注重加强跟踪和监控，确保措施都落实到位，以便于对计划执行质量进行控制；事后注重绩效的考核，总结经验并吸取教训。

第5章 论说文的3类真题选讲

本章我们选讲一些有代表性的真题，以求大家应用前文中所讲授的论说文写作方法。更多真题请参见老吕图书《管理类联考·老吕综合真题超精解》《经济类联考·396综合真题超精解》。

第❶类 现象分析类

2010年管理类联考论说文真题

论说文：根据下述材料，写一篇700字左右的论说文，题目自拟。（35分）

一个真正的学者，其崇高使命是追求真理。学者个人的名利乃至生命与之相比都微不足道，但因为其献身于真理就会变得无限伟大。一些著名大学的校训中都含有追求真理的内容。然而，近年学术界的一些状况与追求真理这一使命相去甚远，部分学者的功利化倾向越来越严重，抄袭剽窃、学术造假、自我炒作、沽名钓誉等现象时有所闻。

【审题立意】

原因（reason）	为什么会出现抄袭剽窃、学术造假、自我炒作、沽名钓誉等现象？ 学者的功利化。
结果（result）	这些现象会产生什么结果？ 对学者：一旦败露会名誉扫地甚至失去工作。 对科研：产生不良学术风气，影响学术发展。
态度（attitude）	那我们应该怎么办？ 反对学者功利化。

【4层结构】

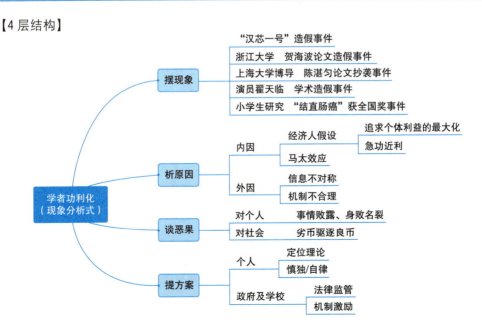

【正文段落】

结构	段落	母理或要点
摆现象	改革开放四十余年，伴随着人们观念的转变和社会的转型，学术风气"泥沙俱下"。翟天临的"知网"事件、陈湛匀的论文抄袭事件、"汉芯一号"造假事件等学术造假事件层出不穷，人们见怪不怪，审丑疲劳。怪象不去，何谈"科教兴国"？	例子
析原因	学者功利化现象之所以发生，其实不难理解。多数人是"经济人"，会追求自身的利益，学者当然也不例外。并且，重大的发明和研究，往往需要潜心多年的钻研，失败的风险往往也越大。学者即使研究多年，也可能很难有所成就。因此，与其苦心钻研，不如通过学术造假而追逐名利来得方便和实在。	经济人假设
	学者功利化现象之所以发生，其实不难理解。当科学研究成为一种谋生的职业时，很多科研工作者主观上都会存在追名逐利的动机和欲望，渴望通过科研成果取得名誉、地位、权力、职称、奖金和升迁等各种经济利益和社会利益。 ——重庆大学研究生课程考核《学术造假的原因及其监管措施》	
	学者功利化现象之所以发生，其实不难理解。因为学术界也存在"马太效应"。一个学者的科研成果一旦被评上科技大奖，先进工作者、青年科学家等荣誉就会接踵而至，出国访问、基金资助、职称晋升等机会也会纷至沓来，甚至同样的课题在申请经费时，也会因为这一光环多了几分便捷。	马太效应
	学者功利化现象的外在因素之一是激励制度不合理。在重数量、轻质量的科研绩效考评制度激励下，科研工作者通过学术造假能够谋取可观的利益。学者并非不知道造假违背道德行为准则，也不会不考虑造假败露的可能性及后果。但如果造假败露的可能性不高，处罚力度不大，造假者就会铤而走险。	激励制度不合理
	学术造假频频发生，其中一个重要原因便是信息不对称。学术成果具有极强的专业性，不仅是大众很难了解，有时候即使是专业人员也很难判断真假。以韩春雨事件为例，2016 年韩春雨于世界顶级期刊《自然·生物技术》发表了一项新的"诺奖级"的基因编辑技术 NgAgo-gDNA。因为这项技术，河北科技大学基因编辑技术研究中心高达 2.24 亿元的科研预算被通过，各种荣誉纷至沓来。然而，韩春雨的实验却不具备可重复性，其研究成果被广泛质疑，论文也被《自然》杂志撤稿。但即使如此，学术界也不能断定韩春雨一定存在论文造假。可见，这种信息不对称的存在，给学术造假提供了土壤。	信息不对称
谈恶果	学者功利化现后果严重。我们都知道，学术研究需要静得下心、沉得住气、下踏实的功夫、做专门的学问，功利化带来的浮躁心态与学术研究的要求背道而驰。而且，功利化的倾向还极易造成学科发展的不平衡——易出学术成果、易产生市场价值的学科庭若市；难出学术成就、难以进行变现的学科则门前冷落。	造成学科发展不平衡
	如果我们对学术造假行为置之不理，将会产生严重的后果。造假的学者违法成本低，收益却很高，难免让刻苦钻研的人心生动摇。如果这种行为没有得到有效地制止，那么，长此以往，此种行为极易形成风气，最终导致"劣币驱逐良币"的现象。	劣币驱逐良币

续表

结构	段落	母理或要点
提方案	防范学术造假，不如先从制度建设做起。 一要加强对冷门学科的支持。对于一些需要长期钻研才能出学术成果的基础学科，更要加大支持。提高这些领域学者的基本待遇，让他们的生活好起来，他们才能有把冷板凳坐热的耐心。 二是对学术成果的考核要从重"量"转变到重"质"上来。不难发现，一些闻名世界的学术泰斗，仅凭几篇重量级的论文就能奠定其学术地位；而也有一些发表文章上百篇的学者，论文却是粗制滥造。可见，学术成果，"质"比"量"重要，"萝卜快了不洗泥"的现象不应该发生在学术界。	制度建设

【参考范文】

学者功利化现象应遏制

吕建刚

近几年，学术界抄袭剽窃、学术造假、自我炒作、沽名钓誉等不良现象屡见报端。这些现象带来了诸多不利后果，应该予以遏制。

其实分析这些现象背后的原因，无外乎是"功利化"三个字。

一方面，学者想评职称、提工资、拿项目，都需要学术成果作为基础。学术水平不行、学术成果不够时，怎么办？搞点拿来主义、做点翻译工作、弄点偷梁换柱，甚至直接抄袭剽窃，"学术成果"信手拈来，岂不快哉！

另一方面，学术界天然存在的信息不对称现象，让一些学者心存侥幸。因为学术界与普罗大众之间天然存在一定的鸿沟，普通老百姓难以对学者产生进行有效的监督。甚至是学术界有时也很难判定一篇论文是否造假。韩春雨事件不就是如此吗？韩春雨教授的基因编辑技术是真是假到现在还存在争议。

学者的功利化，往往会带来严重的后果。我们都知道，学术研究需要静得下心、沉得住气、下踏实的功夫、做专门的学问，功利化带来的浮躁心态与学术研究的要求背道而驰。而且，功利化的倾向还极易造成学科发展的不平衡——易出学术成果、易产生市场价值的学科门庭若市；难出学术成就、难以进行变现的学科则门前冷落。

解决学者的功利化现象，要依赖制度建设，可以从以下两个方面下手：

一要加强对冷门学科的支持。对于一些需要长期钻研才能出学术成果的基础学科，更要加大支持。提高这些领域学者的基本待遇，让他们的生活好起来，他们才能有把冷板凳坐热的耐心。

二是对学术成果的考核要从重"量"转变到重"质"上来。不难发现，一些闻名世界的学术泰斗，仅凭几篇重量级的论文就能奠定其学术地位；而也有一些发表文章上百篇的学者，论文却是粗制滥造。可见，学术成果，"质"比"量"重要，"萝卜快了不洗泥"的现象不应该发生在学术界。

总之，学者功利化现象弊端深重，应多措并举，予以遏制。

（全文共724字）

2018年经济类联考论说文真题

论说文：根据下述材料，写一篇不少于600字的论说文，题目自拟。（20分）

近日有报道称，某教授颇喜穿金戴银，全身上下都是世界名牌，一块手表价值几十万，所有的衣服、鞋子都是专门订制、造价不菲。他认为对"好东西"的喜爱没啥好掩饰的："以前很多大学教授都很邋遢，有的人甚至几个月都不洗澡，现在时代变了，大学教授应多注意个人形象，不能太邋遢了。"

【审题立意】

原因（reason）	教授为什么喜欢穿金戴银？ 好的方面，注意个人形象；坏的方面，爱慕虚荣。
结果（result）	教授穿金戴银带来什么后果？ 不利于专心科研、影响学生价值观。
态度（attitude）	我们对教授穿金戴银应该支持还是反对？ 反对教授穿金戴银。

【4层结构】

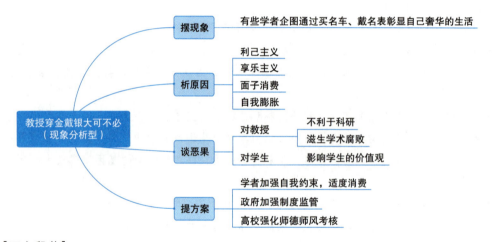

【正文段落】

结构	段落	母理或要点
摆现象	学者大都有立德、立功、立言的追求，这本正常，但是有的学者却超过了这个"度"，嫉妒他人日子过得滋润、潇洒，于是也不甘寂寞和清苦，企图通过买名车、戴名表彰显自己奢华的生活，甚至追求骄奢淫逸，以满足自己"高人一等"的优越感和虚荣心。 ——中国社会科学报《学术奢靡之风更不能放过》彭时代	现象
	近年来，部分学者奢靡之乱象频发。公款吃喝、商务宴请，蔚然成风；珠光宝气、名车名表，"贵"极一时……这些教授学者表现出的享乐主义倾向，令人骇然。他们在精神风貌上是"懒怠型"，安于一隅，萎靡恍惚，躺在资历薄上"当一天和尚撞一天钟"；在价值取向上是"利己型"，拈轻怕重，怕苦怕累，待遇稍差一点便满腹牢骚；在生活方式上却是"玩乐型"，婚丧红白皆为盛宴，节庆往往全是豪礼，美其名曰"今朝有酒今朝醉，人生得意须尽欢"。 ——引用改编自人民日报《摒弃享乐主义，重在奋斗》	现象

续表

结构	段落	母理或要点
析原因	我们得承认，适度地追求一下个人的形象无可厚非。教授是学生的表率，整天邋里邋遢确实也不是表率应该有的样子。因此，教授们追求点简洁、时尚的穿着，佩戴些精致、典雅的首饰也是人之常情，尤其是对于一些女性教师而言，让她们整日素面朝天对她们来讲也不公平，毕竟爱美之心人皆有之，不能因为人家是教授是老师，就剥夺人家爱美的权利。	人们有爱美的权利
	教授们这种"炫耀"型消费，很大程度上源自"面子"。在人际交往中，个体借助"面子"彰显社会地位和加强身份认同，在讲体面、给面子等思维模式或"面子文化"的影响下，消费者为获得和维护"面子"，必然导致"炫耀消费"现象的滋生，比如"礼品要珍贵，饭菜要丰盛，汽车要豪华，规模要宏大，场面要隆重"。好像菜不多觉得不热情、酒不贵表明不真诚、车不豪显得不尊贵。 ——引用改编自《积极倡导理性消费》王岩、邹兵	"面子消费"
谈恶果	一方面，对教授本人而言，过度追求奢侈品有害无利。大学教授不仅承担了教学工作，也承担了很多研究工作。对研究工作来说，最重要便是心静，要用"咬定青山不放松"式的决心，下"为伊消得人憔悴"式的苦功，才能产生重大研究成果。如果总是追求奢侈品，今天看这个品牌的故事，明天追那个品牌的新品，怎么能静下心来做研究呢？ 而且，近年来学术腐败现象频发，一些教授做个学术期刊的主编，就吃拿卡要，作者不给钱就不给发文；一些教授做个主任院长，就以官员自居，下属不送礼就不给升迁。这种享受一时之利的行为，难免为自己埋下被法律制裁的祸根。	影响做学术，且容易滋生学术腐败。
	另一方面，对教授们的学生而言，也可能会受到教授穿金戴银的影响。教授们教育的是中国的大学生、研究生，他们是中国未来的脊梁。他们正处于十八九岁、二十出头的年龄，正是人生观、价值观定型的年龄。如果学生们都和这些老师一样，把追求奢华的生活作为人生志向，谁还能静得下心来做学问呢？	影响学生的三观
提建议	学者不应对新鲜事物过分沉迷，切勿跟风和攀比。要结合自身经济能力、消费需求和兴趣爱好等，理性消费、量力而行，多一分理智和冷静，少一分盲目与冲动。	加强自我约束
	整治奢靡之风，需要学者提高自身的道德觉悟，加强精神自律。马克思说过："道德的基础是人类精神的自律。"离开了这种自律，奢靡之风虽能禁绝一时，却难免会死灰复燃。铲除奢靡之风，除了需要法律和制度建设，还需要将高尚的情操和朴素的道德植入人们的心底。相比法律和制度建设，道德和精神方面的建设更为任重道远。 ——引用改编自人民日报《反对奢靡关乎国家长治久安》李辐、林经纬	加强自律
	高校应该不断强化师德师风考核，将结果存入教师档案，不合格者在职务及职称晋升、岗位聘用、评优奖励等方面实行一票否决，形成严肃、廉洁的学术风气。 ——《教育部关于建立健全高校师德建设长效机制的意见》	考核师德

【参考范文】

教授穿金戴银大可不必

吕建刚

某教授出行穿戴颇为"讲究"，一身行头动辄几万，甚至几十万。在我看来，教授如此穿金戴银，大可不必。

我们得承认，适度地追求一下个人的形象无可厚非。教授是学生的表率，整天邋里邋遢确实也不是表率应该有的样子。因此，教授们追求点简洁、时尚的穿着，佩戴些精致、典雅的首饰也是人之常情，尤其是对于一些女性教师而言，让她们整日素面朝天对她们来讲也不公平，毕竟爱美之心人皆有之，不能因为人家是教授是老师，就剥夺人家爱美的权利。

但有些教授"名牌"与"高定"齐飞，"奢侈"共"华贵"一色，这样的"大手笔"，既不是精致生活的标志，也不是建立个人形象的正道。

一方面，对教授本人而言，过度追求奢侈品有害无利。大学教授不仅承担了教学工作，也承担了很多研究工作。对研究工作来说，最重要便是心静，要用"咬定青山不放松"式的决心，下"为伊消得人憔悴"式的苦功，才能产生重大研究成果。如果总是追求奢侈品，今天看这个品牌的故事，明天追那个品牌的新品，怎么能静下心来做研究呢？

而且，近年来学术腐败现象频发，一些教授做个学术期刊的主编，就吃拿卡要，作者不给钱就不给发文；一些教授做个主任院长，就以官员自居，下属不送礼就不给升迁。这种享受一时之利的行为，难免为自己埋下被法律制裁的祸根。

另一方面，对教授们的学生而言，也可能会受到教授穿金戴银的影响。教授们教育的是中国的大学生、研究生，他们是中国未来的脊梁。他们正处于十八九岁、二十出头的年龄，正是人生观、价值观定型的年龄。如果学生们都和这些老师一样，把追求奢华的生活作为人生志向，谁还能静得下心来做学问呢？

可见，教授过度追求穿金戴银，既不利于个人，也不利于学生，这种行为大可不必。

（全文共 692 字）

第 **2** 类 正面提倡类

2019年管理类联考论说文真题

论说文：根据下述材料，写一篇700字左右的论说文，题目自拟。（35分）

知识的真理性只有经过检验才能得到证明。论辩是纠正错误的重要途径之一，不同观点的冲突会暴露错误而发现真理。

【审题立意】

原因(reason)	题干中没有出现事件，不涉及事件的原因。
结果(result)	手段：论辩。结果：暴露错误、发现真理。
态度(attitude)	提倡论辩。

【4层结构】

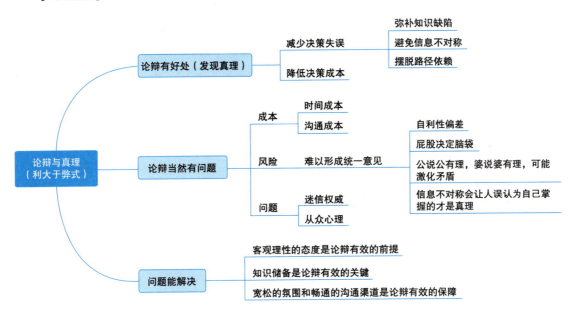

【正文段落】

结构	段落	母理或要点
论辩 有好处	论辩，是发现真理和解决问题的有效途径。一方面，任何人都不可能掌握全部知识，最多可能在某些方面有所专长，通过论辩，我们就可以取别人之所长补自己之所短。另一方面，信息不对称普遍存在，但通过论辩，我们可以打开"上帝视角"，发现从前"看不见的背面"，让信息由不对称到对称，从不完善到逐渐完善，从而发现真理、解决问题。	减少信息 不对称
	论辩，能帮助我们摆脱对过往路径的依赖。现实生活中，很多人对于"未来"的决策会受到"历史"经验的影响，从而影响决策的正确性。论辩给了我们用不同的眼睛看世界的机会，让我们从关注自身到留心环境，从沉浸历史到展望未来。这样便丰富了我们的"时空观"，从而提高了决策的有效性。	摆脱路径 依赖
	论辩可以减少决策失误。因为，不同思想的碰撞，为决策提供了更广阔的视角和思路。在论辩过程中，相左的意见是难得的警醒，使管理者能够主动地避开前路上未曾预料的风险。包容"争鸣"，可以使决策更加科学合理、符合实际。	减少决策 失误

结构	段落	母理或要点
论辩有问题	由"争鸣"到"共鸣"需要时间，这使得追寻真理、产生决策的速度也会"慢"下来。论辩，需要调查研究、公开讨论，以求谋定而后动。然而，想所有人同等、同时获益很难，只有少数人获益又令人无法接受，只有绝大多数人获益才行。这就需要管理者在争鸣中协调各方利益，无疑增加了时间成本。	时间成本
	论辩有时候很难达成共识，这是因为，在信息不对称的情况下，各方掌握的信息不同，思想往往会产生巨大分歧，甚至误认为自己掌握的才是真理。如果各方都固执己见，或者坚持"沉默是金"，那么信息无法顺畅地沟通和互换，错误和偏差也就无法避免。	信息不对称
	很多时候论辩失去其原意，由理性讨论到大肆争吵，再由破口大骂走向拳脚相向，都是因为我们难以站在客观的立场上去衡量他人的观点。而"屁股决定脑袋"式的思维常常使我们为了维护自己的立场和脸面便拒绝论辩；"一言堂"的盛行，也是组织领导不愿其权威受到挑战、拒绝接受他人观点的结果。	自利性偏差
	如果领导比较独断专行，论辩就很难发生。因为，人们会觉得自己的观点"说了也白说"，搞不好还被"穿小鞋"。一些领导者在决策之前，虽然也会征求各方意见，但实际情况往往是：要么提意见的人范围有限、代表性不足；要么对"不同意见"舍大取小乃至充耳不闻。更有甚者，把提出异议的人视为不听话的"刺儿头"，要么"封杀"，要么"设障"。如此一来，又有谁敢踊跃发声？	权威的影响
	人们有时候不敢论辩。一是因为迷信权威，误认为权威的观点就是对的，即使自己与权威的观点不同，也会产生自我怀疑，不敢发声质疑权威；二是出于盲从心理，尤其是当一种观点成为多数人的选择时，自己的"异见"就难免被视为异端邪说。	迷信权威与盲从心理
问题能解决（提建议）	客观理性的态度是论辩有效的前提。如果论辩时只是维护自己的面子或利益，不能做到中立客观，那么论辩就不可能让我们发现真理。因此，如果论辩中发生冲突，要及时调整思考策略，从而找到知识的真理性，切勿让"摊开手掌"的相互论辩，成为"攥紧拳头"的相互攻击。	保持客观理性
	知识储备是论辩有效的关键。真理是人们对客观事物及其规律的正确认识，而论辩则是以一定的逻辑基础为规则，这就要求双方有一定的知识储备、思想水平，有理有据、合规合法，才能让论辩发挥更大的价值。	增加知识储备
	宽松的氛围和畅通的沟通渠道是论辩有效的保障。一方面，对企业来说，管理者要做到"兼听则明"，允许不同声音的存在，听取各种不同的建议和意见，才能比较全面、客观地了解和掌握各方面情况，做出理性的判断和正确的决策。另一方面，对社会而言，尊重不同的观念和声音，既是尊重公民的言论表达自由，也是为公民提供了一条释放情绪的渠道。	维护宽松的氛围

【参考范文】

敢于论辩，发现真理

吕建刚

诚如材料所言，论辩是纠正错误、发现真理的重要途径之一。我们要敢于论辩，发现真理。

首先，论辩之所以有必要，是因为我们自身的不足。俗话说，"尺有所短，寸有所长"。任何一个人都不可能是全才，无论你是管理上的行家里手，还是科研上的权威大拿，无论你多么优秀，你也总会有不擅长的领域。如果我们只站在自己的角度上思考问题，就会遇到知识的盲区，从而形成误判，造成决策失误。通过论辩，我们就能用别人的知识解决问题，集思广益，发现真理。

其次，论辩之所以有必要，是由于客观环境的限制。我们都知道，信息不对称在我们的决策过程中广泛存在。在信息不完整的情况下来做决策，难免产生决策失误，给组织带来损失。论辩有助于解决这一问题。通过论辩，我们能获取更多的信息，尤其是从别人的视角所看到的信息，这样就可以发现之前"看不见的背面"，从而减少决策失误。

当然，论辩的过程中也容易出现一些问题。我们常看到一些论辩，由理性讨论到大肆争吵，再由破口大骂走向拳脚相加。为什么？心理学上有一种理论，叫"自利性偏差"。它说的是，人们常常出于维护自身利益的原因，而肯定自己、否定他人。因此，很多人论辩，不是想去发现真理，而是为了证明自己的话才是"真理"。这种"屁股决定脑袋"式的思维，只能让论辩走向谬误。

可见，要想让论辩成为发现真理的有效途径，以下三点必不可少。

一，客观理性的态度是论辩有效的前提。论辩是以一定的逻辑基础为规则的，辩论双方有理有据、合法合规、客观中立，论辩才会有结果。

二，知识储备是论辩有效的关键。辩论的目的是发现真理，而真理则必须有一定的知识才能发现。

三，宽松的氛围是论辩有效的保障。无论对方观点是否与己相同，我们都应欣然笑纳，这样别人才能畅所欲言。

"一花独放不是春，百花齐放春满园。"敢于让不同的观点发声，敢于论辩，方能发现真理！

(全文共 750 字)

2020 年经济类联考论说文真题

论说文：根据下述材料，写一篇不少于 600 字的论说文，题目自拟。（20 分）

2018 年，武汉一名退休老人向家乡木兰县教育局捐赠 1 000 万元，引起了广泛的关注。这笔巨款是马旭与丈夫一分一毫几十年积攒下来的，他们至今生活简朴，住在一个不起眼的小院里，家里没有一件像样的家具。

马旭 1932 年出生于黑龙江省木兰县，1947 年参军入伍，在东北军政大学学习半年后，成为解放军第四野战军的一名卫生员，先后参加过解放战争、抗美援朝战争，期间多次立功受奖。20 世纪 60 年代，她被调入空降兵部队，成为一名军医，后来主动要求学习跳伞，成为中华人民共和国第一代女空降兵。此后 20 多年里，马旭跳伞多达 140 多次，创下空降女兵跳伞次数最多和年龄最大两项纪录。如今，马旭事迹家喻户晓，许多地方邀请她参加各类活动，她大多婉拒。

她说："我的一生都是党和部队给的，我只是做了我力所能及的事。只要活着，我们还会继续攒钱捐款，把自己的一切献给党和国家。"

【审题立意】

原因（reason）	马旭为什么要捐出一生的积蓄？ 她有一颗奉献社会、回报社会的心。
结果（result）	马旭捐款带来什么结果？ 有助于他人、有助于社会。
态度（attitude）	那我们应该采取什么样的态度？ 提倡回报社会。

【4 层结构】

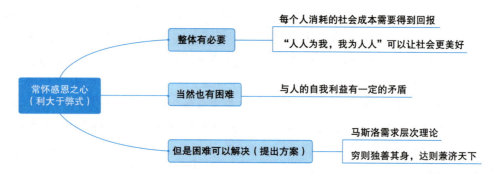

【正文段落】

结构	段落	母理或要点
整体 有必要	人都是社会人，每个人的成长不是凭空而来，也不仅仅是自己父亲母亲的付出。每个人的成长过程中必然会消耗一定的社会资源，比如教育资源、自然资源等。也就是说，人的成长是存在社会成本的。因此，既然你消耗了社会成本，那么为社会做出一些贡献当然是应该的。	有必要
	最好的社会其实是"人人为我，我为人人"的社会。如果每个人都能为社会和他人付出一些劳动、做出一些贡献，这个社会当然会变得更加美好。	有好处
当然也 有困难	当然，回报社会也存在一些困难。根据经济人假设，每个人都是考虑自身利益的经济人。因此，要把自己的利益让渡给他人和社会，是存在一定的困难的，尤其是对一些自己物质条件还不是特别好的人来说。	经济人假设
困难 能解决 （提出 方案）	回报社会、为社会做贡献看起来好像与人自私的一面相矛盾，其实不然。根据马斯洛需求层次理论，人在满足了自己的衣食住行等方面的需求之后，会存在更高的精神层面的需求，比如自我价值的实现。回报社会是实现自我价值的一种方式。	马斯洛需求 层次理论
	其实，要想做到回报社会是非常简单的事。一方面，做好分内之事是对社会最大的贡献。工人努力做工、农民辛勤种地、学者勤奋钻研，努力做好本职工作，进而推动劳动生产率的提高和社会的发展，这样就能提高社会总福利；另一方面，如果自己条件比较好，对于有困难的群众伸伸手，帮一把，这时候财富并没有消失，只是转移到更需要的人手里了，从而也提高了社会总福利。这就是"穷则独善其身，达则兼济天下"的道理。	穷则独善其身， 达则兼济天下。

【参考范文】

积极回报社会值得提倡

吕建刚

车尔尼雪夫斯基曾言："生命跟时代的崇高责任联系在一起，就会永垂不朽。"马旭把毕生积蓄回馈给家乡的善行义举，彰显出其"心怀大爱"的家国情怀。我们也应该向她学习，常怀感恩之心，积极回报社会。

首先，人都是社会人，每个人的成长不是凭空而来，也不仅仅是自己父亲母亲的付出。每个人的成长过程中必然会消耗一定的社会资源，比如教育资源、自然资源等等，也就是说，人的成长是存在社会成本的。因此，既然你消耗了社会成本，那么为社会做出一些贡献当然是应该的。

其次，最好的社会其实是"人人为我，我为人人"的社会。如果每个人都能为社会和他人付出一些劳动、做出一些贡献，这个社会当然会变得更加美好。《诗经》里面有一句话，叫"投我以木桃，报之以琼瑶"，这其实就是互相感恩、互相回报的一种体现。

当然，回报社会也存在一些困难。根据经济人假设，人们都是考虑自身利益的经济人。因此，要把自己的利益让渡给他人和社会，是存在一定的困难的，尤其是对一些自己物质条件还不是特别好的人来说。

但是，回报社会和实现自我价值之间并不矛盾。根据马斯洛需求层次理论，人在满足了自己的衣食住行等方面的需求之后，会存在更高的精神层面的需求，比如自我价值的实现。回报社会是实现自我价值的一种方式。

而且，要想做到回报社会并不难。一方面，做好分内之事是对社会最大的贡献。工人努力做工、农民辛勤种地、学者勤奋钻研，努力做好本职工作，进而推动劳动生产率的提高和社会的发展，这样就能提高社会总福利；另一方面，如果自己条件比较好，对于有困难的群众伸伸手，帮一把，这时候财富并没有消失，只是转移到更需要的人手里了，从而也提高了社会总福利。这就是"穷则独善其身，达则兼济天下"的道理。

总之，积极回报社会的思想值得提倡。

（全文共728字）

第❸类 AB 二元类

2016年管理类联考论说文真题

论说文：根据下述材料，写一篇700字左右的论说文，题目自拟。（35分）

亚里士多德说："城邦的本质在于多样性，而不在于一致性。……无论是家庭还是城邦，它们的内部都有着一定的一致性。不然的话，它们是不可能组建起来的。但这种一致性是有一定限度的。……同一种声音无法实现和谐，同一个音阶也无法组成旋律。城邦也是如此，它是一个多面体。人们只能通过教育使存在着各种差异的公民，统一起来组成一个共同体。"

【审题立意】

原因（reason）	本题的题干比较复杂，亚里士多德的话是其实就是一个 A 上加 B 式的结构。 ①城邦的本质在于多样性，而不在于一致性（论点）。 ②一致性有好处（A）。 ③但是一致性有限度（A 有问题）。 ④因此需要多样性（因此需要 B）。 ⑤提建议：通过教育使存在着各种差异的公民，统一起来组成一个共同体。那么，"多样性"代表什么？"一致性"代表什么？ 多样性：不同的性格、不同的才能、不同的想法等等。 一致性：一致性的主流价值观、一致性的行为准则等等。
结果（result）	"多样性"带来什么结果？ 形成专业化分工，促进社会发展。 "一致性"带来什么结果？ 协调社会关系。
态度（attitude）	那我们应该采取什么样的态度？ "多样性"应发展，"一致性"应保障。

【4 层结构】

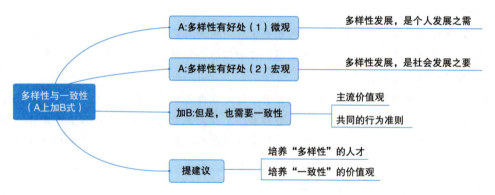

【正文段落】

结构	段落	母理或要点
A：多样性有好处（微观）	多样性发展，是个人发展之需。一方面，我们都有表达自己想法、展现自己个性的权利。一花一世界，一人更是一世界；你听你的京戏，我爱我的杰伦，这正是你我的权利。另一方面，我们要利用各自的优势，成为各有专长的人才。"尺有所短、寸有所长"，每个人都有自己的不足，再加上时间和精力有限，我们不可能掌握所有知识和技能，因此，样样精通不可取，各有所长才可行。	资源稀缺性
A：多样性有好处（宏观）	多样性发展，是社会发展之要。现代人类社会高速发展的基础，是越来越精细的社会分工机制。社会分工至少在以下几个方面产生了价值：一，它让我们可以集中精力发展自己的优势和专长、不擅长的部分则可以通过交易或合作解决；二，它让我们减少了工作转移时产生的效率损失；三，它让规模效应得以实现，从而推动了劳动生产率的提高。可见，精细化的社会分工，决定了社会必须多样发展。	社会分工机制

续表

结构	段落	母理或要点
加B：当然也需要一致性	缺乏引导和限制的多样性对于社会来说是一场灾难。包容多样性的发展，不意味着纵容，多样性也需要一致性的协调和制约，这样才能发挥其应有的作用。倘若人人由着自己的性子来，肆意追逐自身的利益，其结果只能是对公共资源产生破坏，形成"公共地悲剧"。	公共地悲剧
	人类共有的道德及规则是一致性的体现之一。规则约束了人行为的下限，而道德可以体现人行为的上限，上下限通备，国家方能长治久安。	规则
	高效的分工机制，需要一致性的协调和制约。共同的法律、道德、价值观是各种不同的人能够通力协作的基础。	社会分工机制
提建议	要培养"多样性"的人才，就要建立和健全多层次、多元化的教育体系。比如既要搞好以培养专家学者为目标的学术型学位，也要搞好以培养专业能手为目标的专业型学位；既要搞好普通高等教育，也要着力发展中等、高等职业教育。	搞好"多样性"
	要培养"一致性"的价值观。要通过教育形成全社会认可的主流价值观，也要通过教育让人才具备完整的、向上的道德观和法治观。	培养"一致性"

【参考范文】

"多样性"应发展，"一致性"应保障

吕建刚

　　亚里士多德说："城邦的本质在于多样性，而不在于一致性"，但我认为，既要提倡"多样性"发展，但也需要"一致性"的保障。

　　首先，多样性发展，是个人发展之需。一方面，我们都有表达自己想法、展现自己个性的权利。一花一世界，一人更是一世界；你听你的京戏，我爱我的杰伦，这正是你我的权利。另一方面，"尺有所短、寸有所长"，每个人都有自己的不足，再加上时间和精力有限，我们不可能掌握所有知识和技能，因此，样样精通不可取，各有所长才可行。

　　其次，多样性发展，是社会发展之要。现代人类社会高速发展的基础，是越来越精细的社会分工机制。社会分工至少在以下几个方面产生了价值：一，它让我们可以集中精力发展自己的优势和专长、不擅长的部分则可通过交易或合作解决；二，它让我们减少了工作转移时产生的效率损失；三，它让规模效应得以实现，从而推动了劳动生产率的提高。可见，精细化的社会分工，决定了社会必须多样发展。

　　当然，提倡多样性发展，并不代表忽略"一致性"。这是因为"一致性"为我们提供主流价值观和共同的行为准则。前者让多数人在道德层面具备相对的一致性，从而使很多事情的执行、很多问题的解决成为一种自觉行为；而后者，从法律法规的层面上确定了利益边界、减少了谈判成本。

　　要想实现在一致性基础上的多样发展，教育是关键。

　　一方面，要培养"多样性"的人才，就要建立和健全多层次、多元化的教育体系。比如既要搞好以培养专家学者为目标的学术型学位，也要搞好以培养专业能手为目标的专业型学位；既要搞好普通高等教育，也要着力发展中等、高等职业教育。

　　另一方面，要培养"一致性"的价值观。要通过教育形成全社会认可的主流价值观，也要通过教育让人才具备完整的、向上的道德观和法治观。

　　总之，"多样性"发展应该提倡，"一致性"思想应该保障。

（全文共 752 字）

第6章 评分标准与阅卷实例

第❶节 论说文评分标准

1. 论说文评分标准

考试大纲对管理类联考的论说文评分标准规定如下：

(1)按照内容、结构、语言三项综合评分。

一类卷(30~35分)：立意深刻，中心突出，结构完整，行文流畅。

二类卷(24~29分)：中心明确，结构较完整，层次较清楚，语句通顺。

三类卷(18~23分)：中心基本明确，结构尚完整，语句较通顺，有少量语病。

四类卷(11~17分)：中心不太明确，结构不够完整，语句不通顺，语病较多。

五类卷(0~10分)：偏离题意，结构残缺，层次混乱，语句不通。

(2)漏拟题目扣2分。

(3)每3个错别字扣1分，重复的不记，至多扣2分。

(4)书面不整洁，标点不正确，酌情扣1~2分。

【注意】经济类联考除了总分值为20分外，考试要求和评分标准与管理类联考是一致的。但由于官方没有公布经济类联考各类试卷的详细分数段，老吕自行将其分段如下，供各位同学参考。分段依据为20分除以5，得到每段的分值范围是4分。

一类卷(17~20分)：立意深刻，中心突出，结构完整，行文流畅。

二类卷(13~16分)：中心明确，结构较完整，层次较清楚，语句通顺。

三类卷(9~12分)：中心基本明确，结构尚完整，语句较通顺，有少量语病。

四类卷(5~8分)：中心不太明确，结构不够完整，语句不通顺，语病较多。

五类卷(0~4分)：偏离题意，结构残缺，层次混乱，语句不通。

2. 论说文阅卷方式

根据老吕对联考阅卷的深入了解，以及对老吕学员得分的深入调查，老吕对论说文阅卷情况剖析如下：

(1)阅卷地点

从2017年起，管理类联考的写作阅卷由全国统一阅卷改为各省独立阅卷，即在考生目标院校所在地的省份进行阅卷。例如，B、C、D、E省的考生，报考了A省的院校，试卷也会发往A省阅卷，保证了阅卷的相对公平性。

不过分省阅卷也会出现一个问题，即不同省份对写作评分标准的把握尺度可能并不完全相同，比如，一般来说北京、上海阅卷要比其他省份严格，但差距并不大。

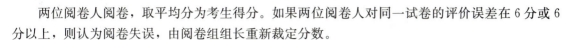

(2)阅卷方式

两位阅卷人阅卷，取平均分为考生得分。如果两位阅卷人对同一试卷的评价误差在6分或6分以上，则认为阅卷失误，由阅卷组组长重新裁定分数。

(3)阅卷特点

阅卷人每天阅卷数量极大，分配给每份试卷的阅卷时间极短。另外，由于考生们文章的质量和书写工整度参差不齐，所以，阅卷人看起文章来相当痛苦。这就意味着字迹是否工整对得分的影响会比较大。也意味着，你的论点必须清晰明了，让阅卷人第一时间把握你的论证思路。

(4)少见高分和低分

由于考生的最后得分是两位阅卷人给的分数取平均分，所以，虽然确实有人拿过32分的高分，但得一类卷是相对困难的。同理，如果不是你没写完，或者你完全不会下笔，得五类卷也是比较困难的。

所以，建议你在估分时，按四类卷到二类卷给自己估分。

3. 论说文高分策略

考试作文不是与阅卷老师的博弈，而是要根据阅卷人的阅卷特点，去配合阅卷人阅卷，尽量让他们看到我们的试卷就心旷神怡、愿意给分。因此，考试作文必须简洁明了、结构清晰、有亮点，这样才能在短时间内打动阅卷者，给他留下较好的印象。具体来说，老吕提出以下要求：

(1)一文三点题

老吕要求你至少做到"一文三点题"，即在标题、开头和结尾部分，均要提到自己的论点。

(2)立意不跑题

紧扣材料挖掘立意，立意深刻、论点鲜明。行文过程保证不跑题。

(3)紧扣材料

案例分析类文章，行文要一直围绕材料进行。寓言类文章，可以根据材料提出立意后，按照自己的立意写，但行文过程中也要两到三次回扣材料，以此向阅卷人表明："你看，我是紧扣材料写的文章，我没跑题哦。"

(4)结构清晰

使用论说文的常见结构写文章，不必另辟蹊径，不给阅卷人的阅卷制造困难。

(5)凤头豹尾

由于阅卷时间有限，阅卷人往往会认真读你的开头和结尾，而不会对全文字斟句酌。所以，开头夺人心目，结尾长留余味，方可捕获高分。开篇必破题，结尾必点题，这样才能更好地突出文章主旨，有浑然一体之感。

(6)卷面整洁

考试大纲规定有2分的卷面分，但老吕认为，卷面是否整洁会对文章有5分左右的影响。

(7)标点正确

标点使用不正确，一是会给阅卷人断句带来困难；二是这属于硬伤，容易被扣分。所以，老吕要求标点的使用必须正确。标点符号使用标准见本书技巧总结篇。

第❷节 阅卷实例

考场作文 1

考生作文	老吕点评
为"富"为"仁"，相辅相成 老吕学员　一名 　　"为富，不仁；为仁，不富。"终将是过去。如今，为仁，可以致富；为富，不可不仁；为"富"为"仁"，相辅相成。	三句开头法。
为仁，也能致富。仁义取财，万事都是以仁义出发，就做不了坏事，就避免了求富之路利欲熏心，"富"才能长久。同仁堂多年来口碑如一，财富可谓是源远流长。究其原因，就是将患者的利益放在第一位，时刻不忘从医者的仁义之心。由此看来，仁是一个企业的发展之基，是可以在市场上立足的根本。	分论点一。
为富，不可不仁。一富起来，忘记了仁义良心，眼里只剩下金钱利欲，导致自己失去了本心，没有了最初的目标，这样就容易走歪路，最后的结果只能是众人声讨，富也不能长久。古有和珅，今有"许三多"，个人为富不仁，等待的牢狱之灾。"毒奶粉""瘦肉精"企业为富不仁，等待它们的是多年招牌毁于一旦。为富不仁，求富只能是"竹篮打水一场空"。	分论点二。 病句。
为富，也能求仁。"要想做好事，得先有钱"，虽朴实无华，却是真理。国家遭受天灾之时，来自各行业的企业善款解决了灾区人民的温饱，重建了受灾人民的家园。而当财富满足了物质欲望时，人们自然会希望获得社会的尊重，看到自己的价值得到展现。而为富者利用钱财帮助弱者，为社会的进步贡献一份力量，便可以从中求得一份仁心。	分论点三。
"富"和"仁"并不是对立的，而是相辅相成的。以仁可以求富，以富也可以求仁。王安石曾说："聚天下之人，不可以无财；理天下之财，不可以无义。"君子之财取之有道，我们要通过自己的真才实学获得丰厚的报酬，而不是以非法行为大发昧心财。	总结论点。
为富者，不忘为仁，为仁者，不忘求富，只有这样，才能促进我们社会的和谐发展。	结尾。

总评：
　　本文中心明确，结构完整，层次清楚。虽有一处病句，但全文语句较为通顺，可评为二类卷。
　　参考评分：26 分。

考场作文2

考生作文	老吕点评
为富可以为仁 老吕学员习作 《孟子》有言："为富，不仁矣；为仁，不富矣。"这种观点过于极端，有失偏颇。我认为，为富可以为仁，在为富之后做善事、行善举，既为富又为仁是完全可以做到的。	提出论点。
中国"首善"陈光标出身于农民家庭，他在创业成功、积累财富之后并没有忘记扶危济贫。他热衷于慈善事业近20年，从希望工程到汶川地震等国家和人民的危难时刻，陈光标都挺身而出慷慨解囊，雪中送炭。他已经决定死后将其全部财产回馈给国家和社会。香港娱乐业大亨邵逸夫创立了有东方诺贝尔之称的"邵逸夫奖"，对有杰出贡献的科学家进行奖励，他通过邵逸夫基金与教育部合作，连年向内地学校捐赠巨款建设教育教学设施，以其名字命名的教学楼遍布中国高校。这些富豪们在功成名就之后、荣华富贵之余，不忘为仁为善，不吝惜个人财产以求帮助更多的人，为社会为国家分忧解难。他们做到了既为富又为仁，以自己的行动践行了为富与为仁可以兼而有之。	第一段例证。
历史上不乏既为富又为仁的佳话。水浒传中的柴进是后周皇裔，家中有太祖皇帝御赐的丹书铁券，他仗义疏财，曾在林冲、宋江、武松等人走投无路之时出手相助，多次救梁山好汉于水火之中。家财万贯的柴大官人，还能如此行侠仗义，真乃令后世敬仰的英雄豪杰。	第二段例证。
主张为富与为仁是鱼和熊掌不能兼得的观点，显得过于狭隘。《孟子》中有言"达则兼济天下"，是说一个人在富贵之后还能心怀天下，关心他人疾苦，造福百姓，那么他就是一个真正成功的人士。由此可见，为富与为仁并不是矛盾的关系，而是可以同时并存和兼顾的。	议论。
如果一个人为富之后抛弃为仁，只一味贪图物质享受，而漠视善良和仁义甚至作恶多端，那么他的道德情操是卑微的，最终会落个多行不义必自毙的下场。为富者不要忘记为仁，因为失去了仁义，财富终将是身外之物。	结尾。

总评：

本文立意准确，但全文以事例为主，基本上没有说理，因此其说服力相当有限。可评为四类卷。

参考评分：16分。

考场作文 3

考生作文	老吕点评
为富也可为仁 　　孟子有言："为富，不仁矣；为仁，不富矣。"将富和仁看作了矛盾的对立两面，为富者，都是一副刻薄寡恩的样子，对自己大方无比，对他人却转变为"葛朗台二世"。然而，为富者都是这样的吗？富与仁就真的无法和谐相处吗？我看未必。	开头略显啰唆。
自古以来，财富积累的过程，离不开个人的奋斗和社会的发展。刘强东依靠自身的奋斗，从一位卖光盘的小商小贩，投身互联网，成长为一名电商巨擘。许家印从一名钢铁工人，在下海经商的浪潮中顺势而动，经过个人的打拼，成了一名地产大鳄。不少企业家、发明家依靠努力成了富人，但他们都是通过个人劳动获取的财富，他们改善了自己和家人的生活，怎么能称其"为富不仁"呢？	分论点一。
富与仁并不是独立的两个方面。孟子曾云："穷则独善其身，达则兼济天下。"这正是对其最好的解释。古时天灾人祸，富商士绅都会施粮于民众，而到了文明程度更高的今天，这种事情更是比比皆是。在汶川大地震发生后，众多企业家纷纷慷慨解囊，单单华人首富李嘉诚就向灾区捐款 4 500 万元。著名的企业家陈光标，屡屡向贫困地区捐款捐物，虽然其慈善行为有时让人引起争议，但正是他的这种行为，让我们可以看到现代的富人们，对于社会的回馈与担当。	分论点二。

总评：
　　本文前三段紧扣材料，立意准确。但本文没有写完，可评为五类卷。
　　评分：7 分。

管理类、经济类联考

老吕写作

要点精编

主编◎吕建刚

编委：芦苇、江徕、花爷、宝文、张英俊

技巧总结篇

全新
改版升级

北京理工大学出版社
BEIJING INSTITUTE OF TECHNOLOGY PRESS

图书在版编目（CIP）数据

管理类、经济类联考·老吕写作要点精编/吕建刚
主编 . --8 版 . --北京：北京理工大学出版社，
2021.10

ISBN 978 - 7 - 5763 - 0605 - 7

Ⅰ.①管… Ⅱ.①吕… Ⅲ.①汉语-写作-研究生-
入学考试-自学参考资料 Ⅳ.①H15

中国版本图书馆 CIP 数据核字（2021）第 215803 号

出版发行 / 北京理工大学出版社有限责任公司

社　　址 / 北京市海淀区中关村南大街 5 号

邮　　编 / 100081

电　　话 / (010) 68914775（总编室）

　　　　　（010) 82562903（教材售后服务热线）

　　　　　（010) 68944723（其他图书服务热线）

网　　址 / http://www.bitpress.com.cn

经　　销 / 全国各地新华书店

印　　刷 / 保定市中画美凯印刷有限公司

开　　本 / 787 毫米×1092 毫米　1/16

印　　张 / 15.5　　　　　　　　　　　　　　　　责任编辑 / 多海鹏

字　　数 / 364 千字　　　　　　　　　　　　　　文案编辑 / 多海鹏

版　　次 / 2021 年 10 月第 8 版　2021 年 10 月第 1 次印刷　　责任校对 / 周瑞红

定　　价 / 49.80 元（全三册）　　　　　　　　　　责任印制 / 李志强

写作高分的逻辑

① 联考的命题特点

想在考场上得高分，首先要了解考试。

首先，管理类联考、经济类联考综合的题量都很大。其中，管理类联考的试卷由 25 道数学题、30 道逻辑题、2 篇作文构成；经济类联考的试卷由 35 道数学题、20 道逻辑题、2 篇作文构成。其中，2 篇作文分别为论证有效性分析和论说文。

其次，管理类联考、经济类联考的考试时间很短。综合这一科的考试总时长仅有 180 分钟，要在这么短的时间内做完这么多的数学、逻辑题，然后再"创作"出 2 篇文章，难度可想而知。

那怎么办？

② 论证有效性分析如何得高分

2.1　论证有效性分析的评分标准

初学者可能没有听说过"论证有效性分析"这个文体。简单来说，论证有效性分析就是题干给你一篇文章，文章中有若逻辑谬误，要求考生找出来并加以分析。

论证有效性分析的评分标准复杂，详见本书论证有效分析篇第 6 章。现在，你只需要明白评分标准的核心：

论证有效性分析有参考答案。参考答案中会给出 6 个逻辑错误，阅卷人在阅卷时按照参考答案给分。如果你找的逻辑错误正确，并且分析得当，这一点就得分；如果找错了，就不得分。

现在，我就问你一句话，你想写的和参考答案一样还是不一样？如果给我参考答案，我愿意把参考答案抄一遍。

可见，论证有效性分析从本质上来说，不是一篇作文，而是一道逻辑错误（用术语来说叫"逻辑谬误"）分析题。

2.2　论证有效性分析的高分策略

真题中可能会考的逻辑谬误，有 6 大类 12 种逻辑谬误，我把它们称为论证有效性分析的"母题"。为什么叫母题呢？母题者，题妈妈也，一生二，二生四，以至无穷。这 12 种逻辑谬误，可见下图：

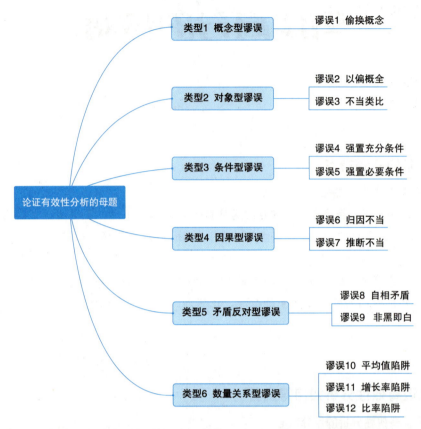

论证有效性分析题干中给出的材料，涉及社会、文化、管理、经济等各种方面，它可以是无穷多的。 但是，无论材料是什么，参考答案里出现的逻辑谬误的类型是很少的，只有 6 大类 12种。 把这些谬误学会、练好，论证有效性分析得高分还难吗？

3 论说文如何得高分

3.1 论说文的评分标准

管理类联考的论说文总分为 35 分，评分标准如下：

一类卷（30～35 分）：立意深刻，中心突出，结构完整，行文流畅。

二类卷（24～29 分）：中心明确，结构较完整，层次较清楚，语句通顺。

三类卷（18～23 分）：中心基本明确，结构尚完整，语句较通顺，有少量语病。

四类卷（11～17 分）：中心不太明确，结构不够完整，语句不通顺，语病较多。

五类卷（0～10 分）：偏离题意，结构残缺，层次混乱，语句不通。

经济类联考的论说文总分为 20 分，参考评分标准如下：

一类卷（17～20 分）：立意深刻，中心突出，结构完整，行文流畅。

二类卷（13～16 分）：中心明确，结构较完整，层次较清楚，语句通顺。

三类卷（9～12 分）：中心基本明确，结构尚完整，语句较通顺，有少量语病。

四类卷（5～8 分）：中心不太明确，结构不够完整，语句不通顺，语病较多。

五类卷（0～4 分）：偏离题意，结构残缺，层次混乱，语句不通。

3.2 论说文的高分策略

我们以一类卷为标准，分析一下论说文如何得高分。

(1)立意深刻,中心突出

这是对审题立意的要求。

审题立意，是论说文的起点。如果文章的立意偏题或跑题了，就可归入"中心不太明确"或者"偏离题意"的标准，评为四类卷或五类卷。文章的内容再好也没有用，只能得个五类卷或四类卷了。可见，审题立意非常重要。

对于审题立意，老吕重新总结出来了一套简洁有效的分析办法，叫"因果态"法。详见本书论说文篇第2章第1节。

(2)结构完整

这是对文章结构的要求。

从1997年的MBA入学联考，发展到现在的管理类联考、经济类联考，在各类联考中，论说文已经考了二十多年，四十多道真题。这些真题统统可以分为三大类题型，即：反面现象类、正面提倡类、AB二元类。如下图所示：

这三大类题型，都有十分简单易用且能得高分的结构，如下图所示：

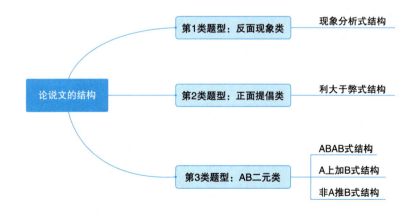

在文章不跑题的前提下，熟练运用以上结构，即使文采不好也能拿到二类卷。

(3)行文流畅

这是对文章内容的要求。

"行文流畅"表面上看起来是要求我们把文章写得有文采，其实不然。因为论说文与其他文体的根本区别在于，它讲究文章的说服力。 而说服力主要体现在说理的逻辑性和说理的深度上。 可见，说理是论说文行文的核心。

作为管理类、经济类联考的学生，我们要学会用管理学的视角、经济学的视角来看问题，因此，相关理论的学习和使用必不可少，这些理论能帮助我们弄清好处和必要、析原因、谈危害、提方案，从而增加我们文章的说理深度。 论说文的常用理论如下图：

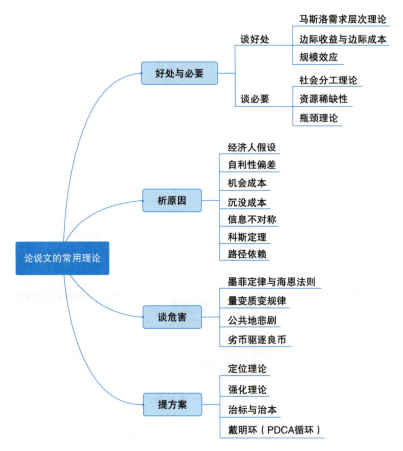

本书中，老吕不仅为你讲解这些理论，还会讲解这些理论如何用在作文中，并给出范文段落。

3.3 论说文的素材积累

经常有同学会问我："老吕，我需要积累和背诵素材吗？"当然需要。

于是，有同学买来了《高中生论点论据大全》，大段大段的例子背起来，这是错的。

于是，有同学打开《人民日报》《中国青年报》等报刊传媒的 App，各种评论性的文章看起来，这当然有助于你提高写作水准，但是，备考时间可能不够。

于是，有同学跟着各种老师、学长，积累大段的素材，但是，事倍功半。

我认为，积累素材很简单，掌握了本书中介绍的理论之后，你只需要一本《老吕综合真题超精解》了解一下真题，一本《老吕写作母题 33 篇》用来积累素材，足矣。 其中，"真题"一般在年初上市，"33 篇"一般在 10 月左右上市。

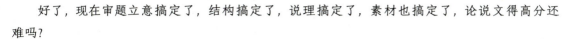

好了，现在审题立意搞定了，结构搞定了，说理搞定了，素材也搞定了，论说文得高分还难吗？

最后我想强调两点：

一、不要畏惧作文，老吕的作文方法足以让你得到高分。

二、一定要"写"作文，老吕的方法再好、老吕的文章再妙，你自己不动手"写"，还是掌握不了。不勤学苦"写"，高分只能是空谈。

④ 交流方式

备考过程中有什么疑问，可以通过以下方式联系老吕。由于学员众多，老吕并不能保证100％回复。但老吕在力所能及的范围内，还是会做大量的回复的。

微博：@老吕考研吕建刚—MBAMPAcc

微信：miao-lvlv1　　miao-lvlv2

微信公众号：老吕考研（MPAcc、MAud、图书情报专用）

老吕教你考MBA（MBA、MPA、MEM专用）

396经济类联考（经济类联考各专业通用）

199管理类联考备考QQ群：798505287　173304937　799367655　747997204　797851440

396经济类联考备考QQ群：660395901　854769093

加油吧，愿你能学会努力，愿你能一直努力，成功的路就在前方！

吕建刚亲笔于

2021年9月10日教师节之际

图书配套服务使用说明

一、图书配套工具库：喵屋

扫码下载"乐学喵 App"
（安卓/iOS 系统均可扫描）

下载乐学喵App后，底部菜单栏找到"喵屋"，在你备考过程中碰到的所有问题在这里都能解决。可以找到答疑老师，可以找到最新备考计划，可以获得最新的考研资讯，可以获得最全的择校信息。

二、各专业配套官方公众号

可扫描下方二维码获得各专业最新资讯和备考指导。

老吕考研
（所有考生均可关注）

老吕教你考MBA
（MBA/MPA/MEM/MTA
专业考生可关注）

会计专硕考研喵
（会计专硕、审计
专硕考生可关注）

图书情报硕士考研喵
（图书情报硕士考生可关注）

物流与工业工程考研喵
（物流工程、工业工程
考生可关注）

396经济类联考
（金融、应用统计、税务、
国际商务、保险及资产评估
考生可关注）

三、视频课程 💻

扫码观看
写作重点精讲课程

四、图书勘误 📖

这里是勘误区，如需答疑，请在"喵屋"首页带话题#数学答疑#或#逻辑答疑#，会有助教老师帮您解答。

扫描获取图书勘误

目录

技巧总结篇

总结 ❶ 论证有效性分析的全文结构

1. 四段式结构

四段式结构中，正文每段只需要写 6 行，也就是 100～120 字即可。当然，实际行文中不一定每段如此平均，稍微短一些或长一些，写 5～7 行均可。

标题（如：一篇似是而非的论证）			
段落	内容	行数	字数
开头	上述材料的论证存在多处不当，分析如下：	2～3 行	40～60 字
正文 1	首先，谬误 1 分析	6 行	约 110 字
正文 2	其次，谬误 2 分析	6 行	约 110 字
正文 3	再次，谬误 3 分析	6 行	约 110 字
正文 4	最后，谬误 4 分析	6 行	约 110 字
结尾	综上所述，材料的结论难以成立。	1～2 行	20～40 字

2. 五段式结构

五段式结构中，正文每段只需要写 5 行，也就是 80～100 字即可。当然，实际行文中也可适当增减。

结构如下表所示：

标题（如：一篇似是而非的论证）			
段落	内容	行数	字数
开头	上述材料的论证存在多处不当，分析如下：	2～3 行	40～60 字
正文 1	首先，谬误 1 分析	5 行	约 90 字
正文 2	其次，谬误 2 分析	5 行	约 90 字
正文 3	再次，谬误 3 分析	5 行	约 90 字
正文 4	而且，谬误 4 分析	5 行	约 90 字
正文 5	最后，谬误 5 分析	5 行	约 90 字
结尾	综上所述，材料的结论难以成立。	1～2 行	20～40 字

3. 双方辩论式结构

如果出现双方辩论式材料，建议使用以下结构。题目可参考本书论证有效性分析篇第 5 章第 1 节中习题 1、2。

	标题（如：岂能如此辩论）		
段落	内容	行数	字数
开头	上述材料中，甲、乙双方就……这一问题展开了针锋相对的辩论，然而，双方的辩论都存在一些逻辑漏洞。	2～3行	40～60字
正文1	从甲方来看，主要逻辑问题有： 先将正方的逻辑漏洞分析如下：	1行	20字以内
正文2	首先，甲方认为……，存在不当，因为……	5行	约90字
正文3	其次，甲方由……推出……，难以成立，因为……	5行	约90字
正文4	从乙方来看，主要逻辑问题有： 再看一下反方的逻辑漏洞：	1行	20字以内
正文5	第一，乙方存在不当类比，……	5行	约90字
正文6	第二，乙方在概念的使用上也有混淆，……	5行	约90字
结尾	综上所述，甲、乙双方的论证都存在谬误，其争论的有效性值得怀疑。	2行	20～40字

总结 2 论证有效性分析的谬误公式

类型	名称	公式
概念型谬误	偷换概念	上述材料中 __A__ 与 __B__ 是两个不同的概念，前者的意思是_____，而后者的意思是_____。所以，材料的论述有偷换概念之嫌。
对象型谬误	以偏概全	材料通过对_____调查，认为_____，有以偏概全之嫌。因为，这些调查对象 __数量不足、广度不够或不是随机选取__，所以他们不一定能代表所有人的情况。
	不当类比	材料论述由 __A__ 推出 __B__，难以成立。因为二者_____不同，_____不同，所以，由 __A__ 的情况难以推论出 __B__ 的情况，这一论证存在不当类比。
条件型谬误	强置充分条件	材料认为 __A__ 是 __B__ 的充分条件，存在不妥。因为 __B__ 的成立还取决于 __C__、__D__、__E__ 等多方面因素，__A__ 只是 __B__ 的条件之一。 材料认为有了 __A__ 一定有 __B__，过于绝对了。因为，在 __C__ 的情况下，有了 __A__，也不会出现 __B__。所以，__A__ 并非 __B__ 的充分条件。
	强置必要条件	材料认为，只有有 __A__，才会有 __B__，过于绝对。实际上，__A__ 并非 __B__ 的必要条件。即使没有 __A__，通过 __C__、__D__、__E__ 等方式，也可以实现 __B__。

续表

类型	名称	公式
因果型谬误	归因不当	材料认为， 现象A 的出现是因为 原因B ，但是， 原因B 可能并不是 现象A 的真正原因，真正原因可能是 原因C ， 原因D 等。 材料认为， 现象A 的出现仅仅是因为 原因B ，过于绝对。实际上，除了 原因B 以外， 现象A 的出现可能是 原因C ， 原因D 等共同作用的结果。
因果型谬误	推断不当	材料由 事件A 推出 结果B ，存在不妥。由于 原因C 、 原因D 等因素的存在（他因）， 结果B 未必会发生（不果）。 材料由 事件A 推出 结果B ，存在不妥。因为 事件A 也可能会导致 结果C 、 结果D 等，因此， 结果B 未必会发生（产生他果）。
矛盾反对型谬误	自相矛盾	材料一方面肯定了 A ，一方面又否定了 A ，岂不是自相矛盾？
矛盾反对型谬误	非黑即白	材料认为不是" A "就是" B "，未必成立，因为，还可能是" C "" D "" E "等情况。
数量关系型谬误	平均值陷阱	材料试图以 A 这一平均值，来论证 B 这一个体值，存在不妥。因为，平均值仅仅用来表示一组样本的整体情况，难以代表每个个体的情况。
数量关系型谬误	增长率陷阱	材料认为 A 的增长率很高， A 的值就很大，并不妥当。因为要想衡量 A 的值，不仅要看增长率，还要看其基数的大小。
数量关系型谬误	比率陷阱	材料试图判断 比率A 的大小，但材料仅考虑了分子，没有考虑分母，难以准确断定该比率的大小。

总结 **3** 论证有效性分析的常见问题

Ⅰ. 标题的常见问题

(1)标题过长

很多同学拟的标题超过了14个字，这显然太长了。建议标题尽量不要超过12个字。

例如：

《政府真的不应该干预生产过剩和生产不足问题吗》(21字)

《洋快餐一定会成为中国饮食行业的霸主吗》(18字)

(2)提出观点

论证有效性分析不是驳论文或论说文，只要求质疑材料，不允许提出自己的观点。

例如：

《政府应该干预生产过剩问题》(提出了观点)

(3)质疑一方

双方争论型标题要体现对双方的质疑，如"没有说服力的辩论""争辩还是诡辩""无效的 XXX 之辩"，等等。不能仅质疑其中一方。

2. 首段与结尾的常见问题

(1)开头和结尾过长

论证有效性分析能否得高分，几乎只取决于正文部分的几个谬误找得是否正确、分析得是否到位。阅卷人在阅卷时开头和结尾部分都是一扫而过，写长了对得分没有帮助，所以应尽量写得简短。

(2)冒号的使用

首段结尾如果用了"存在以下逻辑错误""分析如下"等句式，结尾应该用冒号。

3. 正文的常见问题

(1)不用引号

我们写的文章是给谁看的？当然是阅卷老师。你学了一年的时间，阅卷人看你的文章却只用两三分钟。正因为如此，我们一定要去配合阅卷人的阅卷，让他迅速读懂你的文章，这时，引号的作用就十分突出。

引号的第一个作用是引用，告诉阅卷人你质疑的原文是什么。

例如：

"政府应该管好民生问题，不必干预生产过剩和生产不足"，暗含一个假设：生产过剩和生产不足不会影响民生，不会导致民生问题，这显然是不妥当的。

引号的第二个作用是表示强调，让阅卷人迅速把握你想突出的重点。

例如：

再次，生产过剩是市场经济的"常见现象"，不代表生产过剩是经济运行的"客观规律"。前者是事物发展的外在表现，后者是事物发展的内在属性，二者是不同的概念。

现在，我们将引号去掉做一下比较：

再次，生产过剩是市场经济的常见现象，不代表生产过剩是经济运行的客观规律。前者是事物发展的外在表现，后者是事物发展的内在属性，二者是不同的概念。

你可以发现，去掉引号并不影响这段话的成立性，但是，去掉引号就无法突出材料中偷换的两个概念，阅卷人读起来就很费力气，如果你的字又写得不好，阅卷人找重点就难上加难。

综上，请一定要注重引号的使用。如果你不懂标点符号的使用规范，请查阅本书附录。

(2)引用过长

引用务必简洁。引用过长是很多同学常犯的错误。

例如：

其次，材料认为"如果因为丑闻迭出而导致社会道德风气的败坏，那么我们完全有理由怀疑企业的存在对于整个社会的意义"，(53字)未必如此。企业存在的意义在于通过纳税来提升社会整体福利、以提供工作岗位的方式解决就业问题等，即使企业出现丑闻，如果其在纳税、创造就业机会等其他方面所作的积极贡献大于负面影响，企业的存在对于整个社会依然具有意义。（共161字）

这是老吕一位学员的习作。从内容来看，写得很不错。但是，因为引用过长导致段落的总字数太多了。

如果材料内容简短，我们可以直接引用；如果材料内容过长，我们可以适当简写，做间接引用。所以，上文可改写如下：

其次，丑闻迭出就会使企业没有社会意义了吗？（18字）未必如此。企业存在的意义在于通过纳税来提升社会整体福利、以提供工作岗位的方式解决就业问题等，即使企业出现丑闻，如果其在纳税、创造就业机会等其他方面所作的积极贡献大于负面影响，企业的存在对于整个社会依然具有意义。（共126字）

(3)质疑啰唆

质疑要直截了当。质疑啰唆也是很多同学的常见错误。

例如下面一段学员习作：

再次，文章认为已经喜爱上洋快餐的未成年人在成为更有消费能力的成年人群体后，洋快餐的市场需求会大幅度跃升。这样的推论未免过于乐观，实则未必如此。（质疑：19字）现在喜欢洋快餐的未成年人将来就一定会一直保持喜爱吗？可能未成年人在成年之前就吃腻了洋快餐，也可能洋快餐本就更符合未成年人的口味，这都有可能使得有消费能力的成年人不再消费洋快餐食品。

此段中质疑用了19字，其实只用一句"未必如此"即可。另外，此文的引用也过长了。

(4)定性错误

在质疑部分，要不要指出逻辑错误的具体类型？有一些老师认为不用，也有一些老师说必须指出逻辑错误的类型，如类比不当、以偏概全、非黑即白，等等。我们依据《全国硕士研究生招生考试管理类专业学位联考综合能力考试大纲》给大家做个统一回答。

第一，考试大纲规定"不考查逻辑学的专业知识"。

第二，从考试大纲给出的参考答案来看，从来没有具体指出过逻辑错误的类型。

因此，"必须"指出逻辑错误的类型是对考试大纲的误读。

如果你对逻辑错误的定性有十足把握，并且这也是一种常见错误，大家都耳熟能详，不影响阅卷老师阅卷，那就可以写。否则，错误的定性会失分，还不如不写。

例如：

材料认为只有建立有效的激励机制，才能杜绝企业丑闻的发生，未免过于绝对，犯了强拉因果的逻辑错误（并非强拉因果，而是强置必要条件）。实际上，通过加强企业管理、建立督察机制等方式，也可以杜绝企业丑闻的发生。

(5)绝对化

行文过程中要避免使用绝对化的判断词和语气词。例如：绝对、一定、十分错误、毫无道理、十分荒谬、痴人说梦等。

例如：

再次，材料认为，既然生产过剩是市场经济的"常见现象"，那么它就是经济运行的"客观规律"。这是十分荒谬的，"常见现象"和"客观规律"是完全不同的两个概念。

(6)有疑无析

论证有效性分析的核心是"析"，而不是"引""疑""结"。有些同学把"引""疑""结"三部分写得特别详细，但是"析"的部分写得却很少或者干脆不写，这样会大量失分。

例如：

材料以在洋快餐店内进行的调查问卷作为依据说明"洋快餐有助于营养均衡"，有以偏概全的嫌疑。这样的调查问卷中的样本是不具有代表性的，因此，其调查结果也未必具有可信度。

这一段是非常典型的"有疑无析"。"以偏概全"的意思就是"样本没有代表性"，这两句都是"疑"。因此，此段是"引"—"疑"—"疑"—"结"的结构，并没有分析为什么调查问卷中的样本是没有代表性的。

(7)发表观点

论证有效性分析的立场是中立的，我们站在客观的角度，分析材料的逻辑漏洞是什么，但我们自己并不持有对材料议题的观点。所以，行文中的表达也要客观，避免使用主观性语气和词汇，如"我不这么认为""我认为""我想""众所周知"，等等。也无须发表自己的观点。

例如：

首先，材料认为洋快餐近5年在中国大城市的网点数激增，那么在中国小城市和乡镇也会有广阔的市场，我不赞同（主观词汇）。与大城市相比，小城市和乡镇消费者的口味更为传统化，洋快餐在这些地方不会有销路（发表观点）。

【改错训练】

请分析下列习作中存在的问题，并改写此段落。

首先，材料通过说明"洋快餐"受儿童群体的喜爱而得出"洋快餐不利于健康的观点是站不住脚的"。这样的推论是无法成立的，毒品也受到广大吸毒人士的"喜爱"，难道毒品也是有利于健康的吗？因此，洋快餐是不利于健康的。

【参考答案】

这段习作存在5处问题：

第一，第一个引号的使用不恰当。既无法表示引用，也并非本句需要强调的重点，本句的重点是"喜爱"。

第二，"引"和"疑"的部分用了三重否定——"洋快餐不利于健康的观点是站不住脚的"，这样的推论是无法成立的——增大了阅读难度。

第三，质疑11个字略显啰唆，直接用"难以成立""未必妥当"等词汇即可。

第四，"引"（12 个字）"结"（44 个字）"疑"（14 个字）三部分加起来有 70 个字，但"析"作为最核心的部分只有 31 个字。

第五，"结"的部分发表了自己的观点。

建议将本文修改为：

首先，仅由洋快餐受儿童群体的"喜爱"无法得出"洋快餐有利于健康"的结论。（"引"＋"疑"共 36 字）因为，孩子们并不具备判断洋快餐是否有利于健康的能力，他们的"喜爱"可能仅仅基于口味。而且，被人喜爱的未必就是健康的，比如毒品也受到广大吸毒人士的"喜爱"，难道毒品也是有利于健康的吗？（"析"91 字）

总结 ④ 论说文的 1342 万能结构

Ⅰ. 现象分析式结构

层次	结构	写法1 (分析一个现象)	写法2 (分析一类现象)
第1层	摆现象	第1段：引材料，并提出论点。这时引材料就相当于摆现象。	第1段：引材料+提出论点。第2段：列举现实生活中与材料类似的典型事例。
第2层	析原因	第2段：分析这一个现象产生的原因。	第3段：分析这一类现象产生的原因。
第3层	谈危害	第3段：分析这一个现象产生的危害。	第4段：分析这一类现象产生的危害。
第4层	提方案	第4段：针对这一个现象提出解决方案。	第5段：针对这一类现象提出解决方案。
		最后一段，总结全文	

【说明】 以上段落安排并不是绝对的，比如原因有很多，也可以用两段分析原因；如果方案很多，则可以分两段提建议等等。

2. 利大于弊式结构

利大于弊式的4层结构

层次	结构	写法1（谈好处）	写法2（谈必要）
开 头		引材料，并提出论点。	引材料，并提出论点。
正 文	第1层	整体有好处（1）。	整体有必要（1）。
	第2层	整体有好处（2）。	整体有必要（2）。
	第3层	当然有问题/风险/困难。	当然有问题/风险/困难。
	第4层	问题能解决/风险能规避/困难能克服。	问题能解决/风险能规避/困难能克服。
结 尾		总结全文。	总结全文。

【说明】
1.以上段落安排并不是绝对的，可以根据内容的多少在不同的层次中增加或删减段落。但我们一般推荐好处（必要）要写两段，因为，这一结构的名字叫作"利大于弊式"，如果好处只有一段，而弊端却写了好几段，那不就变成弊大于利了吗？
2.好处和必要的区别是：好处是有了这个措施会让情况变得更好（有它更好），比如提高收益、降低成本；而必要是没有这个措施会遭受恶果（没它不行），比如说不遵守法律会受到法律的制裁。

3. ABAB 式结构

ABAB式的4层结构

层次	结构	写法1（正面写）	写法2（反面写）
开 头		引材料，并提出论点。	引材料，并提出论点。
正 文	第1层	A有好处。	只有A有问题。
	第2层	B有好处。	只有B也有问题。
	第3层	因此，需要AB并重。	因此，需要AB并重。
	第4层	提建议。	提建议。
结 尾		总结全文。	总结全文。

口诀：ABAB提建议。

4. A 上加 B 式结构

A上加B式的4层结构

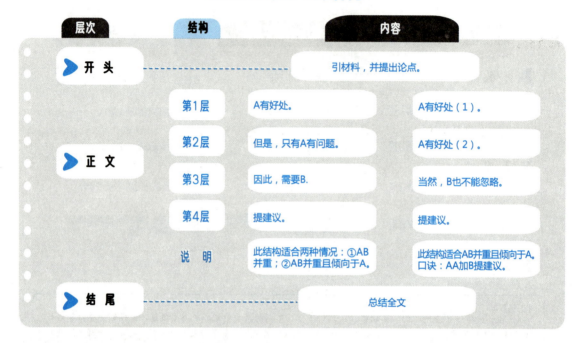

层次	结构	内容
开 头		引材料，并提出论点。
正 文 第1层	A有好处。	A有好处（1）。
第2层	但是，只有A有问题。	A有好处（2）。
第3层	因此，需要B。	当然，B也不能忽略。
第4层	提建议。	提建议。
说 明	此结构适合两种情况：①AB并重；②AB并重且倾向于A。	此结构适合AB并重且倾向于A。口诀：AA加B提建议。
结 尾		总结全文

5. 非 A 推 B 式结构

非A推B式的4层结构

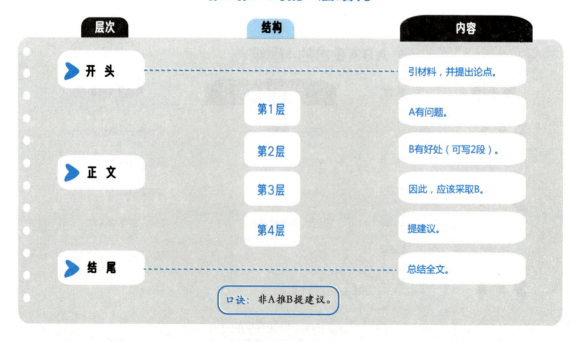

层次	结构	内容
开 头		引材料，并提出论点。
正 文 第1层		A有问题。
第2层		B有好处（可写2段）。
第3层		因此，应该采取B。
第4层		提建议。
结 尾		总结全文。

口诀：非A推B提建议。

总结 5 论说文的万能母理

母理分类	母理名称	母理介绍	常用话题
好处 与必要	马斯洛需求层次理论	理论强调人的动机是由人的需求决定的。而且人在每一个时期，都会有一种需求占主导地位，而其他需求处于从属地位。 人的需求分成生理需求、安全需求、情感和归属、尊重需求和自我实现五个层次。需求是由低到高逐级形成并得到满足的。	用于分析个人不良行为的动机，如见利忘义、不守规则等。 也可用于分析个人好的行为的原因，如慈善、勤奋等。
	边际收益与边际成本	边际收益是指增加一单位产品的销售所增加的收益，即最后一单位产品的售出所取得的收益。 边际成本是指在一定产量水平下，增加或减少一个单位产量所引起成本总额的变动数。	用于分析企业行为的好处，如合作、创新、冒险、新型经济等。
	规模效应	规模效应又称为规模经济，即因规模增大带来的经济效益的提高，但是规模过大可能使信息传递的速度变慢且容易造成信息失真、管理官僚化等弊端，反而产生"规模不经济"。	用于分析企业行为的好处，如合作、创新、冒险、新型经济等。
	社会分工理论	社会分工的优势，是让擅长的人做自己擅长的事情，使平均社会劳动时间最大程度缩短，生产效率显著提高。人尽其才，物尽其用，就是社会分工的结果。	用于分析个人或企业行为的必要性，如扬长避短、发展核心优势、合作等。
	资源稀缺性	对于任何人、企业、国家，其可用资源都是稀缺的，因此，要有效配置和利用资源。	用于分析个人或企业行为的必要性，如扬长避短、发展核心优势、合作等。
	瓶颈理论	瓶颈理论认为，任何系统至少存在着一个效率最低的制约因素——瓶颈，这个瓶颈决定了一个企业或组织达成目标的效率。而企业管理者必须从克服该瓶颈着手，才可以在更短的时间内显著地提高系统的产出。	用于分析个人或企业行为的必要性，如扬长避短、发展核心优势、合作等。

续表

母理分类	母理名称	母理介绍	常用话题
析原因	经济人假设	含义一：认为经济人具有理性，即个人追求自利最大化，完全为利己主义。 含义二：人们在追求自己的利益的同时，往往能更有效地促进社会的利益。	用于分析个人或企业不良行为的动机，如见利忘义、不守规则等。
	自利性偏差	自利性偏差又称自我服务偏见，是指人们常常从好的方面来看待自己，当取得一些成功时，常常容易归因于自己，而做了错事之后，怨天尤人，把它归因于外在因素。即把功劳归因于自己，把错误推脱于他人。	用于分析个人或企业不良行为的动机，如无法合作、不能很好地用人等。
	机会成本	机会成本是指在资源有限的条件下，当把一定的资源用于某种产品生产时所放弃的用于其他可能得到的最大收益。	用于分析个人或企业的决策动机。
	沉没成本	沉没成本是指以往发生的、已经付出且不可收回的成本，如时间、金钱、精力等。	用于分析个人或企业的决策动机。
	信息不对称	信息不对称是指在市场经济活动中，各类人员对有关信息的了解是有差异的。 掌握信息比较充分的人员，往往处于比较有利的地位；而掌握信息比较贫乏的人员，则处于比较不利的地位。	用于分析一些违法违规行为的外因，如污染环境、出售假冒伪劣产品等。
	科斯定理	科斯定理是指只要财产权是明确的，并且交易成本为零或者很小，那么，无论在开始时将财产权赋予谁，市场均衡的最终结果都是有效率的，实现资源配置的帕累托最优。	用于分析资源的分配方式，如人岗匹配、公平与效率等。
	路径依赖	一旦进入某一路径（无论是"好"还是"坏"），就可能对这种路径产生依赖。	用于分析一个不好的事情为什么会持续发生。
谈危害	墨菲定律与海恩法则	墨菲定律：如果一件事情有变坏的可能，那么不管可能性有多小，这件事情往往都会发生，并往最坏的方向发展。 海恩法则：每一起严重事故的背后，必然有29次轻微事故和300起未遂先兆及1 000起事故隐患。它强调：一、事故的发生是由日常的隐患堆积而起的；二、再好的技术和制度，如果缺失人自身的责任心和能力素质，也无法完全规避风险。	用于分析反面事件的恶果，如忽视细节、没有危机意识等。

续表

母理分类	母理名称	母理介绍	常用话题
谈危害	量变质变规律	①量变是质变的前提，质变是量变的结果。②质变不仅可以完成量变，而且为新的量变开辟道路。③量变和质变的区分标志——是否超出度。	用于分析反面事件的恶果，如忽视细节、没有危机意识等。或用于分析正面事件的好处，如积累、实干、踏实等。
	公共地悲剧	公共地悲剧指的是有限的资源因为被自由使用和缺少受限要求而被过度剥削。因为人的趋利性，每一个人都希望从免费的资源里获得更多，最终导致公共物品的过度使用或消失，进而损害所有人的利益。	用于分析反面事件的恶果，如环境污染、规则破坏等。
	劣币驱逐良币	劣币驱逐良币泛指一般的劣胜优汰现象。	用于分析反面事件的恶果，如环境污染、规则破坏、不诚信经营等。
提方案	定位理论	所谓市场定位，就是对公司的产品进行设计，从而使其能在目标顾客心目中占有一个独特的、有价值的位置的行动。	用于给企业提建议或方案。
	强化理论	强化理论认为，如果某种刺激对人的行为有利，这种行为就会重复出现；若不利，这种行为就会减弱直至消失。	用于提建议，常写"软""硬"兼施。
	治标与治本	标本兼治，意指既要解决问题的表象，又要根除问题产生的源头。	用于提建议，常写"标本兼治"。
	戴明环（PDCA 循环）	按流程来分析如何进行事前的计划和预防、事中的执行和控制以及事后的激励和改进。	用于提建议，常写"流程控制"。

总结 6 论说文的素材积累与母题应用

1. 论说文的素材积累方法

论说文的素材积累，无非就是两种方法，第一种方法是自行积累，第二种方法，老师给大家提供。

(1)自行积累

备考时间充足且有比较强的文字功底的同学，可以通过阅读《人民日报》《中国青年报》等报纸的评论类文章，浏览腾讯网的财经栏目，来增加自己的知识面，拓展自己的素材库，并将其摘抄或打印出来进行记诵。

(2)老吕提供

老吕建议各位同学把老吕提供的素材直接拿来改编使用。

除了本书中的素材可以用来积累外，《老吕综合真题超精解》中对写作真题进行了详解，并提供了不少素材。但最重要的是《老吕写作母题 33 篇》一书中，老吕会总结 33 类母题的写法、结构、素材、范文、应用。这本书会在每年考试前 2 个月左右出版，值得大家反复背诵使用。

2. 论说文的母题应用：示例（1）

什么是"母题"？

母题者，题妈妈也。一生二，二生四，以至无穷。

那么，论说文有母题吗？很多人对此持质疑态度。可老吕认为，在这个世界上凡是能作为一个学科供我们研究的，一定有规律，比如物理学、化学、管理学、经济学等，都有规律。写作与这些学科相比，固然有其特殊性，但也是有规律可循的。

更重要的是，我们不是在教你成为作家，而是在准备一篇应试作文。应试作文命题的规律性是很强的，我们把这种规律性总结出来，提炼出一些能够反复使用的题目，就是母题。

那么，我们应该如何应用论说文的母题呢？我们以"诚信"为例，把母题的实际应用步骤介绍如下：

第 1 步： 分析母题思路

"诚信"这个主题的考题在进行命制时，往往伴随着负面现象，也就是存在"不诚信"的行为，如 2009 年的管理类联考真题"由三鹿奶粉事件所想到的"就是典型的"诚信"类考题，三鹿奶粉事件在当时就是一个举国震惊的负面事件，这类题的基本思路是：这种现象是什么？为什么会发生这种现象？这种现象有什么危害？如何解决这一问题？该主题宜使用"现象分析式"进行解题。

第 2 步： 确定母题结构

利用本书论说文篇介绍的"现象分析式"结构，画出母题的思维导图：

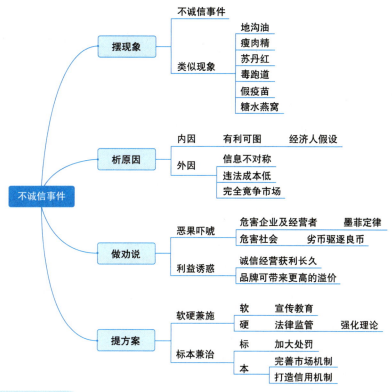

第3步：积累母题素材

将上述结构导图中的每一个层次，写成可以直接应用的段落，形成这一母题的素材库。

结构	段落	母理或要点
摆现象	生活中不守诚信、见利忘义的例子却并不鲜见。"毒奶粉""地沟油""瘦肉精"、苏丹红、加洗衣粉的油条、加漂白剂的面粉，一轮又一轮地"洗礼"着中国人的肠胃。	例子
析原因	此类事件之所以发生，利益是背后的推手。企业以追求利益最大化为目标，不守规矩，不讲诚信，却往往可以避开监管、偷工减料、降低成本，从而获取更多的利润，这就给了一些企业违法违规的天然动机。	内因：经济人假设
	此类事件之所以发生，利益是背后的推手。诚信经营、童叟无欺，意味着真材实料，意味着精益求精，这当然需要付出更高的成本。但在一个完全竞争的市场上，企业是价格的接受者而不是制定者，这就使得诚信经营的企业由于成本问题反而在竞争中处于价格劣势，让很多企业产生了偷工减料的天然动机。	外因：完全竞争市场
	此类事件之所以发生，是因为市场上存在信息不对称的现象——在产品中添加不良物质，消费者并不知情，而你童叟无欺的好产品，消费者也未必能了解，反而可能因为你的产品没有价格优势而不选择你的产品，这样就造成了劣币驱逐良币的后果。	外因：信息不对称
	企业不能遵守诚信，还有一个重要原因，就是信息不对称的存在。由于消费者很难准确判断一件商品的品质，所以很多人判断一件商品的价值的依据就是它的价格高不高，"只买贵的，不买对的"这种现象屡见不鲜，这就给了企业以次充好的天然动机。再加上对这种行为的处罚力度不够，违法成本低，就更加助长了这种不正之风。	外因：信息不对称

续表

结构	段落	母理或要点
做劝说	这样的见利忘义之举，往往会给企业带来严重的后果。一是，随着互联网技术的快速发展，信息的传递速度越来越快，信息不对称现象有所缓解。因此，试图蒙蔽消费者而获益的行为已经很难不被发现，而这些行为一旦被曝光，企业往往会迎来灭顶之灾；二是，随着我国法律法规的不断健全，不诚信的经营行为逃脱法网的可能性也越来越小，见利忘义之举往往要受到法律的严惩。	恶果吓唬：信息不对称的缓解
	的确有一些不良企业凭借偷工减料获得过一些利益，但是，常在河边走，哪有不湿鞋？墨菲定律也告诉我们，一个恶果如果有发生的可能性，那么它早晚有一天会发生。因此，这些侥幸行为不可能一直走运，早晚会给企业带来严重的后果。	恶果吓唬：墨菲定律
	这样的见利忘义之举，往往会给行业甚至社会带来严重的后果。如果不诚信者以低成本获得了更多的竞争优势，用以次充好的手段获得了更多的利益，而诚信经营者却无利可图，成了傻子吃了亏，那么就会造成"劣币驱逐良币"的恶果，诚信经营就成了空谈。以三鹿奶粉事件为例，在牛奶中添加三聚氰胺者并非只有三鹿一家，而是成了整个行业的普遍现象，这说明"劣币驱逐良币"已经发生。	恶果吓唬：劣币驱逐良币
	诚信经营行为，可以为企业带来更长久的利益。长期的诚信经营铸就的企业品牌价值，既是企业销量的保障，也是企业的产品能够取得溢价的原因。可见，诚信经营才是企业的发展之道。	利益诱惑：品牌价值
提方案	想让企业诚信经营，要做到软硬兼施。 "软"，是指宣传教育。这是因为法律监管不可能面面俱到，不可能监控到市场上每家企业的每个市场行为；而且，事事依靠外力，监管成本太高，事倍功半。而通过宣传教育让企业自发自觉地诚信经营，无疑效率更高。 "硬"，是指法律监管。对于那些屡教不改的违信者，要重拳出击，当罚则罚，当关则关，当违信成本大于违信收益时，企业就失去了违信的动机。	软硬兼施
	想让企业诚信经营，要做到标本兼治。 所谓治标之道，就是用雷霆手段，以迅雷不及掩耳之势对违法违规的企业予以处罚，从而起到震慑作用。 所谓治本之道，就是要建立和完善诚信经营的机制。一方面，要加强市场引导，尤其要加大对诸如商标权、专利权等知识产权的保护，让诚信经营者能够通过品牌和创新持续获益；另一方面，打造和完善企业征信系统，建立违规企业黑名单，打造"一处失信、处处受限、寸步难行"的失信惩戒格局，从而形成诚信经营的长效机制。	标本兼治

第4步： 应用母题素材

将上述段落中的素材应用到具体的题目中。但要注意的是，应用上述段落时，最好能根据素材做一些修改，这样能够减少"模板感"。

例1. 根据下述材料，写一篇700字左右的论说文，题目自拟。

这两年，直播带货行业发展迅猛。李子柒、李佳琦、薇娅、辛巴等大网红们一跃成为举国皆知的带货明星。与此同时，李佳琦的不粘锅事件、辛巴的糖水燕窝事件等不良现象也不时被爆出。直播带货到底该鼓励还是该限制，网友众说纷纭。

【参考范文】

范文	分析
规范直播带货势在必行 吕建刚 　　近年来，直播带货蓬勃发展，但诸如"李佳琦的不粘锅事件""辛巴的糖水燕窝"等乱象，也不时引起热议。我认为，直播带货不应野蛮生长，规范直播带货势在必行。 　　直播带货中乱象频发，原因不难理解。一方面，直播带货中存在严重的信息不对称。以辛巴的糖水燕窝事件为例，普通消费者对燕窝并不熟悉，难以判断燕窝的品质，再加上带货主播富于煽动力的鼓吹，消费者难免上当。另一方面，直播行业门槛相对较低。知名度高的明星大腕可以带货，普通的网红主播也可以带货，颜值高的可以带货，能说会道的也可以带货，带货的人多了，难免良莠不齐。再加上直播带货是新兴事物，相关法律的健全和完善需要时间，这就给主播带货的种种乱象提供了可乘之机。 　　然而，这些乱象往往会给带货主播造成严重的后果。尤其是在自媒体高度发达的今天，主播的不良行为瞬间就可以传遍全网，给主播及其带货平台的声誉带来严重影响，甚至会让主播和平台面临法律的制裁。糖水燕窝事件之后，辛巴的复出之路十分困难；潘长江和"小兵张嘎"的扮演者谢孟伟带货翻车之后，"潘嘎之交"被网友戏谑至今。这些事件其实都告诉我们，互联网不是法外之地，直播带货也应遵纪守法。 　　要想规范直播带货，"软""硬"兼施必不可少。 　　"软"是指要加强宣传教育。这是因为法律监管不可能面面俱到，不可能随时监控每位带货主播的每次带货行为；其次，仅靠外力，监管成本太高，事倍功半。因此，要进行行业培训，加强行业自律，让带货主播自愿、自觉地维护行业秩序，形成良好风气。 　　"硬"是指法律约束。对于不良带货主播，不应姑息，发现一例，打击一例，当违规收益低于违规成本时，他们就失去了违规的动机。 　　直播带货是互联网经济下的新兴事物，我们要支持它的发展，也要规范它的发展，只有这样，直播带货才能活得更好、走得更远。 （全文共745字）	·摆现象。 ·析原因：信息不对称、行业门槛低、法律完善需要时间。 ·谈危害：声誉损失、法律严惩。 ·提方案：软硬兼施。

例2. 根据下述材料，写一篇700字左右的论说文，题目自拟。

从2014年到2019年，上市公司獐子岛反复导演"扇贝大逃亡"：多次宣称扇贝跑路和死亡，借此消化掉前一年隐藏的成本和亏损，实现了所谓的"账面盈利"，保住了上市公司地位。近日，"扇贝去哪儿"终于迎来最终季。证监会果断出手，借助北斗导航卫星破解"扇贝之谜"，依法对獐子岛信息披露违法违规案作出行政处罚及市场禁入决定。

【参考范文】

范文	分析
企业经营要以诚为本 吕建刚 　　獐子岛"扇贝跑路"，在让投资者蒙受了巨大损失的同时，也让自己声誉扫地。由此可见，诚实守信、见利思义，既是立人之本，也是经营之道。 　　獐子岛"扇贝跑路"绝非个例：从"李佳琦的不沾锅事件"到"辛巴的糖水燕窝事件"；从"三鹿奶粉事件"到"瑞幸咖啡造假事件"，等等。种种乱象，层出不穷。 　　这类现象为何持续发生，利益是背后的推手。无论是售卖实际粘锅的不粘锅，还是售卖糖水燕窝，都是为了背后丰厚的利润；无论是"扇贝跑路"还是"瑞幸咖啡造假"，都是为了从金融市场上获益。而且，由于信息不对称的存在，以上种种行为，有时候难以被发现。于是就会有企业存在侥幸心理，做出违法乱纪之事。 　　然而，这些乱象往往会给企业造成严重的后果。尤其是在自媒体高度发达的今天，企业的不良行为瞬间就可以传遍全网，给企业的声誉带来严重影响，甚至会让企业面临法律的制裁。以"扇贝跑路"为例，证监会借助北斗导航卫星破解"扇贝之谜"，依法对獐子岛信息披露违法违规案作出行政处罚及市场禁入的决定。 　　想让企业诚信经营，要做到"软""硬"兼施。 　　"软"，是指宣传教育。这是因为法律监管不可能面面俱到，不可能监控到市场上每家企业的每个市场行为；而且，事事依靠外力，监管成本太高，事倍功半。而通过宣传教育让企业自发自觉地诚信经营，无疑效率更高。 　　"硬"，是指法律监管。对于那些屡教不改的违信者，要重拳出击，当罚则罚，当关则关，当违信成本大于违信收益时，企业就失去了违信的动机。 　　孔子说："民无信不立。"企业经营要以诚为本，切莫利欲熏心，莫让"扇贝跑路"之类的事件再次发生。 （全文共 660 字）	・摆现象。 ・析原因：内因是利益，外因是信息不对称。 ・谈危害：声誉损失、法律严惩。 ・提方案：软硬兼施。

3. 论说文的母题应用：示例（2）

我们再以"新型经济"为例，把母题的应用步骤介绍如下：

第1步：分析母题思路

新型经济，我们可以简单理解为一个新的经济增长点，或者一个新兴产业。在科技飞速发展的今天，每天都会产生很多新的需求，如果传统经济模式无法满足这些需求，就会催生出新的行业或产业。比如，2021 年 7 月 7 日发改委发布的《"十四五"循环经济发展规划》，进一步引发了公众对"闲置经济"的讨论。

一方面，新型经济可以助力经济发展，满足消费者的新需求；另一方面，与所有新生事物一样，新型经济也会带来种种问题。因此，我们要用一分为二的观点看待它，既不能被其短期所带来的巨大便利和利益蒙蔽双眼，也不能过分杞人忧天。要成长，也要理性地看待"成长的烦恼"。

可见，在解决这类母题时的基本思路是："新型经济有好处——当然有问题——问题能解决"。该母题宜使用"利大于弊式"进行解题。

第2步： 确定母题结构

利用本书论说文篇介绍的"利大于弊式"结构，画出母题的思维导图：

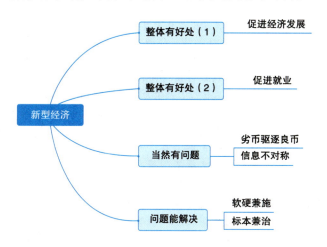

第3步： 积累母题素材

将上述结构导图中的每一个层次，写成可以直接应用的段落，形成这一母题的素材库。

结构	段落	母理或要点
整体有好处	新型经济能促进经济发展。新型经济发展之初可能并不起眼，但其实它是一种非常"高性价比"的商业模式：一方面，由于处于探索阶段，对于新进者来讲，投入成本往往不会太高、"库存"也不会过量；另一方面，由于风险较小，经营方式比较灵活，新进者也能放开手脚。而且，新型经济往往如星星之火蔓延，短时间内就可以积聚大量的人气，人气就是商气，人气就是财气，慢慢就能带动销售，拉动经济的增长。	促进经济发展
	新型经济能缓解就业压力。新型经济作为新兴事物，符合经济发展的客观规律，其强大生命力和远大前途吸引着人们接踵而来。而且，由于它刚刚兴起，往往成本较低、收益较大。而且，有一些新型经济其门槛并不高，比如直播带货、地摊经济，只要你认真学习、努力工作，人人都可以参与其中，这就解决了一部分人的就业问题、生存问题。	缓解就业压力
	新型经济有利于经济循环。在如此注重消费体验的今天，消费者涌现出了各种各样的个性化需求，新型经济的出现和发展，也是一个逐渐去发现并去满足这些消费新需求的过程。此外，新型经济往往能够提供有效供给，不仅能更好地去满足消费者，还能提高资源利用效率，使各生产要素的组合在生产、分配、流通、消费各环节有机衔接，从而促使经济循环更加畅通。	促进经济循环

续表

结构	段落	母理或要点
当然有问题	当然，我们也能看到，新型经济在其发展过程中会出现一些问题。比如，当准入门槛过低时，进入者就可能良莠不齐。一旦市场变得鱼龙混杂，好人坏人在同一个舞台上竞争，就很容易造成"劣币驱逐良币"的后果。	劣币驱逐良币
	当然，我们也能看到，新型经济在其发展过程中出现了一些问题。一些人往往只是看到风口就趋之若鹜，一哄而上，缺乏成熟的想法，入场后就盲目跟风，缺乏创新，导致产品或内容同质化，最终都失去了自己的竞争优势。大量的抄袭模仿使得同行热情受挫不再创新，最后导致"劣币驱逐良币"的局面，不利于整个市场的健康稳定发展。	劣币驱逐良币
	当然，新型经济在发展的过程中也带来了一系列的问题。由于发展速度过快，一些领域缺乏配套的法规监管，加上平台入驻门槛又比较低，这就导致卖方的商品质量良莠不齐。如果消费者购买商品以后发现质量问题，找相关平台申诉又得不到解决，长此以往，消费者就会对平台失去信心，丧失消费热情，导致市场萎靡不振。	缺乏监管
问题能解决	规范新型经济的发展，需要软硬兼施。一方面，要引导卖方加强信息和商品审核管理，建立消费者相互评价管理机制，以此来减少交易市场信息的不对称。另一方面，政府监管部门要出台强制性规定，进一步强化对卖方的监管，督促卖方完善管理和审核机制，以此来提高入场的门槛，同时针对违规行为建立处罚机制。只有内外共同发力，双管齐下，让卖方加强责任意识，新型经济才能朝着健康的方向越走越远。	软硬兼施
	但以上种种问题，我认为宜疏不宜堵。一方面，政府相关部门要加强"建"和"管"的力度，制定相关政策约束卖方的违规行为，有假冒伪劣的、货不对板的，应重拳出击，予以惩罚；有售后维权问题的，应加大消协对消费者维权的支持力度，畅通维权渠道；另一方面，应加大对买卖双方的宣传教育，培养卖方诚信经营的观念，提高买方辨别商品的眼力。	软硬兼施
	规范新型经济的发展，需要标本兼治。一方面，对于一些不良行为，要重拳出击，予以惩罚；另一方面，要加强对企业的市场引导，让守规则者有利可图，让不法之徒无路可走，从而让企业乐于规范发展。	法律监督/市场引导

第4步：应用母题素材

将上述段落中的素材应用到具体的题目中。但要注意的是，应用上述段落时，最好能根据素材做一些修改，这样能够减少"模板感"。

例3. 根据下述材料，写一篇700字左右的论说文，题目自拟。

这两年，李佳琦的不粘锅事件、辛巴的糖水燕窝事件等不良现象不时被爆出。与此同时，网红经济发展迅猛，也促进了经济的活力。

【参考范文】

范文	分析
网红经济应当鼓励 吕建刚 　　在疫情常态化的今天，网红经济呈爆发式增长。与此同时，央媒也通过与带货明星合作，助力恢复被疫情破坏的经济。可见，网红经济应当鼓励。 　　**首先，网红经济能促进经济发展。**我们都知道，经济发展有三驾马车：投资、出口、消费。首先，我国在投资方面已经做得比较好；其次，在疫情的大背景下，出口受限。因此，通过消费拉动经济增长是当前经济发展的重中之重。网红经济主要是以直播的方式带动消费者的购买热情，它对消费的刺激是显而易见的。而且，网红经济短时间内就能积聚大量的人气，人气就是商气，人气就是财气，慢慢就能带动相关配套广告、销售，等等，拉动经济的增长。 　　**其次，网红经济能缓解就业的压力。**网红经济形式多样，无论你是颜值担当、能歌善舞，还是能说会道，都可以在网红经济中找到一席之地。而且，网红经济尚在探索之中，对新进入者来说，机会还是很多的。再加上网红经济往往成本低、风险小，新进者的试错成本相对较低，因此，它吸引了大量的从业者。可见，网红经济能改善就业、有利于民生。 　　**当然，我们也能看到，**网红经济在其发展过程中出现了一些问题。假冒伪劣、以次充好等现象时有发生，"李佳琦的不粘锅事件""辛巴的糖水燕窝事件"就是明证。而且，马保国、铁山靠等跳梁小丑也是你方唱罢我登场，好不热闹。 　　但以上问题，我认为可以解决，具体措施上，可以标本兼治。 　　先要治标。对于假冒伪劣、以次充好、胡言乱语、三观不正等乱象，重拳出击，予以处罚。对于不良网红，当封则封。 　　后要治本。建立和健全网红行业规范、法规，用法治的手和市场的手共同引导网红经济良性发展。 　　总之，网红经济确实存在一些问题，但整体来看，网红经济发展利大于弊，应当鼓励。 （全文共695字）	· 整体有好处（1）。 · 整体有好处（2）。 · 当然有问题。 · 问题能解决。

　　例4. 根据下述材料，写一篇700字左右的论说文，题目自拟。

　　近年来，通过互联网买卖二手物品已经被年轻人做成了一种时尚潮流，这种潮流使得闲置经济得以迅速发展。2020年，日本最大的二手交易平台 Mercari 的业务交易额约为393亿元人民币，而中国闲置市场的规模可达到1万亿元人民币。在阿里巴巴公布的2020年财报中，闲鱼年成交额已突破2 000亿元。

　　二手交易虽火，但也存在一些问题。例如，很多伪劣商品和擦边球服务存在于二手平台，交易信息不对称、保障不够周全、监管不够到位等。

【参考范文】

范文	分析
闲置经济应当鼓励 吕建刚 　　闲置经济作为一种更高效的经济发展方式，在近年来成了一种时尚潮流。它符合绿色、循环的发展理念，应该鼓励。	
<u>首先，闲置经济能促进经济发展</u>。我们都知道，经济发展有三驾马车：投资、出口、消费。闲置经济主要经营的是二手物品，一方面，二手物品的价格较低，"花小钱办大事"的感觉有助于刺激消费者的消费；另一方面，购买二手物品时有一种类似淘"宝"的体验，有些消费者钟爱这种购物体验。可见，闲置经济能够拉动消费的增长，从而对经济发展有一定的促进作用。	• 整体有好处(1)。
<u>其次，闲置经济能够减少资源浪费</u>。很多在城市生活的人都有一种体验——很多物品用又用不上，扔了又很可惜，于是放在家里的一角成为垃圾，直到有一天忍无可忍，一扔了之。这既浪费了资源，又给环境带来了一定的压力，此时，不妨将这些物品交易出去。比如说婴儿车、婴儿床，孩子长大后，它对一个家庭就不再产生价值，但换一个刚生了宝宝的家庭，这就是宝贝。可见，闲置经济能让这些物品流动起来，变废为宝。	• 整体有好处(2)。
<u>当然，我们也能看到，闲置经济在其发展过程中出现了一些问题</u>。假冒伪劣、以次充好等现象时有发生。假名牌、盗版书充斥在各二手交易平台。而消费者又很难辨别这些物品的真假、好坏，这就很容易让品质好、价格高的"李逵"卖不出去，而让质量差、价值低的"李鬼"占领市场，从而造成"劣币驱逐良币"的后果。	• 当然有问题。
但以上问题，我认为可以解决。 　　一是要加强市场引导。要引导二手交易平台加强信息和商品审核管理，建立健全消费者相互评价管理机制，以此来减少交易市场信息的不对称。 　　二是要加强法律监督。要出台一些强制性规定，进一步强化对卖方的监管。对于违法违规者，则要予以处罚。 　　总之，闲置经济虽然存在一些问题，但整体来看，闲置经济发展利大于弊，应当鼓励。 （全文共718字）	• 问题能解决。

总结 7 论说文的常见问题

本节内容中，会以下列三年真题为例，来给大家进行论说文的常见问题总结和例析：

真题1.（2014年管理类联考真题，为了方便分析，以下简称"孔雀题"）

根据下述材料，写一篇700字左右的论说文，题目自拟。

生物学家发现，雌孔雀往往选择尾巴大而艳丽的雄孔雀作为配偶，因为雄孔雀尾巴越大越艳丽，表明它越有生命活力，其后代的健康越能得到保证。但是，这种选择也产生了问题：孔雀尾巴越大越艳丽，越容易被天敌发现和猎获，其生存反而会受到威胁。

真题2.（2016年管理类联考真题，为了方便分析，以下简称"城邦题"）

根据下述材料，写一篇700字左右的论说文，题目自拟。

亚里士多德说："城邦的本质在于多样性，而不在于一致性。……无论是家庭还是城邦，它们的内部都有着一定的一致性。不然的话，它们是不可能组建起来的。但这种一致性是有一定限度的。……同一种声音无法实现和谐，同一个音阶也无法组成旋律。城邦也是如此，它是一个多面体。人们只能通过教育使存在着各种差异的公民，统一起来组成一个共同体。"

真题3.（2017年管理类联考真题，为了方便分析，以下简称"产品题"）

根据下述材料，写一篇700字左右的论说文，题目自拟。

一家企业遇到了一个问题：究竟是把有限的资金用于扩大生产呢，还是用于研发新产品？

有人主张投资扩大生产，因为根据市场调查，原产品还可以畅销三到五年，由此可以获得丰厚的利润；

有人主张投资研发新产品，因为这样做虽然有很大的风险，但风险背后可能有数倍于甚至数十倍于前者的利润。

1. 论说文的常见问题总结

类型	问题	示例或说明
审题立意	1. 跑题	"孔雀题"有同学立意为"兼听则明、偏信则暗"，这是跑题的。
	2. 偏题	"产品题"有同学立意为"创新"，这是偏题的。这一道题是一个决策分析题，要求考生分析该企业应该扩大生产旧产品还是生产新产品，我们可以立意为"应该生产新产品"，但是"应该生产新产品"和"创新"这是两个不同的话题，立意为创新的话，范围过大了。
	3. 态度不积极	"孔雀题"有同学立意为"枪打出头鸟，做人要低调"。这样立意的同学可能是看到了雄孔雀面临的风险，因此立意应该低调。"低调"当然不是贬义词，但是，如果因为有风险就想着要"低调"，那就不够积极向上。
	4. 缺少管理视角	而且，"做人要低调"这个立意是纯粹站在个人角度的立意，像高中生作文的主题，缺乏管理视角。
	5. 没有可写性	"孔雀题"有同学立意"凡事都有两面性"，这个话题过于正确了，正确到了无须论证的程度，这样的话题就很难写好。
	6. 论证对象错误	"城邦题"中，城邦的意思应该是一个社会或国家，因此，如果立意为"企业管理需要多样性"，论证对象就错了。
标题	1. 标题中无论点	有同学将"城邦题"的标题拟为《图形要有偏心率》，这是一个比喻类标题，也很有文采，但从标题中看不出论点是什么，不可取。
	2. 态度不明确	《谈选择》《论多样性与一致性》《旧产品与新产品》，这三个标题并不跑题，但从标题中无法看出论点，因此不够好。
	3. 比喻太低级	《创新，成功的金钥匙》《合作，成功的金钥匙》，"金钥匙"这种比喻太低级，不要用。论说文的标题尽量不要用比喻。

续表

类型	问题	示例或说明
首段	1. 大段引用材料	"孔雀题"有同学的习作首段如下： 雌孔雀在选择配偶时，往往会选择尾巴大而艳丽的雄孔雀作为配偶。可在有幸被雌孔雀选择的同时，雄孔雀艳丽的尾巴也让它容易被天敌发现，生存反而会受到威胁。在我看来，这恰恰告诉我们，选择是需要考虑风险的，不可单一选择。 这个段落中，引用材料部分看起来并不长，但实际上有73字，写在格子纸里会占整整3行半。
首段	2. 首段论点不明确 3. 使用无效的比喻和排比	"孔雀题"有同学的习作首段如下： 山不在高，有仙则名。水不在深，有龙则灵。同样，人不在于要被多少人知道，相反，学会像海一样，不多么高调地宣扬自己的深度，也不影响它容纳百川。 这个段落有三个问题，第一，没有提及材料，无法说明此文章来源于材料；第二，没有明确的提出论点，让人费解；第三，比喻和排比的说服力不足。
正文	段落间的结构 — 1. 结构不明确	文章没有明确的结构。论说文的结构无须创新，从老吕给的结构中挑一个适合材料的即可。
	段落间的结构 — 2. 多个段落功能重复	分论点之间的关系不明确，两段的分论点有重复之处。 例如： 分论点一：地摊经济能够缓解就业压力。 分论点二：地摊经济能够解决就业问题。 两个分论点实际上是相同的内容。
	段落间的结构 — 3. 段落太长	"孔雀题"有同学的"提方案"一段如下： 首先，要充分调研，彻底了解清楚事情的来龙去脉，解决获取信息的不对称，没有调查就没有发言权，只有充分调研，才能够更全面地想出解决问题的对策。第二，做好 SWOT 分析。明确自身的长短优劣，明确自身定位，如此方可对症下药，作出有针对性的决策。第三，加强在决算执行中的过程控制。将对事物的整体分析把握细化到处理过程中的每一个细节。通过不断完善细节，将风险降到可接受程度。最后，及时止损止盈，如果风险过大，超过自身的可接受程度，必须及时止损。长痛不如短痛，同时，对于比较可以接受的收益也要及时止盈，防止过犹不及。 本段的字数过多，共有247个字符，在格子纸中会占13行，整体来看会显得十分冗长。
	段落内部问题 — 1. 分论点不明确	"孔雀题"有同学的正文段落如下： 吃感冒药都有副作用，但这点副作用并不能阻止我们追求更大的利益。赤壁之战中，孙权虽知投降可保一时平安，但他仍然决定冒着兵败的风险开战，最终成就了一段佳话；任正非放弃了稳定的工作，敢于冒着失败的风险创业，最终成就了华为的商业传奇。可见，要想获得更大的收益，偏安一隅是行不通的，更大的收益往往是给那些勇于尝试、敢于冒险的人。 本段分论点不明确。正文段落的第一句话建议直接写明分论点，这样能提高阅读老师的阅卷效率。

续表

类型	问题		示例或说明
正文	段落内部问题	2. 段落内部结构混乱	"孔雀题"有同学的正文段落如下： "不想当将军的士兵不是好士兵。"企业最终经营目的便是盈利。在商业战场上，无论是奋力厮杀，还是以智取胜，都是为了寻求更多的胜利和更好的荣誉。提高利润才能为企业创造更好的发展机遇。字节跳动，就是因为足够高的利润，才帮助它快速发展。有了更高的利润，才有更多的钱投入再生产，提高劳动生产率，从而进一步推动企业的发展。 本段内部结构混乱。 首先，段首不是分论点。 其次，引用句应该作为分论点的论据，放在分论点之后。而且这个引用句和论点的关系不大。 再次，说理与例证之间缺少合理的结构安排。可以先说理再举例，也可以先举例再分析。但不能在二者之间频繁切换。
		3. 一个段落多个功能	例如： 现实生活中，侵犯他人知识产权的现象屡见不鲜，娱乐圈有抄袭毕业论文的博士，文艺圈有借鉴别人小说的作家，以及商业圈的"雷碧""七个核桃"等，皆是如此。这些侵权行为最终会给自己带来恶果。因为现如今互联网的透明度越来越高，一点点蛛丝马迹就能曝光你的侵权行为，而最终结果就是在网络上被大家攻击，现实生活中被法律严惩。 本段有两个功能，第一"摆现象"，第二"谈危害"。我们不建议这么写。因为如果你在"摆现象"时已经谈了危害，那么后文中的"谈危害"将无话可写。
	例证问题	1. 例子太长 2. 事例过老 3. 事例俗套	"产品题"有同学的正文段落如下： 罗曼·罗兰曾说，"我创造，所以我生存。"杂交水稻之父袁隆平，终其一生都在研究杂交水稻，不停地实验、创新，最终把杂交水稻的产量提高上来，解决了中国人的温饱问题，让中国人不再饿肚子。可见，研产新产品对一个企业来说十分重要。 袁隆平的例子，是一个很多考生都会用、阅卷人也熟知的例子，这种例子如果实在想用，一是要用出新意，二是必须要简练。 论说文举例时建议使用热点的、身边的例子以引起共鸣，或者使用古典的例子突出格调。
	说理问题	1. 有例无理	正文段落中只有"分论点＋例子"，缺少有效的说理。在上一段中，除了"杂交水稻之父袁隆平"的例子外，整段缺少说理。
		2. 说理无深度	说理无力度。说理要想有力，应该陈述清楚事件的利害关系、原因结果、动机根源，从而说明我做这件事的必然性。建议熟记并应用本书提供的"母理"。
		3. 说理忽略材料	"产品题"有同学的正文段落如下： 创新是企业发展的第一助推器，谁能领先这一步，谁就能抢占市场先机。随着大竞争时代的来临，市场也变成了公司间厮杀的"红海"，而企业要启动和保持获利性增长，就必须超越产业竞争，开创全新市场。 该段正面论证创新的重要性，但是整个行文完全忽略了材料，论说文是材料作文，本段的论证与材料关系不大，影响评分。

续表

类型	问题		示例或说明
正文	说理问题	4. 绝对化	很多同学在行文时喜欢使用"只有……才……""如果……就……"这样的句子，其实从逻辑上分析，这种句子是很难成立的。
	过渡问题	1. 段落之间缺少过渡	当段与段的层次发生变化时，中间需要必要的过渡词或过渡句。 比如，在"利大于弊式"结构中，前文写了"整体有必要"，后面要写"存在问题"时，中间就需要过渡。 例如： <u>当然</u>，创新也不可避免存在一些风险。 <u>然而</u>，网红带货也出现了种种问题。
		2. 段落内部缺少过渡	段落内部之间出现层次变化时，中间需要必要的过渡词或过渡句。 例如： 所谓治"本"之道，就是要建立和完善诚信经营的机制。要加强市场引导，尤其要加大对诸如商标权、专利权等知识产权的保护，让诚信经营者能够通过品牌和创新持续获益。打造和完善企业征信系统，建立违规企业黑名单，打造"一处失信、处处受限、寸步难行"的失信惩戒格局，从而形成诚信经营的长效机制。 此段提了两种措施，但两种措施之间缺少明显的过渡，让人很难弄懂段落内的层次关系。可修改如下： 所谓治"本"之道，就是要建立和完善诚信经营的机制。<u>一方面</u>，要加强市场引导，尤其要加大对诸如商标权、专利权等知识产权的保护，让诚信经营者能够通过品牌和创新持续获益；<u>另一方面</u>，打造和完善企业征信系统，建立违规企业黑名单，打造"一处失信、处处受限、寸步难行"的失信惩戒格局，从而形成诚信经营的长效机制。 常见的过渡词有"而且、但是、何况、诚然、当然、那么、因为、因此"等。
结尾	1. 没有呼应材料		如果行文过程中没能用好材料，那么在结尾处一定要再提一下材料，以提醒阅卷老师自己的文章没跑题。
	2. 没有呼应论点		结尾处必须呼应全文论点。"城邦题"有同学的中心论点为：既求同，又存异。其文章结尾如下： 只有争取利益各方最大相似，调和各方的对立关系，才能使组织有效、有序发展。 该结尾问题在于没有呼应文章标题及中心论点：既求同，也存异。
其他问题	1. 病句问题		"孔雀题"有同学的正文段落如下： ①把握风险、科学决策是十分有必要的。②首先，风险是客观存在的，是不以人的主观意志为转移的。③形成风险的内在原因有：管理者的决策能力有限，导致不能够全面、客观地看待问题，从而无法做出合理的决策规避风险。 此段中有几处问题： 只有"首先"，没有"其次"。 ②③句之间没有过渡。 "形成风险的内在原因有"是分析原因；"从而无法做出合理的决策规避风险"是推断结果。故此句存在句式杂糅。
	2. 标点问题		标点符号使用标准参见本书"标点符号的使用规范"。

2. 论说文的常见问题例析

真题1.（2014年管理类联考真题）

根据下述材料，写一篇700字左右的论说文，题目自拟。

生物学家发现，雌孔雀往往选择尾巴大而艳丽的雄孔雀作为配偶，因为雄孔雀尾巴越大越艳丽，表明它越有生命活力，其后代的健康越能得到保证。但是，这种选择也产生了问题：孔雀尾巴越大越艳丽，越容易被天敌发现和猎获，其生存反而会受到威胁。

【习作1】

习作	问题点评
①做人要适当低调	①文章立意缺乏管理视角。"做人要低调"这个立意是纯粹站在个人角度的立意，像高中作文的主题，而非站在管理者视角去看待问题。 本题讲的是选择带来的机遇与风险并存。作为管理者来说，"既要敢于冒险，又要理智涉险"。
②山不在高，有仙则名。水不在深，有龙则灵。同样，人不在于要被多少人知道，相反，学会像海一样，不多么高调地宣扬自己的深度，也不影响它容纳百川。	②这个段落有三个问题。第一，没有提及材料，无法说明此文章来源于材料；第二，没有明确地提出论点，让人费解；第三，比喻和排比的说服力不足。 论说文的首段要简洁明了，可以使用三句开头法"引材料＋过渡句＋论点句"。
③"木秀于林风必摧之。"低调做人，一种修养，一种胸襟。人若过于高调，注定不能拥有一个安稳的生活。三国时期，刘备低调行事，令他在弱小时期不被人扼杀，正如当年曹操"煮酒论英雄"，是刘备的低调让他免于遭受曹操迫害。同时，也是刘备的低调，不仅使他自己免遭遇难，也使他赢得了关羽和张飞的信赖，更让诸葛先生那样的人物甘心追随一生。刘备一生低调，可见，低调是人生的宝贵财富。	③表达啰唆，且没有将分论点置于段首。可将段首改为"可见，低调是人生的宝贵财富。"刘备的例子过长，且本段无说理。
④非淡泊无以明志，非宁静无以致远。低调不是甘于平庸，而是换了个态度面对人生；低调不是藏拙才华，而是暗蓄力量，后发制人。我国著名作家钱钟书先生深居简出，为人低调，他躲避着媒体的聚光灯，完成了一部部巨作，以《围城》《谈艺录》《管锥编》为首的小说，字里行间都流露着钱钟书先生对世界，对人生的思考和揣摩。他的作品并不是为了耀眼的聚光灯而生，而是为了那些纯粹热爱文学的人们而生。	④本段在功能上与上一段重复，可直接删去。 另外，本段中的比喻看似有文采，实则无意义。段落中只有"分论点＋例子"，缺少有效的说理。

续表

习作	问题点评
⑤或许有些人会选择高调的处事态度，不过那是因为他们比一般人更自信、更果敢、更有魄力。他们比一般人更希望得到大众的认可，这样他们也就会活得更有尊严。所以，很多人误解了"高调"。有明星情侣们在舞台上捧着鲜花相互表白着浪漫的誓言，许诺着一生一世，丝毫不吝啬他们之间的情感，在公众面前大肆地宣扬，然而十分的情感里，又有几分真诚，几分浮夸呢？	⑤本段试图使用反面论证，但分论点不清楚，导致本文的段落功能让人费解。明星的例子也不接地气，没有说服力。
⑥由此看来，高调与低调的界限，需要每个人用心去感悟。不过，希望我们适当低调，用平和的心态来看待时间的一切。像这句话一样，"低调而不奢华，平淡而不庸俗"。	⑥结尾啰唆。简单总结全文即可。
本文问题很大，最重要的有几个：一个是立意偏差；二是没有结构，段落之间的功能没有分，分论点不明确；三是堆砌一些看似有文采实则不通顺的句子；四是只有一些并不贴切的例子而没有说理。只能评为五类卷，参考评分 5 分。	

【习作2】

习作	问题点评
敢于冒险，理智涉险	
①材料中，雌孔雀的选择带来收益的同时也带来了风险。在企业的日常经营决策中，也是收益与风险并存的。所以，企业保障收益，敢于冒险又要理智涉险，避免激进。	①开头再简洁明了些会更好。
②风险和收益如同藤之瓜，并蒂之莲。企业若想获取收益，就必须冒险。根据风险报酬交换律，在市场报酬率一定的情况下，收益越高，风险越大。而企业的本质就是盈利，风险是不可避免的。	②分论点建议简单明确就好，不必连用两个比喻。 ③段落太短。本段的字数过少，仅有 84 个字符，在格子纸中只占不到 5 行，整体来看内容会显得非常少。
④根据路径依赖理论，企业容易享受当下。但是风险却是客观存在的。外部环境不断变化，科技迅猛发展，很多行业的生命周期都大幅度缩短。由于管理者能力有限，风险偏好不一等原因，企业容易被市场淘汰。"胶卷大王"⑤柯达的终结不就源于技术落后，对变化的市场没有做出反应，最终被市场淘汰吗？	④本段分论点不明确。而且首句与主题"敢于冒险，理智涉险"没有关系，让人感觉这一段跑题了。 ⑤柯达并没有终结，只是有些没落。例证不当。
当然，过于冒险也会给企业带来灭顶之灾。当下市场环境变化极快，而风险大的项目往往会使盈利的可能性偏差大大增加，会损害投资者的稳定利益。⑥而风险极小的项目，虽然降低了损失的可能，却无法满足企业获利性增长的需求。乐视创始人贾跃亭就是一个过于激进的人，在乐视还未站稳的同时，不断地扩大商业版图，没有精准的市场切入点，不	⑥例子与前面的说理没有关系，层次混乱。

续表

习作	问题点评
顾市场环境的变化，一意孤行，一味追求大而全，最终由于激进的战略让其最后落败。 　　所以，这就要求企业在做出重大经营决策前，要进行充分的调研，减少信息不对称的危害。⑦通过SWOT分析，对自身优劣势有清晰的认知，并结合对外部环境的评估测策风险的大小和自身应对风险能力的高低，从而再做出决策，加强方案进行中的控制。做好风险预案，设置止损线，在事态发展情况不好的时候，企业可以全身而退。	⑦病句。此句缺少主语。
海伦凯勒说过："人生若不是大胆的冒险，便是一无所获。"因此，企业在做选择之前，做好预估和防范，方可⑧冒进。	⑧"冒进"是贬义词，此处用词不当。
本文审题立意没有问题，有一些论证，但结构不明确，语言也混乱，可评为四类卷，参考评分11分。	

真题2.（2016年管理类联考真题）

根据下述材料，写一篇700字左右的论说文，题目自拟。

亚里士多德说："城邦的本质在于多样性，而不在于一致性。……无论是家庭还是城邦，它们的内部都有着一定的一致性。不然的话，它们是不可能组建起来的。但这种一致性是有一定限度的。……同一种声音无法实现和谐，同一个音阶也无法组成旋律。城邦也是如此，它是一个多面体。人们只能通过教育使存在着各种差异的公民，统一起来组成一个共同体。"

【习作1】

习作	问题点评
百花齐放才是春 　　①亚里士多德曾说："城邦的本质在于多样性，而不在于一致性。"这与我国古代"百家争鸣，百花齐放"的思想不谋而合。由此可见，多样性对于个人，社会乃至国家都十分重要。让每一枝花都尽情地绽放，才能百花齐放春满园。	①开头段过长，论说文的开头段需要简洁明了。
不少人忽略个性差异，过度强调一致性。②古有秦始皇焚书坑儒，今有安然CEO招揽"同类"。究其原因，无非是为了自身利益。明智未开之时，民众的信息掌握不一，焚书坑儒可以阻断民众获取更多的信息，而具有信息优势的统治者就能将"一家之言"作为巩固自己统治的工具。安然CEO斯克林出于对权力的危机感，大量招揽高智商、爱冒险的"同类"，以为这样做就可以紧紧地握住权力，不让任何人威胁到自己。殊不知，这样的行为不仅违背了事物发展的客观规律，还为今后秦朝的衰亡、安然的崩盘埋下了深深的伏笔。	②本段内部结构混乱。 说理、例证、原因分析之间缺少合理的结构安排。可以先说理再举例，也可以先举例再分析，原因分析的部分，可以在另外一个段落中详细论述。但不能在三者之间频繁切换。

续表

习作	问题点评
③无独有偶，许多企业和决策者也在重蹈覆辙。部分企业一味采取"跟随策略"，模仿市场龙头者的行动，长此以往加剧了市场产品的同质化，而收益也越来越低。某些决策者大搞"一言堂"，不容许"异己之声"，造成雄心抱负的有才之人④安然离开，溜须拍马的无能之辈平步青云。	③论证对象有问题。材料的论证对象是城邦，这应该是个社会类话题，而不是个企业类话题。 ④"安然离开"用词不当。
⑤当然提倡尊重个性，并不是纵容个性。古希腊的先贤们通过教育将有差异公民聚集到一起，组成和谐的城邦。我们也可以利用法律、规则来制约那些无节制的行为，让一致性给多样性提供滋养的土壤。 一花独放不是春，百花齐放春满园。在不违反规则的前提下，尊重个性，发展个性，才能奏响和谐的旋律。	⑤本段分论点与之后的段落内容不相符。分论点是让步，内容在提建议。
本文审题立意没有问题，但论证对象有问题，结构也不太明确，可评为四类卷，参考评分13分。	

【习作2】

习作	问题点评
要"一致性"，也要"多样性"	
①亚里士多德曾说："城邦的本质在于多样性，而不在于一致性……"然而，无论是家庭还是城邦，它们都离不开"一致性"的组建，就如同任何一个企业的组建都是既要有"一致性"，也要有"多样性"。	①此段出现两个问题。第一，论证对象错误。城邦的意思应该是一个社会或国家，因此，如果立意为"企业管理需要多样性，一致性"，论证对象就错了。第二，"然而……"这句强调的是"一致性"与前后文不符。
企业需要"一致性"，方可优化管理。俗语言："一致是强有力的。"企业中的价值一致性，目标一致性，制度一致性，和措施一致性，能让企业的员工劲儿往一处使，心往一处向，才能使企业壮大。②但是，又如同亚里士多德言"一致性是有一定限度的……同一种声音无法实现和谐。"一致性，会阻碍企业的创新能力，不利于企业长久计划的发展，所以企业不能只有一致性。	②一个段落出现多个功能，既写了"好处"，又写"坏处"，导致整体不能统一。
企业需要"多样性"，方可绿树长青。达尔文曾说道："最有价值的知识是关于方法的知识。"企业多样性的管理模式有利于激发员工的奇思妙想，产生更多更好的方法，使得企业能不断地更新制度和措施，能让员工有参与感，归属感，员工才可以更好地为企业做出贡献，企业才可长久地走下去，发展立于不败之地。③但是，多样性不利于管理，使得企业没有章程，一盘散沙。	③问题同上，一个段落出现多个功能，应调整文章结构。

续表

习作	问题点评
企业需要"一致性"，也要"多样性"。一致性是企业内部组建的必要条件，建立好一致性后，再在其基础上建立多样性的发展，使得企业有利于管理的架构，更有创新引领潮流，故此企业的长久发展就不再是纸上谈兵。一个企业的发展离不开一致性的统一，也离不开多样性的创新。	
④常言道："不管努力的目标是什么，不管他干什么，他单枪匹马总是没有力量的。合群永远是一切善良思想的人的最高需要。"所以，一个企业要"多样性"，也要"一致性"。	④结尾过长，语言表达啰唆，结尾段可采取两句结尾"引用句＋总结句"。
本文审题立意没有问题，论证对象是企业，如果改为社会更好。段落内部的结构有一些问题，但全文结构还是清楚的，可评为三类卷，参考评分18分。	

真题3. （2017年管理类联考真题）

根据下述材料，写一篇700字左右的论说文，题目自拟。

一家企业遇到了一个问题：究竟是把有限的资金用于扩大生产呢，还是用于研发新产品？

有人主张投资扩大生产，因为根据市场调查，原产品还可以畅销三到五年，由此可以获得丰厚的利润；

有人主张投资研发新产品，因为这样做虽然有很大的风险，但风险背后可能有数倍于甚至数十倍于前者的利润。

【习作1】

习作	问题点评
控制风险，研发新品	
在资金有限的情况下，是扩大生产还是研发新产品？这是很多企业发展途中会面临的两难选择。依我之见，为了长远利益，企业应研发新产品。	
①现今社会，竞争激烈。产品纷杂多样且同类产品市场已趋于饱和。企业只有研发出新产品，从一片"红海"之中脱颖而出，建立自己独特的竞争优势，开拓自己的"蓝海"，才能在市场中占有一席之地。	①本段分论点不明确。正文段落的第一句话建议直接写明分论点，这样能提高阅读老师的阅卷效率。
②但是，创新的另一头拴着"险"。研发新产品需要投入巨大的人力、物力、财力，未来预期却并不确定，一旦研发失败，所有付出便成了不可挽回的沉没成本。因此便会有人主张不去创新而去扩大现有生产，尽管这样会在三五年内收获可观的利润，然而当大量同类竞争者涌入市场。最终只能陷入低质低价的恶性竞争中，产品利润逐渐被稀释。随着时间的推进，产品盈利能力逐渐变低甚至趋零。	②此段第一句看起来像本段分论点，但其实不是。此段的分点是"有的人支持扩大生产，是因为畏惧研发新产品的风险。"段首分段点的缺失，让本段显得逻辑混乱。

续表

习作	问题点评
为了避免陷入这种困境，企业需要研发新产品。③因为一旦成功将会收获"数倍甚至数十倍于前者的利润"。研发新产品之所以会有超额利润，其原因有二：第一，新产品在短时间内难以被模仿和超越，在竞争相对较小的市场中更容易获得较高的利润；第二，研发新产品成功的企业会获得优秀的评价，从而树立起良好的企业形象获得产品溢价。 　　虽然研发新产品有很大的风险，但这种风险是可以控制的。一方面，企业可以设立合理的安全边界和容错机制，在安全边界之内可以大胆研发，一旦超出便立刻停止，及时止损；另一方面，完善产品研发的保密机制和追责体制，严惩泄露产品信息的行为，防止竞争对手模仿和抄袭。 　　④综上所述，研发新产品会收获十分可观的利润，其风险也可以通过一定的方法合理控制，因此，企业应该研发新产品从而使其得到更好的发展。	③连续出现两处原因，在行文上会让人费解。 ④语言表达啰唆，且重复出现总结词。结尾段可采取两句结尾"引用句＋总结句"。
本文审题立意准确。全文其实是有结构安排的，但由于分论点不明确，让人很难在短时间内把握其结构。可评为三类卷，参考评分 19 分。	

【习作 2】

习作	问题点评
①企业发展应当创新	①该材料立意为"创新"，这是偏题的。
习近平总书记说："创新，像撬动地球的杠杆，总能创造令人意想不到的奇迹。"同样我也认为企业应投资研发新品，不断创新，才能长期发展。 　　创新是企业发展的第一助推器，谁能领先这一步，谁就能抢占市场先机。随着大竞争时代的来临，市场也变成了公司间厮杀的"红海"，而企业要启动和保持获利性增长，就必须超越产业竞争，开创全新市场。例如，红牛在初诞生之时，首创了"功能性饮料"，开拓了一片全新的市场，而红牛作为首创者，取得了先发优势，并以此奠定了行业龙头位置。 　　②罗曼·罗兰曾说，"我创造，所以我生存。"杂交水稻之父袁隆平，终其一生都在研究杂交水稻，不停地实验，不停地创新，最终把杂交水稻的产量提高上来，解决了中国人的温饱问题，让中国人不再饿肚子。可见，研产新产品对一个企业来说十分重要。	 ②此段出现三个问题。第一，本段和上一段功能一致，可直接删去。第二，本段分论点不明确。第三，例子老旧。

习作	问题点评
为什么有的企业不愿意创新呢？③究其原因之一是投资研发新品要付出极大的机会成本。同时，在投资研发新品的过程中，也面临极大的不确定性，有可能产生沉没成本，企业无法从其前期投入中获取任何收益。前期也要为此付出大量的金钱、时间与资源，而企业本身可以利用这些资源获取一个相对稳定的收益。	③表达混乱。本段试图使用三个理论：机会成本、沉没成本、资源的稀缺性假设。但这三点之间缺少层次安排。
④创新可以展现企业的独特竞争优势，进而帮助企业赢得超额利润。如若企业守旧不创新，旧有的技术有可能会形成瓶颈，变相提高了企业的成本，制约着整体效率的提升。同时由于边际效益的存在，对单一项目的持续投入会导致收益的不断减少。因而企业若想保持获利性增长，在具备相应的资源条件下，应当选取创新战略。 李渔曾说，"变则新，不变则腐；变则活，不变则板。"与其投资扩大生产，还不如投资研发新品。这样，企业才能长期生存下去。	④本段第一句是创新的好处，第二句是不创新的坏处。第三句是不创新会产生坏处的原因。第四句是总结。但由于各层次之间没有过渡词，就让人感觉是四个不相关的东西直接并列，显得结构混乱。

　　此题是一个决策分析题，要求考生分析该企业应该扩大生产旧产品还是研发新产品，我们可以立意为"应该研发新产品"，但是"应该研发新产品"和"创新"是两个不同的话题，立意为创新的话，范围过大了。因此，本文的立意偏题。可评为四类卷，参考评分12分。

总结 8 作文中的常见过渡词

　　过渡词也可称为逻辑词。过渡词对于作文来说相当重要，它可以提示段间逻辑关系、句间逻辑关系。

　　例如：

　　雷德福要讲的是一个很重要的道理：哪怕物质的总量不发生变化，只要人与人之间能够进行交易，幸福就能无中生有。而这个牧师手里拿着的那一袋子食物，就是他创造幸福的证明。

　　你会发现，短短两行句子，全部都是用过渡词连接起来的。去掉这些逻辑词，整个句子就会杂乱无章。可见，过渡词相当重要。

　　接下来，我们将常见的过渡词总结如下：

1. 表达因果的词

　　(1)因为，所以　　　　　　　　(2)因而

　　(3)之所以，是因为　　　　　　(4)既然(既)，就(便、则、那么)

　　(5)由于，因此

2. 表达总结的词

(1)故/故此　　　　　　　　　　(2)所以

(3)以至于/致使　　　　　　　　(4)因此

(5)总而言之　　　　　　　　　　(6)由此可见

(7)综上所述　　　　　　　　　　(8)简而言之

3. 表达条件的词

(1)只要，就　　　　　　　　　　(2)只有，才

(3)凡是，都　　　　　　　　　　(4)不管，总

(5)无论（不论、不管、任凭），都（也、还）

4. 表达并列关系的词

(1)又，又　　　　　　　　　　　(2)既，又

(3)有的，有的　　　　　　　　　(4)一方面，另一方面

(5)也/又/还/同时

5. 表达承接关系的词

(1)便　　　　　　　　　　　　　(2)于是

(3)才　　　　　　　　　　　　　(4)接着

(5)这样　　　　　　　　　　　　(6)这些

(7)先，再　　　　　　　　　　　(8)首先，然后

6. 表达递进关系的词

(1)不但，而且　　　　　　　　　(2)不仅/不但，还

(3)不光　　　　　　　　　　　　(4)甚至

(5)除了，还有　　　　　　　　　(6)何况

(7)而且　　　　　　　　　　　　(8)况且

(9)尤其

7. 表达转折关系的词

(1)不是，而是　　　　　　　　　(2)尽管，可是

(3)却　　　　　　　　　　　　　(4)然而/而

(5)尽管，还

(6)虽然（虽是、虽说、尽管、固然），但是（但、可是、然而、却）

(7)即使，也　　　　　　　　　　(8)不过

(9)可是　　　　　　　　　　　　(10)但是

(11)当然   (12)确实

(13)诚然

8. 表达假设关系的词

(1)如果，就   (2)假使，便

(3)要是，那么

9. 表达选择关系的词

(1)不是，就是   (2)是，还是

(3)或者，或者   (4)要么，要么

(5)与其，不如   (6)宁可，也不

10. 序词

(1)首先，其次，再次，又次，最后   (2)第一，第二，第三，第四，第五

11. 举例

(1)比如   (2)例如

(3)譬如   (4)举例来说

(5)从古至今   (6)除此之外

(7)相反

总结 9 标点符号的使用规范

1. 点号如何使用

点号包括句内点号4种(顿号、逗号、分号、冒号)和句末点号3种(句号、问号、叹号)。

点号	用法	示例
句号	用于陈述句末尾的标点。	我喜欢的女明星是周冬雨。
逗号	表示句子间的停顿，逗号是使用频率最高的标点符号。	我喜欢的女明星是周冬雨，还有汤唯。
顿号	表示并列的词或词组之间的停顿。	我最喜欢的女明星是周冬雨、汤唯，还有杨幂。
冒号	表示提示语后的停顿。	娱乐圈里有很多明星，比如：周冬雨、汤唯、杨幂，等等。
分号	用以分隔存在一定关系的两句分句。	我觉得明星分为两类：一是偶像派；二是实力派。

续表

点号	用法	示例
问号	表示疑问句末尾的停顿，是语气语调的辅助符号工具。	你喜欢冬雨小姐姐吗？
叹号	表示感情强烈的句子末尾的停顿，一般出现在感叹句中。	我可太喜欢冬雨啦！

2. 标号如何使用

标号有 10 种，即引号、省略号、破折号、书名号、括号、间隔号、着重号、连接号、专名号、分隔号。在考试作文中一般只会用到前 6 种，因此，我们只介绍前 6 种的用法。

标号	用法	示例
引号	表示文中引用的部分。	冬雨说："是我们相见恨晚"。
省略号	表示节省原文或语句未完、意思未尽等。	老吕有很多昵称：酱缸哥哥、乐学喵第一帅哥、冬雨老公……
破折号	表示话题或语气的转变，声音的延续等的符号。	很多学生喜欢这位专硕全能名师——老吕。
书名号	标明书篇、报刊、文件、歌曲或图画名等。	最新出版的《老吕考前必备母题 33 篇》很受学生欢迎。
括号	表示文章中的注释部分使用的符号。	大家都说老吕比康哥帅（老吕在一旁偷偷笑出声）。
间隔号	表示某些人名、书名、篇（章、卷）名或朝代内各部分的分界。	康哥曾经说过："尼古拉斯·老吕是一位史上不可多得的美男子"。

3. 格子纸中如何使用标点符号

3.1 点号的用法

(1)点号一般占一格。

(2)点号处于行尾时，与最后一个字共占一格。

示例 1：句号

	我	喜	欢	的	女	明	星	是	周	冬	雨	。						

示例 2：逗号

	我	喜	欢	的	女	明	星	是	周	冬	雨	，	还	有	汤	唯	。	

示例 3：顿号

	我	最	喜	欢	的	女	明	星	是	周	冬	雨	、	汤	唯	和	杨	幂。

示例4：冒号

| | | 娱 | 乐 | 圈 | 里 | 有 | 很 | 多 | 明 | 星 | ， | 比 | 如 | ： | 周 | 冬 | 雨 | 、 | 汤 |
| 唯 | 、 | 杨 | 幂 | ， | 等 | 等 | 。 | | | | | | | | | | | | |

示例5：分号

| | | 我 | 觉 | 得 | 明 | 星 | 分 | 为 | 两 | 类 | ： | 一 | 是 | 偶 | 像 | 派 | ； | 二 | 是 |
| 实 | 力 | 派 | 。 | | | | | | | | | | | | | | | | |

示例6：问号

| | | 你 | 喜 | 欢 | 冬 | 雨 | 小 | 姐 | 姐 | 吗 | ？ | | | | | | | | |

示例7：叹号

| | | 我 | 可 | 太 | 喜 | 欢 | 冬 | 雨 | 啦 | ！ | | | | | | | | | |

3.2　标号的用法

(1)引号、括号、书名号，由两部分组成，独立使用时每一部分独占一格，与点号一起使用时共占一格。

(2)引号、括号、书名号的前半部分不位于行尾，后半部分不位于行首。

(3)省略号和破折号一般占2格。

(4)省略号和破折号位于行尾且行尾仅余一格，则一半划出格子外。

(5)省略号和破折号位于行尾且行尾无空格，则另起一行。

(6)间隔号一般用于外国人和少数民族人名的内部分界、书名与篇名之间的分界、词牌名与标题的分界等，独占一格。

示例1：引号

| | | 冬 | 雨 | 说 | ： | " | 是 | 我 | 们 | 相 | 见 | 恨 | 晚 | 。 | " | | | | |

示例2：省略号

| | | 老 | 吕 | 有 | 很 | 多 | 昵 | 称 | ： | 酱 | 缸 | 哥 | 哥 | 、 | 乐 | 学 | 喵 | 第 | 一 |
| 帅 | 哥 | 、 | 冬 | 雨 | 老 | 公 | …… | | | | | | | | | | | | |

示例3：破折号

| | | 现 | 在 | 有 | 很 | 多 | 学 | 生 | 喜 | 欢 | 这 | 位 | 专 | 硕 | 全 | 能 | 名 | 师 | —— |
| 老 | 吕 | 。 | | | | | | | | | | | | | | | | | |

示例4：书名号

		最	新	出	版	的	《	老	吕	考	前	必	备	母	题	33	篇	》	受
很	学	生	欢	迎	。														

示例5：括号

		大	家	都	说	老	吕	比	康	哥	帅	（	老	吕	在	一	旁	偷	偷
笑	出	声	）。																

示例6：间隔号

		康	哥	曾	经	说	过	：	"	尼	古	拉	斯	·	老	吕	是	一	位	史
上	不	可	多	得	的	美	男	子	。"											